LES CARTES SECRÈTES DE LA GUERRE DU GOLFE

DU MÊME AUTEUR

C COMME COMBINE
Alain Moreau

E COMME ESPIONNAGE
Alain Moreau

L'INTERNATIONALE TERRORISTE
Alain Lefeuvre

LES DOSSIERS SECRETS DU TERRORISME
Albin Michel

LA GUERRE DU MENSONGE
Plon

LE MARCHÉ NOIR DE LA BOMBE A
Carrère-Vertiges

LA LONGUE TRAQUE D'ACTION DIRECTE
Albin Michel

ROLAND JACQUARD

LES CARTES SECRÈTES DE LA GUERRE DU GOLFE

EDITION°1 / EDITIONS GERARD DE VILLIERS

Carte de la région du Golfe en page 247
Photo en couverture : © R. Trippett, Sipa-Press.

ISBN : 2-8639-1460-X

CHAPITRE PREMIER

20 000 dollars pour un émir

KOWEÏT CITY, 2 août 1990 : un commando irakien de l'Estikhabarat (le renseignement militaire) s'est infiltré avec les troupes d'élite de Saddam Hussein qui ont envahi l'émirat. L'ordre de mission des agents de Bagdad est clair : « S'emparer ou, mieux, tuer l'émir Jaber. » Cette action « Homo » (homicide dans le langage des services secrets) devait être camouflée par une diversion classique : faire croire à un règlement de comptes au sein de la dynastie koweïtienne. Pour mener à bien cette funeste opération, douze hommes avaient été sélectionnés à Bagdad, quatre politiques et huit exécutants flanqués de quelques Palestiniens extrémistes volontaires. Une prime de 20000 dollars avait été promise à un Koweïtien « retourné » par l'Irak ! Le commando arrivera avec une demi-heure de retard sur le plan initial et manquera son objectif. A 1 heure du matin, le cheikh Saad, le Premier ministre, avait été réveillé par le commandant du poste frontière d'Abdaly. Grâce à ce coup de fil providentiel, le directeur général de la Sécurité d'État, le colonel Fahd Ahmed el-Fahd, pourra prévenir l'émir du Koweït. Le Premier ministre, le cheikh Saad, se rend au ministère de la Défense avec le ministre des Affaires étrangères et le chef d'état-major dans la salle des opérations militaires pour suivre la progression des blindés irakiens. Ils essaient d'organiser une première résistance, délicate, car la plupart des officiers sont en permission à l'étranger et ceux qui sont au Koweït ont souvent laissé leur uniforme dans les casernes. Les élèves officiers organiseront alors la protection du palais pour freiner l'avance des blindés de la Garde républicaine. Sept hélicoptères irakiens de fabrication soviétique repeints aux couleurs du

Koweït bombardent alors le palais de l'émir pour faire croire à un soulèvement de l'armée koweïtienne. Quatre de ces hélicoptères seront abattus par l'aviation koweïtienne. De nombreux soldats de l'émirat seront tués après s'être défendus, comme en témoignent les carcasses des blindés irakiens. Les Skyhawk de l'aviation koweïtienne utiliseront même une bretelle d'autoroute pour éviter la piste parsemée de cratères laissés par le passage des avions Mig 23 irakiens. Des pilotes de l'émirat dans des hélicoptères Gazelle lanceront une contre-attaque sur le palais pour permettre à l'émir de s'échapper. La destruction de l'aéroport militaire obligera cependant les pilotes koweïtiens à se poser rapidement en Arabie Saoudite. Pendant ce temps-là, au ministère de la Défense, tous les ministres essaient de prévenir leur famille et les hauts fonctionnaires.

Le ministre du Plan, Suleiman Muttawa, est réveillé à 3 heures du matin ainsi que le secrétaire général du Conseil de coopération du Golfe, Abdallah Bishara. A 3 h 30, l'émir Jaber et le prince héritier réussissent à quitter le palais de Dasmane à bord de deux Mercedes blindées qui franchissent la frontière à Khafji et partent se réfugier en Arabie Saoudite. Vingt minutes plus tard, les hélicoptères irakiens se posent à l'intérieur même de l'enceinte du palais. Sept tueurs du commando recherchent l'émir Jaber. Maigre « compensation » pour les Irakiens, le frère de l'émir, Cheikh Fahd, sera tué, les armes à la main, en essayant lui-même de s'enfuir à bord d'un hélicoptère de l'armée koweïtienne. Président du Comité olympique koweïtien, de la fédération de football de son pays, il était devenu célèbre pour avoir arrêté le match Koweït/France en phase finale du Mundial en 1982 en Espagne. Le ministre de la Santé rejoindra l'Arabie Saoudite au volant d'une ambulance. Arrêté par un barrage de soldats irakiens, il ne sera pas reconnu. Faute d'avoir pu exécuter l'émir, les chefs des services spéciaux irakiens envoient quand même un message de victoire à Bagdad après la mort de son frère, ce qui provoquera une violente colère de Saddam Hussein. Plusieurs membres du commando furent purement et simplement exécutés deux jours plus tard par les officiers de la Garde républicaine sur ordre de Bagdad. Quant aux commissaires politiques du parti Baas irakien, qui chaperonnaient les tueurs, ils furent élevés au rang de « ministres du gouvernement provisoire du Koweït libre », nommés par le maître de l'Irak. Parmi les heureux élus, le major Walid Saoud Mohammed Abdallah, le capitaine Fouad Hussein Ahmed, le capitaine Saad el-Hadab, le capitaine Nasser Mansour el-Mandil, le capitaine Yaacoub Mahmoud. Des inconnus venus s'emparer ou tuer un émir et se retrouvant à la tête d'un gouvernement fantoche ! Leur chef, éphémère Premier ministre, le colonel Ala Hussein Ali (mystérieusement disparu depuis fin août), fut rapidement identifié par les services de renseignements français. Présenté au monde comme un officier supérieur koweïtien, il avait, en réalité, accompli toute sa carrière dans les états-majors irakiens. Après un séjour en Libye et à Damas, il avait suivi en 1974 les cours de l'École militaire à Paris. Depuis 1986, il travaillait aux « archives » du ministère de la Défense à Bagdad avant d'effectuer des missions spéciales pour le ministre de l'Industrialisation et des Industries de l'Armement, Hussein Kamel, le gendre de Saddam Hussein.

Le 7 août, reçu à Bagdad par le leader irakien, il se voyait très durement reprocher l'échec du plan d'anéantissement de la dynastie du clan Al Sabah dont le nom est associé depuis plus de deux cents ans aux destinées du Koweït. Déjà, le 25 mai 1985, l'émir avait échappé de justesse à un attentat téléguidé par le Jihad islamique. Une voiture bourrée d'explosifs avait été projetée contre sa limousine. Il en était sorti miraculeusement indemne. Cheikh Jaber était à l'époque un des financiers de l'Irak engagé dans sa guerre inextricable contre l'Iran... Cinq années plus tard, son pays, « le Koweït éternel sous le vent des sables millénaires », était convoité par Saddam Hussein, l'allié d'hier...

Dans l'esprit du maître de Bagdad, l'invasion irakienne repose, en fait, sur un conflit frontalier né dans les années 20, peu de temps après la fondation de l'Irak.

En 1913, la Grande-Bretagne est préoccupée par les relations d'amitié qui lient l'Empire ottoman décadent avec l'Allemagne. L'Angleterre négocie alors un accord avec la Turquie pour définir les limites des territoires turcs du golfe Persique. Cet accord définit les frontières du Koweït moderne. Mais avant la ratification de la convention de 1913, la Première Guerre mondiale éclate : les Britanniques et les Turcs se retrouvent dans des camps adverses.

A la fin de la guerre, et par le traité de Versailles, l'Empire ottoman est partagé. Les provinces ottomanes de Bagdad, Mossoul et Bassora sont regroupées sous protectorat britannique et constituent le nouveau royaume d'Irak.

En avril 1921, Winston Churchill décide, à la conférence du

Caire, que le prince hachémite Fayçal régnera sur l'Irak, qui devient alors une monarchie constitutionnelle. Après plébiscite, Fayçal est sacré roi le 23 août 1921.

Le mandat britannique prend fin en 1922 et est remplacé par un traité d'alliance.

Un mois plus tard, les pourparlers à propos des frontières officielles de l'Irak débutent. Parmi les négociateurs, Sabih Bey, ministre irakien des Communications, le roi Ibn Seoud d'Arabie Saoudite et sir Perey Cox, représentant le Koweït.

Les discussions sont âpres. Afin de maintenir la paix, Cox offre à l'Irak et à l'Arabie Saoudite de leur céder à chacun une partie du Koweït.

Heureusement pour les Koweïtiens, cette offre ne fut jamais approuvée. En fait, par l'accord officiel signé dix ans plus tard, les frontières koweïtiennes sont définies exactement comme elles l'avaient été par l'accord entre la Grande-Bretagne et la Turquie.

Cependant, depuis les années 30, les souverains irakiens affirment que l'Irak, en tant qu'État central de l'union arabe, devrait englober le nord du Koweït. L'Irak, qui ne possède aucun accès aux ports de la haute mer, espérait pouvoir mettre la main sur l'île de Warba ainsi que sur une partie de la côte de l'île de Bubiyane, îles du Koweït *. En échange, « ils promettaient l'eau potable » qui fait cruellement défaut au Koweït.

En 1961, l'année où la Grande-Bretagne accorde l'indépendance au Koweït, l'Irak annonce qu'il annexera la totalité du Koweït. Sans succès.

En 1969, à nouveau, l'Irak se tourne vers le Koweït. Ses troupes envahissent les terres koweïtiennes, officiellement pour les protéger d'une éventuelle attaque iranienne, et refusent d'en partir.

En mars 1973, après des échanges de coups de feu, le Koweït décrète l'état d'urgence. Le petit émirat est alors appuyé par les États du Golfe, de la Ligue arabe, ainsi que par d'autres nations arabes et la flotte soviétique, ce qui lui permet de faire reculer l'Irak. Cependant, le retrait complet des troupes irakiennes n'est effectué qu'en juillet 1977.

A la fin des années 70, la révolution iranienne marque la fin de la stabilité dans la région. Le Koweït s'était opposé au Shah qui se voulait le gardien des intérêts étrangers dans le Golfe, mais

* Voir annexes pages 279 à 282.

acceptait son pouvoir comme étant le seul capable de neutraliser ses voisins les plus forts et d'agir en médiateur.

En revanche, lorsque l'ayatollah Khomeyni arrive au pouvoir, il accuse le Koweït et les autres pays du Golfe de représenter « l'Islam américain ».

La politique menée envers l'Iran se modifie alors que l'agitation chiite, inspirée de la révolution islamique, grandit au Koweït.

Le Koweït n'est certes pas en mesure d'affronter un si grand voisin. Aussi décide-t-il la neutralisation de ses relations avec le nouveau régime iranien en juillet 1979.

Nouveau revirement après la déclaration de guerre Iran-Irak. Avec la zone de conflit à moins de 250 km de Koweït City et l'Iran occupant la péninsule de Fao, à moins de 15 km de la frontière, le Koweït décide de soutenir l'Irak.

Le Koweït, ainsi que l'Arabie Saoudite, font don à 100 % des revenus issus des champs pétrolifères de l'est du Koweït, qui produisent 300 000 barils par jour (soit la somme de 15 milliards de dollars).

De plus, le Koweït autorise également le transit, par ses ports, du matériel à destination de l'Irak, qui peut ainsi échapper au blocus iranien. Le Koweït permet également à l'Irak d'utiliser son espace aérien.

A ce moment-là, le président Saddam Hussein nomme les Koweïtiens « nos frères distingués » pour leur aide dans la guerre Iran-Irak.

En guise de remerciement, par décret présidentiel 472 du 23 septembre 1989, Saddam Hussein décernera à Son Altesse Cheikh Jaber al-Sabah, émir du Koweït, la décoration la plus honorifique. Voici un extrait de ce décret :

Combien donc avons-nous été touchés, au plus profond de notre âme, par l'appui de notre frère, Jaber al-Ahmad al-Sabah, et de son peuple frère également, qui eut, entre autres mérites, celui de favoriser la solution du conflit dans le sens de l'intérêt et du triomphe de la nation (...)

Fidèle à nos grandes espérances, le Koweït alla de l'avant sur la voie du respect scrupuleux de principes et politiques dont l'inapplication aurait sonné le glas de toute notre nation arabe. En guise de reconnaissance et de gratitude pour la position honorable du Koweït, et en vertu de l'alinéa 1 de l'article 5 de la loi 95 sur les décorations et médailles promulguée en 1982, il a été convenu ce qui suit :

Décerner à Son Altesse Cheikh Jaber al-Ahmad al-Sabah, émir de l'État de Koweït... la haute décoration civile du « Rafidavn », de premier degré.

Mais derrière ces fières paroles, se cache une ambition régionale démesurée, aiguisée par un constat amer. D'après un historien irakien, Saddam Hussein a toujours reproché à la dynastie du Golfe de ne pas l'avoir associé à la naissance du Conseil de coopération de la Péninsule, alors que, lui, Saddam, « se sacrifiait pour arrêter l'intégrisme iranien ». Selon l'un de ses proches, il s'était juré, dès la fin de la guerre avec Téhéran, « de ligoter et d'amener à Bagdad des cheikhs impopulaires et vilipendés ». A l'un de ses visiteurs français, en 1989, Saddam Hussein répétera : « Sans moi, tous les grands émirs seraient en prison à Téhéran. » Le Premier ministre koweïtien se rappelle une conversation avec le président irakien après le cessez-le-feu entre l'Iran et l'Irak : alors que le cheikh Saad, venu féliciter les Irakiens, se proposait d'apporter un nouveau concours financier à Bagdad, Saddam Hussein avait lâché sur un ton arrogant : « Où est donc l'émir du Koweït ? Je ne vois que son ombre. Il faudra bien qu'il parle un jour ou l'autre avec moi des frontières entre nos deux pays. Dites à l'émir que les frontières réelles du Koweït se trouvent à Bagdad et celles de l'Irak aux plus extrêmes limites du Koweït ! »

Le Premier ministre koweïtien n'avait pas oublié ces subtiles « menaces ». Il les rappellera le 17 juillet 1990 à l'émir Jaber. Saddam Hussein avait délivré aux Koweïtiens un message très clair : restituer 2,5 milliards de dollars en compensation du pétrole volé sur le champ de Roumaylah à la frontière entre les deux pays ; une avance financière de 10 milliards de dollars au moins et la revendication de l'île de Boubiyane.

Le 18 juillet se tenait à Koweït City un important conseil des ministres avec, à l'ordre du jour, « les menaces implicites irakiennes » contenues dans un mémorandum réclamant des compensations pour le pétrole « volé » par le Koweït*. Une note avait en effet été remise par le ministre des Affaires étrangères irakien, M. Tarek Aziz, au secrétaire général de la Ligue des États arabes le 16 juillet 1990. Après avoir réclamé diverses compensations financières, l'annulation de la dette de l'Irak, et un véritable plan arabe de financement de l'Irak à l'instar du plan Marshall pour compenser une partie des pertes

* Voir annexes pages 254 à 256.

subies par l'Irak pendant la guerre contre l'Iran, le ministre des Affaires étrangères de Saddam Hussein présentait ces vérités amères à « la conscience de chaque Arabe sincère et en premier lieu au peuple du Koweït frère afin qu'il puisse estimer notre douleur et le préjudice qui nous est causé ».

Le texte mentionnait également « un complot sioniste » impérialiste à partir du Koweït, contre la nation arabe.

A Tunis, tous les diplomates de la Ligue arabe étaient inquiets, d'autant que Tarek Aziz leur avait fait part d'une réflexion de Saddam Hussein : « Nous, Irakiens, avons la preuve que de nombreux États veulent conspirer contre nous mais il faut que vous sachiez que jamais l'Irak ne se mettra à genoux devant quiconque, que jamais nos femmes ne deviendront des prostituées et que jamais nos enfants ne seront privés de leur nourriture et de leur héritage. »

Au conseil des ministres à Koweït City, tous les membres du gouvernement prennent la parole les uns derrière les autres. Le ministre des Finances explique que l'Irak veut justifier sa position en rejetant sa politique financière sur les États membres du Conseil de coopération du Golfe. « Même après la réunion de l'OPEP prévue à Genève, l'Irak, dira-t-il, poursuivra son escalade verbale. Nous devons chercher une solution avec nos alliés du Conseil de coopération. » Quant au ministre des Relations avec le Parlement, il mettra en garde ses collègues : « Saddam Hussein veut nous prendre de l'argent, ce n'est qu'un début, nous sommes dans la triste situation du loup et de l'agneau. » Le ministre des Affaires étrangères, Cheikh al-Ahmad al-Sabah, s'inquiète : « Il y a une grande possibilité d'agression de la part de l'Irak, qui pourrait engager une opération militaire. »

Par précaution, les forces militaires koweïtiennes furent mises secrètement en état d'alerte, notamment la 35e brigade blindée koweïtienne. Beaucoup d'informations ont fait état d'une carence du « renseignement » ou de son analyse à propos de l'invasion du Koweït le 2 août. En réalité, dès le 24 juillet, les rapports de la CIA et de la DIA (services secrets du Pentagone) ont donné des détails très précis sur la mobilisation irakienne. Les notes quotidiennes adressées au National Security Council affinaient toutes les informations nécessaires en temps réel sur les mouvements de troupes, l'activité aérienne, les communications radio-électriques. Une note du 16 juillet avait même indiqué très précisément que les troupes irakiennes préparaient un assaut massif sur le Koweït.

Le Mossad, mais aussi les services saoudiens, avaient été « sensibilisés » par leurs propres sources. Les services secrets koweïtiens étaient alertés dès le mois d'avril d'un plan d'invasion irakienne, grâce à l'un de leurs officiers traitants. Ce dernier, le colonel Said Mattar, travaillant sous couverture au service des passeports du consulat du Koweït à Bassora, avait prévenu sa hiérarchie de manière extrêmement précise du déroulement de la mobilisation irakienne. Le 25 juillet, il avait même adressé un message chiffré à l'état-major koweïtien indiquant la date exacte de l'invasion, le 2 août 1990. Le colonel Mattar disposait de sources au niveau même de la Garde républicaine de Saddam Hussein. Il était en poste dans le sud de l'Irak depuis le mois de juin 1989. Il fut arrêté par les services irakiens, le 3 août, à Bassora, puis relâché le 15, après quoi, il fut autorisé à regagner le Koweït occupé.

Les Irakiens ayant découvert son rôle exact, en étudiant les archives des SR koweïtiens, qu'ils avaient saisies, il fut arrêté une deuxième fois le 25 octobre 1990 et transféré à Bagdad le 27 pour un interrogatoire. Emprisonné à Bassora en décembre après avoir été condamné à mort et torturé, il aurait pu s'évader au moment des troubles organisés par les chiites après la défaite de Saddam Hussein, le 7 mars. Il serait à l'heure actuelle sain et sauf au Koweït. Déjà le 23 février 1990, Saddam Hussein qui se trouvait en Jordanie, à Amman, avec plusieurs chefs d'États arabes, avait menacé l'Arabie Saoudite et le Koweït. « S'ils n'annulent pas rapidement les dettes irakiennes, je prendrai des mesures militaires. » Il était arrivé à cette réunion au sommet du Conseil de coopération arabe en offrant quarante voitures à ses hôtes jordaniens, et une Rolls Royce au roi Hussein de Jordanie.

En France, le Secrétariat général de la Défense nationale, fin 1989, fera une étude consacrée à la renaissance « d'une hégémonie possible de l'Irak sur la région ». En conclusion, l'un des experts du gouvernement prévoyait que l'émirat du Koweït aurait du mal à résister à des revendications territoriales si Saddam Hussein en manifestait le désir. La DGSE et le Quai d'Orsay avaient rédigé également des analyses pessimistes en ce sens. Le préfet Claude Zilberzahn, patron de la DGSE, avait créé dès le 16 juillet une cellule de crise. Interrogé par un membre de la Commission de la Défense nationale, le 2 octobre 1990, sur les activités des services de renseignements français avant le déclenchement de l'agression irakienne contre le Koweït, Jean-Pierre Chevènement, alors ministre de la Défense, avait affirmé : « Nous savions, j'avais d'ailleurs envoyé le général Saulnier, ancien chef d'état-major des Armées, en mission au Koweït, il avait alors remis un rapport resté sans suite. »

Le député UDF du Var, Daniel Colin, membre de la Commission de la Défense, avait alors écrit pour lui demander l'audition du général Saulnier. Ce dernier, ex-chef d'état-major particulier du président de la République, puis chef d'état-major des Armées (aujourd'hui conseiller maître à la Cour des comptes), fut également chargé de mission auprès de l'ex-ministre. Le député UDF recevra de Jean-Pierre Chevènement une réponse lui indiquant qu' « en réalité la mission confiée au général Saulnier l'avait été à la demande des autorités koweïtiennes ».

Le Mossad a-t-il été abusé lui aussi ? Saddam Hussein avait proposé un an auparavant une rencontre au ministre israélien de la Défense, M. Itzhak Rabin. Ce dernier avait donné son accord, mais les Irakiens avaient finalement renoncé à la suite du refus d'Israël que les Palestiniens participent aux réunions. L'Irak, à l'époque, souhaitait obtenir des assurances que l'armée israélienne n'attaquerait pas ses usines d'armes chimiques, les autorités irakiennes considéraient alors le dirigeant travailliste, Itzhak Rabin, qui est aujourd'hui dans l'opposition, comme l'homme fort du gouvernement israélien avec lequel il était nécessaire et même possible de négocier. Deux rendez-vous avaient été pris par l'intermédiaire d'un pétrolier américain d'origine arabe, mais les contacts avaient été interrompus, à la suite des menaces proférées en avril 1990 par Saddam Hussein, « voulant détruire la moitié d'Israël ». En fait, le dictateur de Bagdad savait ce qu'il faisait. Il avait camouflé sa future invasion du Koweït en opération de désinformation destinée (sous couvert d'un défi mortel à l'encontre d'Israël) à détourner l'attention pour mobiliser les opinions publiques arabes qui serviront à justifier sa politique d'armement. Le président irakien ne cessait de défier Jérusalem à la face du monde arabe : « Je jure sur Dieu de faire en sorte que le feu ravage la moitié d'Israël si ce pays tente quoi que ce soit contre l'Irak. » Cela lui a permis de cristalliser à l'avance l'opinion publique arabe en apparaissant comme le leader incontesté aussi bien du point de vue politique que du point de vue militaire. A la fin du mois de mai, le chef de l'État irakien obtenait ce premier sommet arabe à

Bagdad où plusieurs puissances régionales, comme l'Arabie Saoudite, acceptèrent de se rendre tout en se méfiant. Deux mois plus tard, l'invasion du Koweït commençait...

Saddam Hussein a également caché ses intentions en trahissant la parole donnée à plusieurs leaders du monde arabe comme le président égyptien Hosni Moubarak. Ce dernier avait envoyé son directeur de cabinet, Housama El-Baz, à Bagdad. Diplômé de l'université d'Harvard, c'est un ami personnel du roi Fahd d'Arabie Saoudite, et l'homme des missions délicates. Tout en parlant de possibles négociations, Saddam Hussein montre des photos à l'envoyé du président égyptien : « C'est sur mes instructions, dira-t-il, que mon fils Oudaï s'est rendu milieu juillet à la frontière Irak-Koweït pour prendre ces photos. En 1961, poursuivra-t-il, après les premiers incidents entre le Koweït et l'Irak, la Ligue arabe avait tracé entre nos deux pays une ligne de patrouille et installé une zone neutre profonde de douze kilomètres de part et d'autre de cette ligne pour éviter les problèmes de frontières. Regardez bien ces photos, et dites-le au président Moubarak : du côté irakien, il n'y a rien, du côté koweïtien il y a des installations pétrolières et des unités militaires. Pendant que nous faisons la guerre pour tous les Arabes, les Koweïtiens occupent une partie de notre territoire. » Puis, le leader irakien se calme et lance à l'envoyé du président égyptien : « El Majal Maffouth », ce qui veut dire : « Les portes restent entrouvertes, nous pouvons parler. »

Le président Moubarak prendra le relais et discutera directement avec Saddam Hussein. Celui-ci le rassure : « Tant que dureront les négociations entre l'Irak et le Koweït, je n'utiliserai pas la force militaire, je n'interviendrai que quand toutes les ressources de la négociation seront épuisées, mais, cher frère Moubarak, ne le dis pas aux Koweïtiens, ne leur donne pas d'espoir inutile, cela les rendrait arrogants. » Le président égyptien rapporta ces paroles à l'émir du Koweït. « Soyez sûr que j'ai entendu de la bouche de Saddam Hussein qu'il n'enverra pas de troupes et qu'il n'envisage pas d'attaquer le Koweït. » Il oubliera, cependant, de préciser : « tant que dureront les négociations »...

Aujourd'hui le Raïs a le sentiment de s'être fait piéger et d'avoir été un outil entre les mains des Irakiens pour calmer les appréhensions koweïtiennes et internationales, permettant ainsi à Bagdad de réaliser son invasion surprise. Il ira jusqu'à dire devant des proches : « Saddam Hussein a succombé à l'amour de l'or qui est derrière toutes les catastrophes. »

De son côté, Saddam Hussein assurera plus tard qu'en réalité il n'avait pas cherché à tromper le président égyptien. Dans un article qu'il écrivit lui-même et qui fut publié sous une autre signature le samedi 11 août 1990 dans l'organe du parti Baas irakien, un soi-disant porte-parole officiel répondait aux accusations de félonie lancées depuis Le Caire par Moubarak : *Le président Saddam Hussein a toujours été précis et sincère dans sa description de la situation, le président a évoqué avec son homologue égyptien l'état de la nation en mettant l'accent sur les richesses arabes gaspillées et la faim en Égypte et dans le monde arabe et les moyens de remettre les choses en place.* Tous ces propos concernaient, selon la note, *la douleur et la consternation qu'inspirent le comportement du Crésus du Koweït* (c'est ainsi que Saddam appelle l'émir Jaber) *et son rôle destructeur.* Le président Saddam Hussein a évoqué le sujet à deux reprises, une fois en privé à l'étage supérieur du palais du Faucon d'Al Quadisiya, une autre fois en présence des délégations des deux pays. La note rédigée par le président irakien racontait ainsi le dialogue : « Dites-moi, ô frère, Crésus et ses alliés sont effrayés par les troupes massées à la frontière »; sans doute voulait-il savoir s'il s'agissait d'un projet d'action militaire. Le président Saddam Hussein avait répondu textuellement : « Ô frère, nonobstant le nombre et la nature des armes et leur dénomination, je te promets comme un frère que je n'emploierai pas la force avant la réunion convenue en Arabie Saoudite entre Izzat Ibrahim, président du Conseil du commandement de la révolution, et le président du conseil de Crésus, Saad al-Abdallah. »

« Nous pouvons constater, poursuivait-il, que la force n'a été utilisée qu'après la tenue de la réunion, il ne s'était pas engagé à ne pas utiliser la force du tout. » Il est clair que Saddam Hussein suggéra au président égyptien de ne pas tranquilliser les Koweïtiens afin que ceux-ci proposent de vraies solutions d'une part, et qu'il insista auprès d'Hosni Moubarak sur le fait que l'engagement ne concernait pas la période postérieure à la réunion de Djeddah.

« Ceci est la vérité telle qu'elle est, poursuit la note. Le proche et le lointain savent que le président Saddam Hussein n'est pas du genre à lancer des paroles en l'air, à manquer de précision dans ses dires ou à faillir à ses promesses. Ici, nous avons la preuve de la rigueur. Nous avons tiré les choses au clair, comme le veulent l'exigence de servir la vérité et le respect de l'opinion publique. »

Époustouflé par le « culot » de Saddam Hussein à la lecture de cet article publié dans le journal « officiel » irakien, le président égyptien s'exclamera : « Je savais que l'on ne pouvait même pas croire le contraire de ce qu'il dit, mais à ce point-là, cela frise la démence ! »

Le 25 juillet, une semaine avant l'invasion du Koweït, Mme April Glaspie, l'ambassadeur américain en Irak, se rend au palais présidentiel pour une longue entrevue avec Saddam Hussein. « Nous savons, lui dit l'ambassadeur, que vous avez déployé massivement vos troupes dans le sud du pays. Bien sûr cela ne nous concerne pas, mais comme ce déploiement s'est produit après votre discours à l'occasion de la fête nationale irakienne, nous avons des raisons d'être inquiets. » Pour ne pas heurter de front le numéro un irakien, madame l'ambassadeur l'assure de la volonté de la Maison-Blanche de maintenir de bonnes relations avec l'Irak et explique qu'elle a reçu des instructions pour s'enquérir des intentions irakiennes dans un esprit d'amitié et non de confrontation. Saddam Hussein se lance alors dans de longues phrases pour essayer de lui montrer qu'à ses yeux la politique koweïtienne en matière de prix du pétrole constitue une véritable agression militaire contre l'Irak. Il insiste cependant sur la rencontre prévue entre les représentants des deux pays le 31 juillet en Arabie Saoudite : « Tant que nous nous rencontrons, tant que nous nous voyons, il y a de l'espoir, rien n'arrivera », et il ajoute : « Si nous sommes incapables de trouver une solution, n'attendez pas que l'Irak accepte la mort », puis il continue encore : « Si vous utilisez la pression, nous utiliserons la force. Nous ne pourrons aller, en ce qui nous concerne, jusqu'aux États-Unis, mais des Arabes trouveront le moyen de vous atteindre. »

Face à ces menaces, Mme Glaspie ne répond pas, « elle ne veut pas le provoquer » et explique, au contraire, au président irakien que « Washington désire entretenir des relations avec l'Irak ». Mme Glaspie ajoutera : « Nous n'avons pas d'opinion sur les conflits interarabes comme celui qui vous oppose au Koweït à propos des frontières. »

Saddam Hussein a-t-il mal interprété à cet instant les propos de l'ambassadeur des États-Unis, pensant que jamais une démocratie n'oserait entreprendre une guerre, après une période de dégel des relations entre l'Est et l'Ouest ? Une chose est sûre, c'est qu'à la fin de l'entretien Mme Glaspie qui n'a pris, elle, que quelques notes, semble rassurée sur les intentions réelles de l'Irak. De son côté, le président irakien qui avait enregistré, à l'insu de l'ambassadeur des États-Unis, toute la conversation en fera un script en arabe et en anglais qui sera ensuite largement diffusé par ses amis pour discréditer la politique diplomatique des États-Unis *...

Dans le même temps, Saddam Hussein téléphonait sereinement au roi Fahd d'Arabie Saoudite, au roi Hussein de Jordanie, au président du Yémen Ali Abdallah Saleh. A ce dernier il conseillera même « d'emprunter un hélicoptère pour se rendre compte de lui-même qu'il ne massait pas de troupes aux frontières irako-koweïtiennes »... !

Le 28 juillet, le leader de l'OLP, Yasser Arafat, se rend à Bagdad. Le président irakien lui confie une mission d'importance : aller au Koweït auprès de l'émir pour lui demander de régulariser les questions financières. « Qu'il me donne les 10 milliards de dollars que je réclame pour avoir utilisé les puits de pétrole de Roumaylah et je réduirai progressivement la présence de mes troupes. »

Le chef de l'OLP, pourtant habitué aux situations difficiles, resta « sans voix ». Mais la discussion s'engageait quand même. Ainsi, Koweïtiens et Irakiens se retrouvent le 31 juillet à Djeddah en Arabie Saoudite pour la réunion de la dernière chance. Le Premier ministre, Cheikh Saad, était accompagné des ministres des Affaires étrangères et de la Justice. Les envoyés spéciaux de Bagdad étaient le vice-président du commandement de la révolution, Ezzat Ibrahim, Saddoun Hammadi, le vice-Premier ministre, et Ali Hassan Al Majid, le cousin de Saddam Hussein, chargé de surveiller en réalité les conversations de la délégation irakienne. On le retrouvera plus tard gouverneur du Koweït, puis à la fin de la guerre dans le Golfe, nommé ministre de l'Intérieur par le dictateur de Bagdad pour remettre de l'ordre dans un pays en proie aux divisions et à la démoralisation.

Cette réunion avait été précédée d'échanges de correspondances entre le roi Fahd d'Arabie Saoudite et l'émir du Koweït, le cheikh Jaber **.

Un diplomate avait été envoyé secrètement, la veille, en

* Voir annexes page 257.
** Voir annexes pages 251 et 252.

Arabie Saoudite par le président iranien Rafsandjani pour demander aux Koweïtiens « la plus extrême fermeté, notamment en ce qui concernait la revendication irakienne sur les îles Warba et Boubiyane constituant l'accès à la mer demandé par Bagdad ».

Une heure cinquante après l'ouverture des pourparlers, l'impasse était totale. Le roi Fahd tente de détendre l'atmosphère au cours d'un dîner où il évitera soigneusement de faire allusion au contentieux entre le Koweït et l'Irak et parlera à ses deux hôtes du problème de la reproduction des pur-sang arabes !

A la fin du repas, Ezzat Ibrahim, qui souffrait d'une crise d'ulcère, menaça directement le Premier ministre koweïtien :

— Nous savons comment obtenir de vous et de vos amis saoudiens l'argent qui nous est dû et dont nous avons besoin.

— Ne nous menacez pas, répondit le cheikh Saad, le Koweït a de très puissants amis.

— Nous avons nous aussi des alliés, vous serez forcés de payer tout l'argent que vous nous devez.

Le 1er août, les deux délégations quittaient l'Arabie Saoudite tandis qu'à Washington, à 10 heures du matin, le sous-directeur de la CIA, Richard Kerr, prévenait la Maison-Blanche et le Département d'État de « l'imminence de l'attaque irakienne ». Elle aura lieu selon lui dans les heures à venir.

Dans son bunker, Saddam Hussein, entouré des responsables du Conseil de la révolution irakienne et des chefs militaires, propose l'intervention armée « dans les délais les plus brefs ».

Il est appuyé notamment par Wabdane Ibrahim, le chef de la sécurité militaire, plus « faucon » encore que Saddam.

Tarek Aziz, le ministre des Affaires étrangères, et Hussein Kamel, le gendre de Saddam Hussein, ministre de l'Industrie militaire, sont les deux plus réservés. Ils demandent un délai de réflexion « pour faire plier les Koweïtiens ».

Afin de justifier par la suite l'invasion du Koweït, les services secrets irakiens firent courir le bruit que, le 31 juillet, le ministre koweïtien de la Défense avait eu un entretien avec le général Norman Schwarzkopf. Ce dernier lui « aurait » donné des informations alarmistes sur les concentrations de troupes irakiennes au Koweït et proposé d'envoyer dans un délai très rapide une force aérienne américaine au Koweït. Les Koweïtiens « auraient » alors réservé leur réponse, de peur de fournir un prétexte supplémentaire à Saddam Hussein...

Le leader de Bagdad, informé de ces conversations américano-koweïtiennes, et persuadé qu'elles allaient se concrétiser très rapidement, aurait décidé alors de précipiter l'invasion militaire de l'émirat !

Des agents d'influence favorables à Bagdad ont aussi fait courir le bruit suivant : « Si Saddam Hussein avait décidé son expédition punitive au Koweït, c'est parce qu'il était au courant qu'on voulait l'assassiner. »

Les services irakiens firent circuler un document de la CIA sur un complot destiné à liquider physiquement le leader de Bagdad avec à la clé une somme de près de 5 millions de dollars ! Et un autre sur des recommandations de la CIA au directeur de la sûreté koweïtienne pour inciter l'Irak à entreprendre une opération militaire.

Selon un des proches de Saddam Hussein qui faisait circuler ces fausses informations, « le complot avait été éventé quelques semaines avant l'éclatement de la crise ».

Depuis des semaines, le Raïs de Bagdad était persuadé qu'une « conjuration internationale se tramait, plus contre lui que contre l'Irak ». Délire de la persécution, commentent aujourd'hui ses adversaires. Saddam Hussein était obsédé également par l'idée de martyre. Il n'oubliait pas « qu'en Irak se trouve Karbala où coula le sang de l'Imam Hussein Ben Ali il y a près de treize cent quinze ans ». Or, ce lieu saint est le symbole du martyre de l'Islam.

Recevant en septembre à Bagdad une délégation de plusieurs responsables du mouvement islamique, Saddam Hussein leur lancera : « Je suis prêt au martyre, y êtes-vous prêts, vous aussi ? »

Le 1er août, James Baker, le responsable de la diplomatie américaine, participait à une tranquille partie de pêche en Sibérie avec son homologue soviétique, Edouard Chevardnadzé, quand lui parvint le rapport définitif du Pentagone sur le problème du Koweït. L'invasion irakienne était imminente. James Baker se tourna vers le Soviétique et lui dit :

— J'espère que vous allez empêcher cela.

— Nous connaissons bien Saddam Hussein, c'est un de nos clients, répondit avec amusement le Soviétique qui ajouta : Je ne crois pas qu'il ira jusqu'à franchir ce pas dangereux.

Au même moment, George Bush téléphonait au roi Fahd et lui envoyait rapidement son ministre de la Défense, Dick Cheney. Après l'invasion du 2 août, les ordres de mission des troupes pour l'Arabie étaient prêts. Ils partaient le lundi 6 et

George Bush annonçait l'opération Bouclier du Désert le 8 après en avoir informé préalablement le numéro un soviétique.

Le 6 août, le chargé d'affaires américain à Bagdad, Joseph Wilson, qui assurait l'intérim de l'ambassadeur April Glaspie rappelé à Washington, était convoqué dans le palais de Saddam Hussein. Ils eurent une longue conversation souvent détendue, rapportée intégralement dans le livre de Pierre Salinger *La Guerre du Golfe*. En conclusion, Saddam Hussein dira au diplomate américain : « Transmettez mes meilleurs vœux au président Bush, dites-lui de considérer que l'émir Jaber et sa famille, réfugiés en Arabie Saoudite, ainsi que ceux qui l'accompagnent, font désormais partie de l'histoire. La lignée des Sabah, c'est du passé. Il est normal que chacun se préoccupe de ses intérêts personnels. C'est pourquoi nous désirons savoir très précisément quels sont les intérêts légitimes des Américains afin que nous puissions les rassurer. Je vous le dis, non pas pour des raisons tactiques, ni parce que vous nous boycottez, et je ne cherche nullement à annuler ce boycott. Je ne cherche même pas l'approbation des États-Unis, mais je veux comprendre quels sont leurs intérêts légitimes pour leur conseiller de ne pas trop s'avancer sans se réserver de possibilités de repli. »

Plusieurs dirigeants arabes, dont le président égyptien Hosni Moubarak et le roi Hussein de Jordanie, essaient malgré tout d'organiser un grand sommet le 10 août au Caire.

De leur côté, les deux principaux dirigeants de l'OLP, Yasser Arafat et Abou Iyad, se rendent à Bagdad et rencontrent Saddam Hussein. Ce dernier refuse d'aller au sommet interarabe car il ne veut pas se retrouver en présence de l'émir du Koweït. « Ce monarque fantôme », dira-t-il à Abou Iyad. Il confiera à ses deux interlocuteurs palestiniens que les monarchies du Golfe seront violemment déstabilisées par des actes terroristes, que depuis des mois des caches d'armes existaient en Arabie Saoudite et qu'elles ont été introduites à partir de l'île de Socotra au Yémen.

Abou Iyad sera impressionné par le ton cassant, dominateur, cynique et violent du leader irakien.

Lors du fameux sommet arabe du Caire, Tarek Aziz se montra lui aussi d'une violence extrême. « Le Koweït est libre depuis que vous avez fui vos palais », ne cessait-il de dire à la délégation koweïtienne.

Le vice-Premier ministre irakien, Yassine Ramadan, le chef de l'armée nationale populaire et l'un des durs du régime, lancera même de la vaisselle à la face du Premier ministre koweïtien avant de le menacer en lui montrant du doigt un pistolet soviétique enfoui dans sa chemise.

Tandis que les injures pleuvaient et que les forces irakiennes poursuivaient leur invasion du Koweït, à Cannes, les services secrets irakiens essayaient d'enlever un Koweïtien, Khaled Abou Al Soud, conseiller financier de l'émir du Koweït. Il gérait depuis plus de trente ans le patrimoine financier de l'émirat. A ce titre, il disposait de la signature des comptes personnels de l'émir, mais aussi de ceux du gouvernement koweïtien...

Un agent irakien, sous couverture diplomatique en France, avait reçu pour mission de le localiser, de l'enlever et de lui soutirer les numéros des comptes à Londres et en Suisse. Dans le même temps, les services irakiens avaient déjà essayé d'utiliser l'état civil koweïtien pour tenter de retirer quelques jours après l'invasion de Koweït City de grosses sommes d'argent en Suisse. L'opération était supervisée par la délégation irakienne aux Nations unies à Genève. Ainsi, le 7 août, de faux citoyens koweïtiens munis de papiers du ministère des Finances récupérés lors de l'invasion du 2 août ont tenté de vider des comptes à Zurich et à Genève et dans des filiales de banques suisses à l'étranger. Trop tard ! Vingt pays prenaient en urgence des mesures pour bloquer les fonds du Koweït : 100 milliards de dollars, afin de les protéger contre les risques de mainmise irakienne. Cette décision inaugurait une politique internationale d'embargo contre l'Irak.

Amman, Jordanie, septembre 1990.

Dans un immeuble neuf du centre ville, une voiture banalisée dépose trois officiers irakiens. Parmi eux, l'un des adjoints d'Hussein Kamel, le ministre de l'Industrialisation et des Industries de l'Armement à Bagdad. Ils sont venus secrètement installer plusieurs bureaux d'études et d'achats en Jordanie pour contourner l'embargo décrété par l'ONU contre l'Irak. Leur objectif : créer des structures pour y recevoir des hommes d'affaires, des agents commerciaux et des intermédiaires du monde entier susceptibles de collaborer avec le régime de Bagdad. C'est un Jordanien, d'origine palestinienne, Mahdi Abdu Hadi Radhi, qui mettra en place l'organisation irakienne. Ce bureau d'achats a notamment fourni, après les décisions de l'ONU, des grenades, des mortiers ainsi que des munitions pour armes automatiques à l'armée irakienne. Les soldats américains de la 111e division aéroportée ont découvert dans un bunker abandonné par les Irakiens, après l'offensive terrestre, des exemplaires de ces munitions ainsi que des caisses « made in Jordanie ». Les services de renseignements de la coalition anti-irakienne s'échangeaient des informations sur le contournement de l'embargo et ses faiblesses. Tant dans les services britanniques que français ou américains, les conclusions se recoupaient : l'Irak pouvait facilement supporter les sanctions économiques au moins jusqu'à la fin de 1991. Le patron de la CIA, William Webster, remettra même un rapport à la Maison-Blanche, début décembre. « L'effet des sanctions internationales sur l'économie irakienne ne sera pas suffisant pour contraindre Saddam Hussein à se retirer du Koweït. » Telle était la conclusion sèche et sans appel des analystes de Washington. Une autre équipe d'experts présidée par Martin Indyk, le directeur du Washington Institute for Near East Policy, rédigeait un document allant dans le même sens. L'Irak, selon eux, pouvait survivre à l'embargo jusqu'à la fin de 1991 en combinant astucieusement un rationnement des particuliers et un grand assouplissement du carcan étatique enserrant l'agriculture. Les rapports étaient très précis : ils indiquaient que les Irakiens vendraient tout, même de l'or, dont ils disposaient en grande quantité, pour acheter des denrées alimentaires. Avant l'invasion, l'Irak importait 70 % de la consommation quotidienne en calories de chacun de ses habitants. Depuis le mois d'octobre, en théorie, la ration devrait être tombée à 1760 calories par jour et par personne, soit moins qu'au Bengladesh. En réalité, la ration était beaucoup plus forte, grâce notamment aux stocks qui avaient été dérobés au Koweït. Ainsi, « la probabilité d'une famine était quasiment nulle » selon les chiffres fournis par plusieurs experts agricoles occidentaux. Il suffisait à Saddam Hussein, pour que sa population se nourrisse tout à fait normalement, d'importer en fraude de 900 à 1000 tonnes de céréales par jour. Cette quantité, négligeable à l'échelle du pays, tient dans vingt-cinq grands camions transporteurs.

L'industrie irakienne était décrite comme étant « plus vulnérable », dans trois secteurs principaux : le raffinage du pétrole sans lequel les transports auraient été inopérants, les douze principales centrales électriques et les stations de pompage de filtration d'eau. Ces trois ensembles industriels figuraient d'ailleurs en tête de la liste des cibles des bombardements stratégiques de l'Irak...

« Cultivez votre jardin, élevez des poules pour les œufs, mères, allaitez vos bébés, c'est meilleur pour leur santé. » Chaque jour, depuis le 7 août, radio, télévision et journaux de la propagande irakienne encourageaient les habitants à s'organiser pour résister le mieux possible à l'embargo.

Pour tenter de développer l'agriculture, le gouvernement irakien a levé d'emblée les restrictions à la mise en valeur des terres apportées auparavant en fonction des plans d'irrigation. Le riz, élément essentiel de la cuisine irakienne, risquait de poser de gros problèmes. Le gouvernement appellera donc au changement des habitudes alimentaires en demandant de privilégier des produits comme les dattes dont l'Irak est le premier producteur, ou bien les légumes dont la récolte s'était élevée à plus de 900 000 tonnes en 1989.

Sur les produits de base, le rationnement instauré dès le début septembre a été considérablement renforcé à partir de fin octobre, et neuf des produits essentiels comme le riz, les féculents, les céréales, la lessive, le savon ont été totalement contingentés. Les rations ont été réduites au minimum.

Le 13 novembre, le ministère du Commerce promulguait un décret pour une aggravation du rationnement des produits de première nécessité comme la farine et le riz. Ainsi, les habitants de Bagdad n'avaient plus droit qu'à deux livres de riz par mois et par personne, au lieu de 1,5 kg en règle générale.

Le 14 novembre, Saddam Hussein, inquiet de l'extension du marché noir, et de quelques bagarres qui avaient eu lieu dans des échoppes avec certaines familles (dont le salaire mensuel était trop faible pour se procurer des produits de première nécessité), avait présidé en personne une réunion du Conseil du commandement de la révolution. Il obligeait les agriculteurs à vendre leur riz aux organismes d'État, avec interdiction de toute transaction avec les sociétés commerciales privées. Par contre, sur le marché, certains produits de luxe n'étaient pas « vendus mais redistribués », comme le dit la propagande irakienne. En termes pudiques, cela s'appliquait en fait à la vente des stocks koweïtiens pillés : montres, appareils photos japonais, téléviseurs, caméras vidéo, congélateurs, fours à micro-ondes, ordinateurs, fax, en provenance de la 19e province. Sur les ondes de Radio Bagdad, les commentateurs officiels, notamment le président de l'Assemblée nationale, M. Sadi Madhi Saleh, condamnaient l'embargo : « Si les alliés pouvaient nous priver d'air, ils le feraient avec joie. »

Prévoyant, Saddam Hussein s'était préparé avant l'invasion du Koweït à un possible embargo en faisant des provisions. Ainsi les exportations néerlandaises de vivres vers l'Irak ont augmenté dans le premier semestre de 1990 de manière spectaculaire par rapport à la même période de 1989. Cela ressort de données du ministère de l'Économie. Les exportations vers l'Irak de sucre et de miel ont progressé de 1 100 %, celles des produits laitiers de 312 %, celles de vaches hollandaises sur pied de 630 %, celles de tabacs et de boissons de 841 % et celles d'autres produits alimentaires de 812 %. Selon un document du ministère de l'Économie hollandaise, les moyens de transports ont, eux, progressé de 492 %.

Pourtant, dès le début de la décision d'embargo de l'ONU des failles sont apparues. Les satellites de renseignements américains ont pris des photos de nombreux convois de camions transportant des équipements pétrochimiques italiens, de Jordanie en Irak. La longue frontière commune entre l'Irak et l'Iran a facilité également le contournement de cet embargo.

Des fédérations de l'industrie agro-alimentaire iranienne ont ainsi reçu l'ordre de livrer leurs stocks de conserves dans le Kurdistan irakien sous emballage étiqueté « médicaments ». Des achats iraniens de riz thaï ont été commandés avec livraison en double sac de jute pour permettre le transit. Les commandes de riz basmathi, en provenance du Pakistan, ont augmenté de près de 60 % depuis le mois d'octobre...

En août, la Libye envoyait ouvertement des denrées alimentaires à l'Irak. Elle lui fournira également quelques produits chimiques avant d'être mise à l'index par plusieurs pays occidentaux qui feront valoir au colonel Kadhafi, en lui montrant un certain nombre de photos, que le trafic libyen de contournement de l'embargo était connu. Des marchandises destinées à l'Irak sont également passées par le port d'Aden, au Yémen, tandis que les avions irakiens venaient charger des denrées alimentaires. La Mauritanie, le Soudan, la Corée du Nord, Cuba ont également contourné l'embargo.

Le 23 août, les États-Unis et la Grande-Bretagne présentaient au Conseil de sécurité des Nations unies des documents secrets photographiques, prouvant des tentatives faites par l'Irak en vue de contourner les sanctions adoptées par le Conseil. A l'issue d'une réunion de plus de deux heures à huis clos, le représentant permanent des États-Unis auprès de l'ONU, M. Thomas Pickering, concluait « que les différents éléments de preuve exposaient des violations continuelles commises par l'Irak qui tente toujours d'exporter son pétrole et d'importer des quantités de marchandises de tous les coins du monde ». Les tentatives irakiennes les plus flagrantes qui ont été constatées : importations illégales d'armes, de machines, d'acier, de toutes sortes de marchandises. Des armes, dira-t-il, en provenance du « marché ouvert, du marché noir, du marché gris, du marché vert et de n'importe quel marché ». Pour corroborer ses assertions, M. Pickering et son homologue britannique, sir Crispin Tickell, ont fourni à la Commission sur les sanctions des preuves photographiques, orales, des plans, des cartes, toutes estampillées « Cosmic », la classification la plus secrète dans le jargon de l'OTAN.

Le 6 septembre, les services des douanes du port de Rotterdam avaient saisi deux camions bulgares qui étaient chargés de matériel à destination de l'Irak. Ils transportaient du matériel non militaire, des engins de levage fabriqués par une compagnie d'Amsterdam. L'Irak contournait l'embargo de mille et une façons. Même en se servant des otages occidentaux à Bagdad. Si Saddam Hussein a accepté l'établissement des ponts aériens depuis sa capitale vers l'Europe pour permettre l'évacuation des femmes et des enfants, c'était aussi en partie pour contourner cet embargo. La tactique était simple : les avions d'Iraki Airways transportaient les familles occidentales à destination de leurs pays respectifs, repartaient à vide et s'arrêtaient au retour dans des pays contournant l'embargo, comme la Libye, le Yémen et la Jordanie. La tactique du président irakien était payante car si, jusqu'à présent, les Occidentaux et l'ONU n'avaient pas décrété l'embargo aérien, c'était pour permettre l'évacuation des otages retenus en Irak. Un vrai cercle vicieux !

Près d'une quinzaine d'avions-cargos ont assuré un pont aérien entre le Yémen et Bagdad tous les jours depuis le début de la crise en août. Ils ont fait transiter des marchandises arrivées par bateau au port d'Aden. Plus grave, on s'apercevra, en outre, que bien avant l'invasion du Koweït, plusieurs sociétés financières européennes travaillant dans le domaine de la haute technologie avaient des fonds irakiens investis dans leur capital. Ce qui a permis à Bagdad de profiter de complicités à l'intérieur de ces sociétés afin de se procurer du matériel de haute technologie. Par exemple : une société en Allemagne de l'Ouest travaillant sur le système de guidage électronique de certains missiles de l'OTAN ! Depuis le début de la crise, plus de deux cent soixante sociétés-écrans ont ainsi été créées en Europe de l'Ouest et s'employaient, en fait, à contourner l'embargo. Sans compter les contacts pris entre les émissaires de Bagdad et des armateurs grecs ou chypriotes qui ont permis de créer des Trading Companies spécialisées dans le blanchiment du brut irakien.

L'Iran a également fait transiter sur son territoire du pétrole irakien, rebaptisé pétrole iranien et revendu à l'étranger. A Chypre, au Liban, près de cinq mille entreprises ont fait du commerce de contrebande avec Bagdad par voies terrestres et maritimes. En Suisse, une société a été repérée alors qu'elle tentait de livrer à Bagdad des pièces en acier destinées à la fabrication d'installations d'enrichissement de l'uranium et de fusées. Cette société avait également livré à l'Irak des fonds de centrifugeuses à gaz. Une société, très active : celle d'un Palestinien, ancien membre de l'OLP, installé à Moscou et à Varsovie, mais domicilié à Chypre. Cet homme avait été condamné à mort, autrefois, par Yasser Arafat. Titulaire d'un passeport soviétique, il envoyait ses commandes de Moscou et les faisait livrer à Limassol.

L'Irak, qui avait soutenu les chrétiens libanais, a reçu également du matériel militaire par l'intermédiaire des forces libanaises de Samir Geagea, à partir du port de Jounieh, devenu un des principaux centres de contrebande vers l'Irak.

Même les Soviétiques étaient soupçonnés de violer l'embargo. La marine française arrêtera et perquisitionnera d'ailleurs le 3 octobre, à l'entrée du golfe d'Aqaba, un porte-containers soviétique, le *Skulptor-Zalnkalns*.

Tout au long du conflit, la France aura joué un rôle particulièrement efficace pour lutter contre la violation de l'embargo. Dès le 15 septembre, dans une déclaration officielle, François Mitterrand avait évoqué l'existence d'entreprises françaises qui ne respectaient pas l'embargo sur l'Irak. Le chef de l'État avait fait preuve d'une grande détermination, soulignant que toute violation des mesures prises par l'ONU serait considérée comme un manquement à l'unité nationale. Dans le même temps, un plan interministériel était mis en œuvre, qui associait aussi bien les ministères de l'Industrie, de l'Agriculture, de la Défense, des Affaires étrangères, de l'Intérieur ou du Commerce extérieur. Ce fut le Secrétariat général de la Défense nationale, le SGDN, qui assura la liaison de ce plan anti-embargo.

Le SGDN, qui dépend du Premier ministre, assure le secrétariat des conseils de défense que préside le Chef de l'État ainsi que les comités de défense que préside le Premier ministre. Il joue, auprès de ce dernier, le rôle d'organe permanent de conseil et d'exécution pour l'exercice des responsabilités en matière de défense. Il s'occupe également depuis quelques mois de la coordination des plans permanents de renseignements qui ont été mis en place par le gouvernement de Michel Rocard. Il anime également les travaux de la direction scientifique et de transferts sensibles qui réunit tous les éléments liés aux renseignements et à la surveillance des exportations d'armements des matériels sensibles et de technologie à caractère stratégique, en liaison avec la commission interministérielle pour l'étude des exportations des matériels de guerre (CIEEMG). A cet égard, le SGDN, depuis le début de l'embargo, a remis des rapports quotidiens à Michel Rocard et hebdomadaires au chef de l'État. Ces rapports avaient été demandés par François Mitterrand lui-même. Le SGDN a accompli sa mission sous la direction du préfet Michel Fougier, ancien préfet de police, connu pour son dynamisme, son autorité et son sens de l'organisation. Matignon a travaillé en liaison avec les douanes, les services des Finances, les services des Brigades financières de la police, les RG, la DST, la Sécurité militaire et la DGSE. Un certain nombre de sociétés qui avaient l'habitude de travailler avec l'Irak ont ainsi été répertoriées et discrètement contrôlées. Des cours de sensibilisation pour mettre en garde les industriels contre les tentatives de contournement d'embargo par des voies commerciales détournées ont été faits en liaison avec le CNPF. Un système de classification a également été fourni aux entreprises. Le gouvernement a fait établir, avec la Sécurité militaire, la DGSE et la DST, une liste nominative des trafiquants d'armes connus, susceptibles d'approcher des sociétés françaises d'armement par le biais de sociétés commerciales fictives. Un certain nombre de ces trafiquants d'armes ont fait l'objet d'une surveillance discrète aux postes frontières, terrestres, navals et aériens. La DGSE et la DST ont également travaillé sur les nouvelles sociétés commerciales qui ont été mises en place curieusement dès le début du conflit dans le Golfe en août dernier. C'est ainsi que la DGSE a repéré des sociétés nouvellement créées en Suisse, au Luxembourg ou à Monaco. Il suffisait parfois de consulter le Minitel pour s'apercevoir que ces sociétés faisaient en réalité de l'exportation détournée pour l'Irak. Sur le terrain à l'étranger, les agents de la « piscine » ont été très efficaces. Les douanes ont largement contribué à ce plan « tamis ». C'est ainsi que dès le 26 septembre dernier, un télex était adressé par la direction générale des douanes à tous ses responsables régionaux. Ce télex était signé de Jean-Claude Saffache, directeur adjoint qui recommandait le secret absolu sur l'application de l'embargo. « Prière, disait-il dans ce télex confidentiel Défense, de vous abstenir de toute information aux médias sur les contrôles exercés dans le cadre de l'embargo contre l'Irak, sauf autorisation expresse de la direction générale et du Cabinet. » Les douanes ont mobilisé presque tous leurs effectifs pour surveiller tous les navires * qui passaient dans les eaux territoriales, jusqu'à 24 milles de nos côtes. Pour chacun des pavillons, il fallait décliner le nom, le pavillon, la destination et la marchandise transportée. Si un soupçon pesait sur un des navires, une décision était prise pour mener une enquête de pavillon. Par ailleurs, des informations ont été échangées sur l'embargo avec l'ensemble des douanes européennes. Un directeur des douanes assure qu'on peut toujours contourner un embargo, et c'est pourquoi des surveillances particulières avaient été effectuées par les douanes dans les pays voisins des deux pays soumis à l'embargo, c'est-à-dire, l'Irak et le Koweït. « Quand nos correspondants, explique-t-il, sont alertés par des flux de marchandises anormaux de nouvelles sociétés de négoce, nous faisons alors une enquête très approfondie. »

Selon un autre dirigeant des douanes, plusieurs sociétés-écrans ont été mises en place et de nombreux courtiers ont essayé de profiter de la crise du Golfe pour s'enrichir à bon compte dans des paradis fiscaux. C'est pourquoi les douanes, avec la DST, avaient alerté des exportateurs français, spécialement dans les produits agro-alimentaires, les plus « sollicités » par les Irakiens.

Au niveau aérien, à partir de la France, on renforça également la surveillance des frets dans les aéroports. Les douanes redoutaient surtout des falsifications de documents concernant des marchandises ou des destinations qui ne correspondent pas à la réalité. Cette surveillance n'a pas été facile car il était nécessaire de recouper toutes les informations. En ce qui concerne le contrôle des mouvements de capitaux, en relation avec la direction du Trésor, les douanes sont intervenues pour empêcher

* Voir annexes page 290.

les ressortissants de l'Irak et du Koweït de sortir des devises. Quant aux établissements bancaires, ils ont été soumis aux instructions du Trésor et ne pouvaient pas transférer de l'argent en Irak ou au Koweït. Les douanes ont vérifié d'ailleurs les écritures bancaires de certaines banques pour voir s'il n'y avait pas des transferts de fonds illégaux.

Les services de renseignements se sont intéressés également à un certain nombre de sociétés de ventes d'armes qui ont subi des pressions de la part du lobby irakien en France (y compris celui de l'ambassade) et d'intermédiaires libanais effectuant généralement des missions pour le compte de Bagdad. Mais on assure qu'aucune société française d'armement n'a enfreint l'embargo. Lorsque, le 15 septembre 1990, François Mitterrand a mis en garde contre les contournements possibles de l'embargo, les enquêtes qui ont été faites ont révélé que ces « déviations » concernaient moins les grandes sociétés que des PME. Au total, plus de deux cents PME qui avaient des relations régulières avec l'Irak ont été surveillées — elles risquaient en effet de perdre des marchés importants, et constituaient des terrains « sensibles ».

Comment ces PME continuaient-elles à commercer avec l'Irak alors que la Coface n'assurait plus aucun contrat vers Bagdad depuis deux ans (sur instruction de Pierre Bérégovoy le ministre des finances pour cause d'arriérés de paiement) ? L'Irak, dit-on au Centre français du commerce extérieur, ne remboursait pas l'État français mais payait quand même ses petits fournisseurs, souvent des PME, pour garder le contact avec eux. L'une d'entre elles, par exemple, a vendu à l'Irak des filets de pêche, ce qui est plutôt surprenant, dit un douanier, dans un pays qui ne dispose que d'une cinquantaine de kilomètres de côtes. En fait, aujourd'hui, selon des informations des services de renseignements français, ces filets étaient reconvertis en Irak et ont servi au camouflage de matériel militaire lors des derniers combats aériens. Un certain nombre de ces sociétés ont été contrôlées régulièrement par les douanes et par les services de sécurité français. Une trentaine seulement d'entre elles auraient passé outre à l'embargo. Leur identité n'a pas été rendue publique sur ordre du gouvernement. Il s'agissait surtout de sociétés agro-alimentaires, de spécialistes de matériels médicaux, de fabricants de meubles. Les organismes de sécurité français avaient mis en garde des fabricants français de produits pharmaceutiques non conditionnés car l'Irak aurait pu employer ces produits pour la fabrication d'armes bactériologiques ou chimiques. C'est pourquoi, en relation avec les douanes européennes depuis le mois d'août, un nouveau règlement avait été préparé, imposant une liste restrictive de médicaments autorisés à l'exportation. Dorénavant, les produits pharmaceutiques doivent être conditionnés sous emballage individuel, ce qui rend difficile ensuite l'utilisation à des fins militaires.

Un certain nombre de sociétés qui travaillaient avec l'Irak ont été « bombardées » quasiment tous les jours de télex et de fax par leurs correspondants habituels irakiens à Bagdad. Ainsi, une firme toulousaine de matériel de stérilisation, d'instrumentation chirurgicale et de verrerie de laboratoire a reçu des télex tous les jours pendant le mois d'août pour respecter des délais de livraison concernant du matériel pour les hôpitaux à Bagdad par l'intermédiaire de la Turquie. Cette société a refusé de répondre à ces télex et a même alerté les autorités françaises. Plusieurs autres entreprises françaises ont en effet été prises entre le marteau irakien et l'enclume de l'embargo en France. C'est ainsi qu'une PME de Mulhouse, qui était passée en mars dernier sous le contrôle du groupe belge Herstal, a eu, du fait de la perte de l'important marché irakien, un manque à gagner de près de 15 millions de francs. Elle devait fournir des munitions à l'Irak. D'autres contrats ont été également annulés, ainsi ceux d'une filiale du groupe sidérurgique Usinor-Sacilor qui avait reçu commande de 560 km de tubes pour l'Irak pour le pipe-line qui devait relier Kirkouk à Bagdad.

C'est sur les petites entreprises de ce type que les agents d'influence de l'Irak, qui étaient restés en France jusqu'à l'expulsion de la plupart des membres de l'ambassade à Paris, faisaient pression pour obtenir des contournements de l'embargo. L'Irak a essayé discrètement de faire « chanter » un certain nombre de sociétés françaises qui avaient des employés pris en otage à Bagdad, menaçant de les mettre sur des sites stratégiques ! Mais toutes ces entreprises françaises ont, dit-on à Matignon, constamment résisté aux pressions exercées ou au chantage des autorités irakiennes, et manifesté un grand esprit civique.

CHAPITRE II

Main basse sur Koweït City

AU KOWEÏT occupé, baptisé 19e province par Saddam Hussein, les soldats irakiens ont aussi des préoccupations financières : comment ouvrir le coffre de la Banque centrale ? A l'intérieur, selon les renseignements de l'un de leurs agents, plus d'un milliard de dollars en or serait entreposé. Les ordres de Bagdad sont formels : tout doit être rapatrié en Irak avant le 20 août. Saddam Hussein a besoin de ce trésor de guerre pour financer les organisations terroristes qui affluent en Irak et pour organiser le contournement de l'embargo décrété par l'ONU. Se méfiant des soldats irakiens de l'armée nationale populaire, souvent composée de réservistes, le dictateur de Bagdad enverra récupérer son butin par les unités de ses forces spéciales de sécurité dirigées par Saddam El Masid. Arrivés sur place, les « casseurs présidentiels » se heurteront à un problème technique : la Banque centrale était conçue de telle manière que le coffre-fort devait tomber à la mer en cas d'effraction à l'explosif ! Un système imaginé par le cheikh Ali Khalifa Al Sabah, ministre koweïtien des Finances. Après avoir recherché puis trouvé les employés koweïtiens et palestiniens de la banque, les soldats irakiens les ont torturés et ont menacé de tuer leurs enfants. Des responsables ont fini par remettre les clés et la combinaison du coffre. Quand les lourdes portes s'ouvrent, les Irakiens trouvent « un butin convenable » : 10 millions de dollars, d'autres devises étrangères, et un stock d'or d'une valeur de 360 millions de dollars. Mais le métal jaune était estampillé. Afin de l'écouler, Saddam Hussein le fera fondre. Les intermédiaires jordaniens en ont écoulé une partie. Un groupe palestinien extrémiste — celui d'Aboul Abbas — sera autorisé à prendre de l'or au Koweït. Le pillage fut organisé par son responsable, Hussein el Habed. Cette attitude d'un groupe palestinien avait « écœuré » Abou Yiad, le numéro deux de l'OLP, qui avait prescrit une enquête. Alors que les soldats irakiens déchaînés pillaient également les bijouteries, d'autres en profitaient pour faire main basse sur certains trésors du Musée national koweïtien. Selon Esin Atil, historien en art islamique à la galerie Arthur Sackler, à Washington, le musée koweïtien contenait une des plus belles collections au monde ; une grande partie de ces œuvres auraient été volées. Ce bâtiment, véritable sanctuaire de l'art islamique, renfermait plus de 7 080 objets provenant de pays aussi différents que l'Espagne ou l'Inde, dont certains dataient du VIIIe siècle. Les rumeurs de pillage qui circulaient dans le milieu des collectionneurs internationaux ont vite été confirmées par un représentant de l'ambassade du Koweït aux États-Unis. Actuellement, certains manuscrits seraient recherchés, dont un des plus vieux textes du Coran. Des gravures médiévales, des étoffes princières ou des pierres précieuses auraient également été dérobées. Un rapport sur la mise à sac du musée a été fait par un chercheur qui a réussi à se réfugier à Londres en septembre. « Le 26 août, dit-il, j'ai appris que les soldats irakiens avaient pénétré dans le musée. J'ai aussitôt décidé d'en savoir plus en me rendant sur les lieux. Déguisés, en compagnie d'un ami, nous nous sommes rendus au musée où l'on nous a immédiatement présenté un nouveau directeur qui était en fait un officier du ministère irakien de l'Information. En nous promenant à l'intérieur, nous avons pu constater que rien au premier abord, ne semblait avoir été enlevé. Mais quelques jours plus tard, le 4 septembre, nous avons vu quatre semi-remorques de l'armée irakienne qui stationnaient devant le musée, sous la protection de soldats de la Garde républicaine. Quant aux personnes présentes, certaines étaient en civil, d'autres en uniforme. Par la suite, des amis, qui avaient aussi assisté à la scène, ont révélé qu'ils n'avaient vu personne emporter des caisses. » Les représentants irakiens interrogés à Washington ont démenti ces vols. Un membre de l'ambassade irakienne, Mahsin Yono, affirma n'être au courant de rien. Selon cette diplomate, le gouvernement irakien n'a jamais pris aucun engagement concernant « la protection et la conservation des collections koweïtiennes ». Le Musée national koweïtien avait été créé en 1983 à l'initiative de la famille Al Sabah. Désireux de créer un reliquaire des éléments de la culture islamique dans leur pays, le couple d'amateurs koweïtiens paiera même les recherches entreprises pour retrouver les pièces disparues. Aujourd'hui certains objets de très grande valeur, qui n'avaient pu être transportés du fait de leur fragilité en Amérique, auraient disparu, notamment un vase du XIVe siècle. Il y avait aussi des verres islamiques très anciens. Parmi les objets très rares qui ont pu être sauvés, une colonne de marbre d'un palais espagnol datant du Xe siècle, des bijoux indiens datant de la fin du XVIe et du XVIIe siècle, des tapis kurdes du XVIe et XVIIe siècle et un astrolabe.

Face à cette horde, la résistance koweïtienne a tenu quelques semaines. Documents, photos et films d'amateurs démontrent que des officiers koweïtiens n'avaient pas fui leur pays dès l'invasion ; au contraire, vêtus d'habits civils, ils avaient organisé quartier par quartier une guérilla urbaine. Dès l'entrée des troupes irakiennes au Koweït, le gouvernement de Bagdad avait pensé obtenir l'appui des principaux chefs de l'opposition koweïtienne. Aucun n'avait accepté. Depuis les premiers combats, deux Mirage 2000 de l'armée de l'air koweïtienne avaient bombardé l'un des quartiers généraux de l'armée irakienne, Al Jahra. Tandis que fleurissaient un certain nombre d'organisations clandestines comme l'Organisation de libération du Koweït ou le Mouvement du 25-Février, date de la fête nationale de ce pays. Dans un de ses communiqués, début août, ce mouvement menaçait : « Nous attaquerons des objectifs jusqu'au cœur de Bagdad. Nous nous engageons devant nos peuples à pratiquer la politique de terre brûlée sous les pieds de Saddam Hussein qui ne profitera pas d'un seul pouce de notre patrie. »

D'autres tracts circulaient, dont l'un était intitulé « résistance populaire »* tandis que les femmes koweïtiennes créaient leur propre journal. Tous ces mouvements ont réussi à faire passer un certain nombre de messages sur les ondes de radios clandestines, notamment la radio du Koweït Libre, qui émettait hors du territoire occupé depuis l'invasion irakienne. La nuit, des femmes koweïtiennes montaient sur les toits et terrasses des immeubles pour crier des slogans hostiles, comme par exemple « honte aux envahisseurs ». Cette résistance, dans un premier temps, essaya de s'organiser sur le plan militaire. Ainsi un groupe de résistance koweïtien, Fahd El Ahme, en hommage au frère de l'émir du Koweït, tué le premier jour de l'invasion irakienne, fut rédigé le 30 août 1990. Il faisait état de chars

* Voir annexes page 258.

irakiens détruits et d'armes récupérées. Le 19 août, un autre communiqué indiquait que des cocktails Molotov lancés par le représentant du mouvement chiite Al Dawa (les Irakiens opposés au régime de Bagdad et installés généralement en Iran) avaient détruit plusieurs jeeps et véhicules autotractés dans la banlieue de Koweït City. Les témoins ont même vu plusieurs soldats irakiens dont les cadavres étaient restés sur place pendant vingt-quatre heures. De nombreux soldats de Bagdad ont été soignés depuis le début de l'invasion dans des hôpitaux du Koweït. Et des rébellions se sont produites dans des unités stationnées dans la banlieue, notamment à El Haladi. Les soldats irakiens croyaient qu'ils étaient venus libérer le Koweït d'une invasion israélienne ! Le 20 août, la résistance koweïtienne faisait publier un plan dessiné par certains de ses membres et envoyé à leurs journaux clandestins. Il montrait le schéma d'une attaque d'une voiture-suicide * contre l'hôpital El Hadi où était regroupé, pendant un temps, l'état-major irakien à Koweït City. Le 23 août, un autre communiqué mentionnait la disparition de plusieurs taxis irakiens venus de Bagdad convoyant un certain nombre d'officiers civils des renseignements irakiens, ainsi que l'arrestation par les résistants d'un officier d'état-major de l'armée nationale populaire irakienne. Le 26 août, quelques mosquées utilisées par la propagande koweïtienne contre l'Irak étaient fermées, encerclées par les troupes de Saddam Hussein. Le 27, dans le parc Sabhieh, au sud de Koweït City, sept soldats irakiens étaient tués ou blessés et leur automitrailleuse interceptée par d'anciens officiers koweïtiens en civil. Des armes avaient été volées depuis le début de l'invasion dans le nouveau commissariat, à Keifan. Selon la résistance koweïtienne, l'ardeur des soldats irakiens diminuait de jour en jour. Il s'agissait essentiellement de jeunes soldats, de réservistes qui disposaient de très peu d'infrastructures sur place. Ils étaient obligés de demander souvent de la nourriture et de l'eau aux Koweïtiens et certains ont même cherché à déserter en achetant des « disdachas » (les costumes blancs traditionnels koweïtiens). Ces jeunes soldats furent remplacés quelques jours après l'invasion par des éléments de la Garde républicaine. Les soldats irakiens sortaient de moins en moins la nuit pendant ce mois d'août, car ils avaient peur d'être tués par des francs-tireurs. Ils étaient en permanence à la recherche d'emplacement de vivres et d'eau, tandis que les

* Voir annexes page 259.

résistants koweïtiens avaient la possibilité de tenir car ils disposaient de caches qui n'avaient pas encore été découvertes. Plusieurs chars irakiens sont passés dès le mois d'août en Arabie Saoudite tandis que des photos ou des films pris par des cinéastes amateurs montraient des soldats irakiens vendant leurs armes entre 20 et 50 dinars (soit 350 et 1 000 francs). Un char entier a même été acheté par une famille koweïtienne. Les soldats irakiens étaient également très nonchalants. Un film ramené en Europe par un Koweïtien montre même une séquence où les soldats de Saddam Hussein s'entraînaient au fusil-mitrailleur contre les requins. Début septembre, les ordres de Bagdad étaient nets : tout officier ou soldat irakien qui pactisera avec la population koweïtienne devra être exécuté sur-le-champ.

Petit à petit, la machine administrative et répressive irakienne se mettait en place. Plusieurs PC quadrillèrent la ville : l'un était installé à l'hôtel *Sheraton,* l'autre à l'ambassade d'Irak. Le centre de commandement principal d'où partaient les ordres, notamment de recherches des derniers résistants, était centralisé au ministère de l'Eau et de l'Électricité. Malgré les répressions massives, les exécutions sommaires, les vols et les pillages, méthodes quotidiennes de l'occupant irakien pour normaliser Koweït City, aucun Koweïtien ne collaborera avec l'occupant. Cela est d'un grand réconfort moral, nous dira le cheikh Saad Al Sabah, Premier ministre, lors de son passage à Paris, le 10 septembre. Le Premier ministre confiait qu'aucun membre de l'opposition koweïtienne à l'émir n'avait accepté de travailler pour l'Irak. D'après le cheikh Saad, trois membres de l'ex-famille régnante, arrêtés lors de l'invasion, auraient été conduits en prison à Bagdad et des menaces pèseraient sur les membres de la famille de l'émir ; selon l'entourage du Premier ministre, les mosquées jouaient un rôle essentiel dans la résistance, pour la distribution de denrées alimentaires et l'incitation à la solidarité. Les troupes irakiennes hésitaient à y pénétrer de force. Autre centre de résistance, le « Diwanieh » (assemblée traditionnelle, sorte de parlement de quartier qui se réunit une fois par semaine dans la maison des notables et joue le rôle de centre médical). La résistance en cette fin septembre 1990 était encore dirigée par des officiers de la police. Quant aux militants du Parti chiite, Al Dawa, parmi ses membres, certains experts en explosifs entraînés, il y a un an, dans des centres révolutionnaires iraniens... Mais plus le temps passe, plus cette résistance koweïtienne atteint une phase critique. En effet, depuis le début de septembre, la situation change de façon considérable. Les frontières avec l'Arabie Saoudite ne sont plus étanches, ce qui a entraîné la mort de plusieurs Koweïtiens qui essayaient de regagner leur pays pour rejoindre les résistants. Les réfugiés arrivés sur le sol saoudien affirmaient que la résistance ne pourrait tenir au-delà de deux ou trois mois. La raison en est le recrutement de plus de 100 000 soldats irakiens, des miliciens et des volontaires, à l'intérieur des camps palestiniens. Ces hommes venaient appuyer les forces de l'armée populaire qui avaient laissé le centre de Koweït City à la résistance, se contentant de contrôler les accès principaux aux bâtiments officiels. D'autre part, la nomination par Saddam Hussein d'Ali Hassan Al Majid comme nouveau gouverneur du Koweït renforçait la position irakienne. L'homme qui avait semé la terreur au Kurdistan avec les armes chimiques semblait décidé à employer les mêmes méthodes dans le Koweït occupé.

Ainsi galvanisés, les Irakiens approchent, à l'aube de l'automne, de la folie furieuse : condamnation à mort pour la détention d'une arme à feu, destruction des immeubles pour chaque balle tirée contre les soldats de Saddam. Il devient même dangereux de porter une barbe au Koweït, elle est considérée comme un signe de deuil. « Pour votre émir ? » demandent les soldats irakiens. La barbe est également la marque des ulémas, une « catégorie suspecte » aux yeux du régime de Bagdad.

A l'hôpital Al Sabah, des soldats irakiens auraient même débranché les bouteilles d'oxygène pour les voler, faisant une trentaine de morts parmi les malades. Les Irakiens offraient 10 000 dinars pour toute information permettant l'arrestation des Occidentaux restés au Koweït. Mais l'objectif principal du gouverneur Al Majid demeurait l'écrasement de la résistance. Les dirigeants koweïtiens eurent la certitude que beaucoup de jeunes hommes arrêtés dans l'émirat furent en grande partie exécutés et enterrés dans le désert. D'autres furent enfermés dans des geôles irakiennes. Plusieurs témoignages d'exécutions sommaires en place publique pratiquées pour l'exemple ont été enregistrés. Un médecin koweïtien a relaté ainsi ce qu'il avait vu dans la morgue d'un hôpital : « C'était plein de corps de jeunes Koweïtiens avec une seule balle dans la nuque et les tracts de la résistance dans les poches. Le plus jeune avait 14 ans, le plus âgé 30 ans. » A l'instar des méthodes appliquées au Kurdistan en 1987, un décret précisait que tout homme entre 15 et 70 ans, arrêté dans une zone dite sensible, serait exécuté après interrogatoire. Des réfugiés arrivés à Londres racontaient qu'une femme ayant injurié Saddam Hussein devant des soldats irakiens avait été carbonisée par des tirs de bazooka. Un médecin et deux volontaires avaient été exécutés parce qu'ils n'avaient pas réussi à sauver la vie d'un capitaine de la Garde républicaine. Les soldats irakiens avaient de moins en moins peur de commettre des atrocités. Ils avaient les mains libres pour piller, violer et exécuter. Cousin germain de Saddam Hussein, Al Majid avait travaillé dès 1984 au ministère de la Sécurité à Bagdad où il pratiquait des méthodes de torture qui avaient fini par indisposer même Sadoun Shakier, le ministre de l'Intérieur de l'époque. Pour normaliser Koweït City, il travaillait avec Ali Abdel Ghani, ex-ambassadeur d'Irak en République fédérale d'Allemagne où il supervisait la corruption industrielle pour la livraison des produits chimiques destinés aux usines de gaz de combat. Souvent en tenue militaire, ce curieux diplomate avait quitté sans prévenir son poste à Bonn pour Bagdad, un mois avant l'invasion. Un homme clé dans le dispositif car ancien ambassadeur d'Irak au Koweït, il connaissait toutes les infrastructures de l'émirat. Ces deux gouverneurs avaient remplacé le fameux colonel Ala Hussein, qui, le 7 août, après avoir été nommé par Bagdad Premier ministre du gouvernement du Koweït libre avait disparu de la circulation. Le 30 août 1990, 0 h 1 GMT, Amnesty International, section française, dans son rapport SF 90 M 103, alertait les organisations internationales sous le titre : « Irak, les forces irakiennes tuent et torturent au Koweït. » En effet, lors d'une mission à Barheïn, deux représentants d'Amnesty International avaient interrogé de nombreuses personnes qui avaient fui le Koweït. Les témoignages recueillis auprès des victimes et des témoins oculaires faisaient état de multiples arrestations, de tortures pendant les interrogatoires et de nombreuses exécutions sommaires. Selon des témoignages, les forces irakiennes arrêtaient non seulement les personnes soupçonnées de résistance armée, mais aussi des hommes, des femmes et des enfants trouvés en possession de littérature considérée comme hostile, de drapeaux koweïtiens et de photographies de l'émir du Koweït. Le fait de détenir ces objets était considéré comme un crime passible de la peine de mort. Des personnes ont été également arrêtées ou tuées pour ne pas avoir remplacé les photographies de l'émir par celles de Saddam Hussein. Les prisonniers étaient détenus dans les postes de police, les écoles, d'autres ont été transférés à Bassora, dans des locaux de torture de la Garde républicaine. Selon des personnes libérées, les membres des services de renseignements avaient installé deux locaux de torture à Koweït City. Les prisonniers ont reçu des décharges électriques ou ont été longuement frappés sur les parties sensibles du corps ; d'autres ont eu les membres brisés, les cheveux extirpés avec des tenailles, les ongles des mains et des pieds arrachés, les pieds brûlés. Avec, en prime, menaces de sévices sexuels ou d'exécution.

Amnesty International ne souhaitait pas publier de plus amples détails sur les victimes des tortures, car elles ou leur famille risquaient d'être reconnues et de faire l'objet de nouvelles représailles. Mais selon les rapports qui s'entassaient au Comité des Droits de l'Homme de l'ONU, les forces irakiennes tuaient même des adolescents de 15 ans d'une balle dans la tête en jetant leurs corps à l'extérieur des maisons. Beaucoup de ces corps ont été brûlés pour ne laisser aucune trace. Selon des médecins qui travaillaient dans les hôpitaux koweïtiens après l'invasion, des soldats irakiens ont même ramené de nombreux cadavres de jeunes gens dont un grand nombre tués à bout portant d'une balle dans la tête ou au cœur. Les médecins étaient contraints de délivrer des certificats de décès indiquant que les victimes étaient mortes après leur entrée à l'hôpital. De nombreuses personnes soupçonnées d'être opposées à l'annexion du Koweït par l'Irak ont été pendues sur le campus de l'université de Koweït City. Les consignes données aux soldats irakiens chargés des exécutions sommaires étaient claires : avant de tuer ou de déporter les Koweïtiens, il était nécessaire de les dépouiller de leurs papiers d'identité. Ainsi les unités spéciales de la Garde républicaine poursuivaient deux objectifs : d'abord pénétrer dans le ministère de l'Intérieur de Koweït City pour récupérer des passeports vierges, des cachets administratifs de l'émirat et des listings informatiques. En mettant la main sur des milliers de passeports, sur des papiers vierges, des tampons de l'administration koweïtienne, le régime irakien pensait mener des opérations d'infiltration à long terme. Envoyer par exemple des faux réfugiés koweïtiens dans les pays arabes modérés ou en Europe. Fort heureusement, le gouvernement koweïtien en exil avait donné d'emblée aux services secrets arabes et occidentaux la numérotation des passeports volés ; ce qui avait entraîné l'annulation de plusieurs papiers suspects. Il s'agissait également pour l'Irak de remplacer des Koweïtiens de souche par des Irakiens emmenés par cars entiers depuis Bassora en prévision d'un éventuel « référendum sur l'autodétermination du peuple koweïtien » qui devait être organisé sous les auspices de Saddam Hussein. Cette répression massive s'accompagnait également d'une politique de pillage et de terre brûlée qui fut dénoncée par un rapport remis au Secrétaire général de l'ONU par M. Mohamed Abulhasan, représentant du Koweït auprès des Nations unies. Rapport appuyé par des témoignages de diplomates occidentaux restés au Koweït jusqu'à la dernière minute. Dans sa lettre adressée à Perez de Cuellar, le diplomate soulignait que l'opération s'effectuait sous le contrôle serré et délibéré des autorités irakiennes d'occupation. Pour enlever, écrivait-il, la majeure partie de ce qui a été emporté et démantelé, il fallait une somme de connaissances techniques que ne possède généralement pas le public, mais cela exigeait le concours d'un personnel hautement spécialisé. L'opération de mainmise violente menée dans le territoire occupé du Koweït, écrivait-il, a été perpétrée par des militaires, des techniciens, des agents de sécurité de l'Irak. Les représentants du Koweït notaient par ailleurs « de nombeux cas où les forces irakiennes avaient démantelé, enlevé ou détruit des installations et des équipements d'une importance vitale pour tous les aspects de la vie du pays ». De nombreuses familles irakiennes ont été installées au Koweït selon ce rapport. Les Irakiens avaient non seulement pillé les banques, les institutions financières, emportant les liquidités de dépôt, le contenu des coffres-forts, ils avaient aussi transféré à Bagdad, et mis en vente, plusieurs milliers d'automobiles, de meubles, d'articles ménagers, d'équipements électroniques, des stocks de vivres et des fournitures médicales. Les véhicules privés étaient réquisitionnés de force sur les voies publiques, les réverbères énormes des autoroutes emportés ainsi que les feux de signalisation. Les transformateurs électriques et les centraux téléphoniques ont été démantelés. Les équipements informatiques et scientifiques des collèges et laboratoires et des instituts du Koweït ont été transportés à Bagdad. Les matériels d'imprimerie appartenant à des journaux locaux, l'équipement des studios de radio et télévision ont été volés. Des grues et des chariots de levage du port de Shuwaik ont été détruits ainsi que tout l'équipement de la Société pétrolière nationale koweïtienne. Pillé aussi l'appareillage automatique d'une boulangerie. Même le bétail appartenant à des fermes d'État ainsi que les animaux du jardin zoologique ont été volés. Plusieurs maisons privées, toutes les résidences de la famille du souverain et des dignitaires du pays ont été livrées au pillage et tout le mobilier emporté. La maison d'Abou Yiad, l'ex-numéro deux de l'OLP, a été visitée de fond en comble. Les hôpitaux avaient été évacués pour permettre de soigner les membres de l'armée irakienne. L'équipement médical de radiographie, scanners et autres appareils ainsi que les médicaments, l'équipement moderne du ministère de la Santé publique et la société des Industries pharmaceutiques du Koweït ont été expédiés vers l'Irak. La raffinerie d'Al-Ahladi, une des plus importantes de l'émirat, fut en partie démantelée.

Plusieurs puits de pétrole avaient été sabotés dès le mois de septembre. Les plages étaient minées. Les camions de la garde présidentielle amenaient sur place des cargaisons d'explosifs de type C.4.

Rien n'a échappé à ce racket organisé, pas même la garde-robe de notre ambassadeur au Koweït, Jean Bellivier. Lorsque la résidence du diplomate a été envahie, le 14 septembre, des soldats de Bagdad avaient vidé toutes les armoires. Le 10 octobre, plusieurs témoins étaient entendus par la Commission des Droits de l'Homme de la Chambre des représentants, à Washington. Une Américaine mariée à un Koweïtien, Mme Deborah Hadi, a raconté, les larmes aux yeux, que les Irakiens avaient tué aux portes d'un hôpital une Koweïtienne enceinte qui essayait de rentrer pour accoucher. Comme elle ne cessait de hurler, les soldats lui ont transpercé le ventre à la baïonnette, en la tenant contre le mur...

Autres témoins abasourdis et courageux de cette violation des Droits de l'Homme, deux Français, Jean-Pierre Galtier, chargé d'affaires à l'ambassade de France à Koweït City, et le colonel Édouard Crespin, attaché militaire. A son retour en France, fin octobre, Jean-Pierre Galtier dressera pour le Quai d'Orsay un bilan accablant contre « une armée sans scrupules », affirmant « que les droits les plus élémentaires de la personne humaine avaient été bafoués ». Ce rapport, transmis par Roland Dumas à François Mitterrand jouera beaucoup dans la grande détermination du président de la République à s'opposer à Saddam Hussein. De son côté, le colonel Édouard Crespin, un militaire opiniâtre faisant preuve d'un sang-froid exemplaire, envoyait message sur message au cabinet de Jean-Pierre Chevènement, alors ministre de la Défense. Dans l'un de ces télex, notre attaché militaire indiquait : « Les communications entre l'Ambassade et la France seront très certainement coupées le

24 août. L'attaché de la Défense espère recevoir avant cette date les instructions et les consignes qui lui permettront d'agir au mieux des intérêts de la France. » Le colonel Crespin notait en bas du télex : « 150 Français environ, réfugiés chez l'habitant, sont recherchés par les troupes irakiennes. » Il craignait le pire. Le 19 décembre, de nouveaux rapports étaient déposés au Comité des Droits de l'Homme de l'ONU par des délégués d'Amnesty International et d'autres organisations humanitaires, informations recoupées par des membres de la Croix-Rouge Internationale. Ainsi le rapport MDE 14 17-90 du 19 décembre affirmait : « Les troupes irakiennes ont laissé mourir plus de 300 enfants prématurés après avoir pillé les couveuses des trois principaux hôpitaux de la capitale koweïtienne. » Information démentie par la suite *. Selon les témoignages, la brutalité des militaires irakiens au Koweït était devenue monnaie courante. Une équipe d'enquêteurs d'Amnesty International interrogea même plusieurs médecins et infirmières qui travaillaient dans les hôpitaux où sont morts des nourrissons. Plusieurs avaient vu les corps et un médecin avait participé à l'inhumation de soixante-douze d'entre eux dans un cimetière voisin. Certains hôpitaux avaient effectué un décompte non confirmé des personnes décédées, y compris des bébés. Le rapport d'Amnesty International fut soumis à tous les membres du Conseil de sécurité des Nations unies ainsi qu'au gouvernement irakien.

L'Organisation, qui ne prenait pas position sur la question du territoire, appelait à nouveau les autorités de Bagdad à permettre au Comité international de la Croix-Rouge de se rendre au Koweït, pour que ses membres puissent y fournir aide et protection à toutes les personnes qui en auraient besoin.

Le rapport était fondé sur des éléments médicaux, des entretiens approfondis avec plus de cent cinquante personnes originaires de plusieurs dizaines de pays. Toutes les informations se recoupaient. Depuis l'invasion, tous les enquêteurs des organisations internationales humanitaires s'étaient rendus en Arabie Saoudite, en Égypte et à Bahreïn pour s'entretenir avec les victimes et les médecins qui les avaient soignées ainsi qu'avec leurs proches et des témoins oculaires. Ils ont également interrogé des centaines d'autres personnes dans plusieurs autres pays. L'organisation Amnesty International a reçu même à

* Voir annexes pages 260 et 261.

maintes reprises des témoignages selon lesquels, la plupart du temps, la victime placée devant la porte de sa maison demandait à ses proches de l'identifier, de lui prendre ses papiers, puis de lui tirer une balle dans la nuque. L'homme responsable de ces tortures et de ces sévices, le deuxième gouverneur irakien du Koweït occupé, Ali Hassan Al Majid, avait subitement disparu. Avait-il été liquidé par les services irakiens pour éviter tout témoignage ? En décembre, il était remplacé officiellement à Koweït City par Azim Saleh Al Maaman, sans que Bagdad révèle les motifs réels de la mutation. Aujourd'hui il a été rappelé par Saddam Hussein comme ministre de l'Intérieur pour rétablir l'ordre après la guerre.

Le 3 octobre, le leader irakien avait visité « sa province » pour la première fois. Saddam Hussein avait conseillé de « nettoyer » la ville de tous les témoins susceptibles de faire condamner l'Irak pour les violations des Droits de l'Homme. Lors de sa première visite dans sa nouvelle province du Koweït, il n'avait rencontré qu'une ville morte. Aucune présence de la population, ni même de militaires, n'était visible. Le président et son cortège avaient traversé des avenues désertes avant d'inspecter quelques positions de l'armée sur le littoral. Entouré seulement de quelques officiers, il était apparu lors de la réunion des responsables militaires dans un lieu qui ne fut jamais précisé. On sait pourtant aujourd'hui que Saddam Hussein se rendra dans le palais de l'émir et s'installera même dans son fauteuil. La razzia n'avait pas touché seulement les civils koweïtiens. Après avoir forcé les grilles d'enceinte de l'ambassade de France, une quinzaine de soldats coiffés du béret rouge de la garde présidentielle étaient entrés en hurlant des slogans pro-irakiens. L'attaché militaire, Édouard Crespin, ainsi que trois ressortissants français non diplomates furent emmenés hors de la résidence. Tandis que l'attaché militaire était relâché l'après-midi même, ses trois compagnons, détenus dans un lieu secret de la capitale de l'émirat, furent transférés à l'hôtel *Melia Mansour* de Bagdad, surnommé le Vél'd'hiv par les otages français. Après la violente réaction de la France, Saddam Hussein prétendra que l'attaché militaire enlevé avait été trouvé dans une maison privée appartenant à une femme de la famille royale, auparavant au pouvoir dans l'émirat. Une nouvelle désinformation de Bagdad, sorte de demi-vérité, demi-mensonge, puisque la résidence de l'ambassadeur de France était effectivement louée depuis de nombreuses années à une princesse koweïtienne. Bavure délibérée ou test de la détermination française, cette opération fut saluée par une décision du Conseil de sécurité de l'ONU votant à l'unanimité une résolution condamnant la violation des locaux diplomatiques de la France, du Canada, des Pays-Bas et de la Belgique. Assiégés dans leur chancellerie par les troupes et les blindés de Saddam Hussein, ainsi que par des agents civils venus spécialement de Bagdad pour monter les opérations de harcèlement psychologique, les diplomates de la Communauté internationale se sont efforcés de tenir jour après jour jusqu'à épuisement de l'eau, des vivres et pour certains de leurs nerfs. Beaucoup ont craqué. Les Norvégiens, dont la chancellerie était située au troisième étage d'un immeuble de bureaux, avaient fermé leurs locaux après des tentatives d'incendie de la part de prisonniers irakiens. Le chargé d'affaires français, Jean-Pierre Galtier, amateur de Ronsard et de Rabelais, enverra un télégramme diplomatique à Paris, dans lequel il indique que « des problèmes de peau apparaissent au sein de l'ambassade », du fait de l'impossibilité de se laver depuis de nombreuses semaines. « C'est la guerre des boutons », dira-t-il ! Les réserves d'eau potable dont la distribution avait été coupée en même temps que l'électricité par l'armée irakienne étaient utilisées au compte-gouttes. Les Irakiens menaçaient même d'empoisonner l'eau avec des substances biologiques car ils avaient réussi à ouvrir le tuyau de purge de la citerne d'eau douce. Cette guerre des ambassades transformera l'image souvent guindée du diplomate occidental. On ne le représentera plus en smoking, dans une soirée privée, mais comme un homme simple se promenant en maillot de bain par plus de 45° à l'ombre dans le couloir de sa résidence en se demandant comment économiser l'eau, l'électricité et tenir en mangeant un yaourt chaque soir...

Nous sommes loin des romans de Roger Peyrefitte...

Après la « guerre des boutons », ce fut la « bataille de l'eau » : le 17 octobre, Jean-Pierre Galtier est tout fier — avec des amis et le personnel restant de l'ambassade, il a réussi à « piquer au nez et à la barbe » des Irakiens les quelque 1000 litres du réservoir du centre culturel français. Assisté des gardes de sécurité et du chiffreur de l'ambassade, Monsieur le Chargé d'affaires amènera, mètre par mètre, un tuyau dissimulé dans les arbres jusqu'au réservoir. L'eau « bénite » était stockée précieusement dans la baignoire, et même dans les tiroirs des bureaux ! Le chiffreur fera passer le message codé suivant à

Paris : « Nous classons l'eau secret Défense. » Pendant ce temps-là à Bagdad, le chantage aux otages continuait. En quelque sorte, boucliers humains contre « Bouclier du Désert ».

***

Stuart Lockwood a 5 ans. Le visage de ce petit Britannique est devenu pour le monde entier le symbole de la prise d'otages de 10 000 innocents décidée par Saddam Hussein.

Le 29 août, le dictateur de Bagdad, avec un sourire cynique, lui mettait la main sur l'épaule lors de sa première rencontre publique devant les caméras avec les otages occidentaux qu'il présentait comme ses invités.

La tête affolée du gamin est vite devenue l'image vivante du chantage de Saddam Hussein. « Tu sais que tu as de la chance d'avoir plus de cornflakes que n'en ont les petits enfants irakiens qui ont le même âge que toi et qui vivent ici », lui déclarait le dictateur irakien.

Cette affaire des otages allait permettre à Saddam Hussein de tenter de diviser la coalition anti-irakienne, et notamment de peser sur les opinions publiques occidentales, en particulier sur la France.

Dès le 21 août, Saddam Hussein décidait de transférer de nombreux otages sur des sites stratégiques. Ces sites, militaires et civils, comprenaient des usines secrètes où l'Irak fabriquait des armes chimiques et des infrastructures routières permettant le ravitaillement du contingent irakien au Koweït. De nombreux otages, dont les confidences ont ensuite été recueillies par les diplomates et les services de renseignements de leurs pays, ont pu localiser avec certitude les endroits où ils étaient enfermés. A Kirkouk, au nord de Bagdad, centre stratégique de l'industrie pétrolière irakienne. A Zoubeyr, dans le sud de Bassora, où se trouvait une importante usine chimique. A Bassora, la deuxième ville de l'Irak. A Naziriyeh, au sud-est de Bagdad, dans une importante centrale électrique. A Salman Pak, au sud-est de Bagdad, où se trouvait la principale usine d'armes chimiques. A Choubaia, base aérienne stratégique. A Samarra, à 110 km au nord de Bagdad, dans une usine d'armes chimiques, en plein désert. D'autres otages avaient été emmenés dans des bases militaires, comme à Habbaniyeh, à

70 km à l'ouest de Bagdad. D'autres sur le complexe nucléaire d'Osirak, au sud-est de la capitale irakienne.

La plupart des « invités » de Saddam Hussein étaient logés dans des conditions déplorables à l'intérieur même des sites stratégiques. Ils étaient exposés vingt-quatre heures sur vingt-quatre au bruit des machines, à la chaleur le jour, au froid la nuit, avec une hygiène sommaire et une nourriture tout juste essentielle.

De nombreux otages, revenus en Occident, ont souffert depuis de troubles psychiques et pour certains même de troubles digestifs. Des otages américains, conduits dans l'usine de produits chimiques Chamadex à Al-Qaim, ont même failli être empoisonnés à petit feu par leurs geôliers.

Avec machiavélisme, le dictateur de Bagdad essaie alors de diviser le front des Occidentaux. Il annonce une libération prochaine, le 23 août, de certains ressortissants français. La France réaffirme aussitôt sa pleine solidarité avec les autres pays victimes, comme elle, des mesures irakiennes frappant leurs ressortissants.

La propagande irakienne essaiera de faire croire à l'opinion publique anglo-saxonne que la France est en train de mener secrètement la libération de ses otages, et de ses seuls otages. En réalité, toute la polémique entretrenue à l'époque viendra d'une erreur d'appréciation de l'OLP. Le porte-parole de l'organisation palestinienne à Tunis, Bassam Abou Sharif, avait déclaré d'emblée sur les radios et télévisions françaises que l'Irak avait donné à l'OLP toutes les assurances pour « que les Français soient traités en amis » et que la plupart de nos otages soient libérés. Une annonce qui avait gêné la diplomatie française. Le Quai d'Orsay avait démenti formellement avoir fait cavalier seul dans cette affaire.

Quel a été le rôle réel de l'OLP dans les tractations? Il ne fait aucun doute que la centrale palestinienne a plaidé en faveur de tous les otages occidentaux, et pas seulement des otages français. Cela m'avait été confirmé lors d'un séjour ultérieur effectué à Tunis où j'avais rencontré Abou Iyad, le numéro deux de l'OLP, qui sera assassiné plus tard en janvier 1991. Claude Cheysson, l'ambassadeur de France à Tunis, avait eu des contacts avec Yasser Arafat et l'état-major politique de l'OLP. Le 18 août, Arafat faisait passer à Paris un message de Bagdad devant rester secret. Les Français, disait-il, seront traités avant tout comme des amis par l'Irak, qui n'oublie pas tout ce que la France a fait dans le passé pour la coopération entre les deux pays.

Mais le dimanche 19, le porte-parole de l'OLP en parlait publiquement pour faire valoir le rôle modérateur de l'organisation. Or, Paris savait que Saddam Hussein jouait double jeu.

Pendant que, via l'OLP, il tentait de faire passer des messages d'apaisement à Paris, les otages français étaient, comme leurs collègues américains et britanniques, déjà emmenés sur des sites stratégiques !

Paris, informé de cette situation, décidait d'appliquer jusqu'au bout le blocus. Ce double jeu de Saddam Hussein a manifestement fait basculer François Mitterrand dans le camp des durs aux côtés de George Bush et de Margaret Thatcher.

Du 10 au 17 septembre, malgré la crise entre Paris et Bagdad, des représentants en Irak de plusieurs grandes sociétés françaises retenus en otages étaient convoqués par le vice-ministre de l'Industrie irakien, M. Al-Jhani. On leur proposait secrètement de nouveaux contrats avec l'Irak, notamment dans les domaines de la chimie et de la pétrochimie. Le ministre suggérait même, au nom de Saddam Hussein, de verser des commissions à l'étranger et de payer ces contrats plus tard en pétrole.

L'ensemble des contrats proposés dans cette courte semaine par le gouvernement irakien dépassait les 8 milliards de dollars. Pour tenter de convaincre les entreprises, le gouvernement irakien avait offert en prime des visas de sortie aux représentants des sociétés françaises en leur demandant de se rendre à Paris pour essayer de convaincre le P-DG de leurs sociétés...

Dans le même temps, le ministre irakien du Pétrole « confirmait » *(sic)* au chargé d'affaires français à Bagdad, André Janier, « que l'Irak était prêt à rembourser sa dette vis-à-vis de la France », plus de 28 milliards de francs lourds, à condition de mettre au point un système de remboursement en pétrole. Paris, bien sûr, ne donna aucune suite à cette offre de Saddam Hussein.

Le 25 septembre, le Département d'État américain recevait une note diplomatique irakienne par le canal de l'ambassadeur des États-Unis à Bagdad : « La résolution 341 du Conseil de commandement révolutionnaire en date du 26 août 1990 stipule que l'hébergement d'un étranger dans le but de le soustraire aux autorités irakiennes est un crime d'espionnage. La peine capitale sera infligée aux personnes qui commettent ce crime. » Et la note irakienne concluait : « Le ministère apprécierait que la mission [américaine] l'informe de la présence d'un de ses citoyens ou d'un ressortissant de toute autre nation dans l'ambassade et dans vos résidences diplomatiques, que ces citoyens aient ou non des contrats avec le gouvernement ou travaillent avec des compagnies étrangères opérant en Irak. »

Cette nouvelle provocation irakienne fut reçue comme telle à Washington. James Baker dira à George Bush : « Elle est répugnante. »

Le 22 octobre, décidant de jouer à fond la « différence » française dans la crise du Golfe, Saddam Hussein essaie d'enfoncer un clou entre Paris, Washington et Londres. Le 23 octobre, en fin d'après-midi, le Conseil national, le Parlement irakien, approuvait la libération de tous les ressortissants français retenus en Irak et au Koweït. Le président du Conseil national, M. Saadi Mehdi Saleh, à l'issue d'une séance de deux heures, avait repoussé une première résolution présentée par deux députés complices de cette tragi-comédie, suggérant que celle-ci soit reportée jusqu'à ce que Paris ait précisé sa position sur la crise du Golfe. Finalement le texte fut voté à main levée à l'unanimité des 240 députés présents. Soulignant que cette décision avait été prise exceptionnellement en hommage au peuple de France hostile aux démarches du président Bush. En hommage aussi à une « initiative du président François Mitterrand pour un règlement des problèmes de la région par des moyens pacifiques », faisant ainsi allusion au discours de François Mitterrand devant l'ONU à New York le 24 septembre. Tarek Aziz, le ministre irakien des Affaires étrangères, dira à des journalistes : « La France préfère, nous le savons, un règlement pacifique des problèmes du Proche-Orient. Elle adopte une position avancée à l'égard de la cause palestinienne qui est la cause fondamentale et dont le règlement est la clé de toutes les questions en suspens en ce moment. La position du gouvernement français connaît une évolution réelle et elle reflète une orientation vers le renforcement d'une solution pacifique. » Mais l'Élysée ne cédera pas devant ces nouvelles tentatives de Saddam Hussein pour diviser la coalition. Après l'annonce de la libération des otages français, Paris réaffirmera sa fermeté totale à l'égard de l'Irak.

Bagdad, cependant, ne désarmait pas. Le journal irakien *Al-Joumhouriya* écrivait le 26 octobre que, « selon des sources bien informées » très proches du ministère français de la Défense, la « pression publique de plus en plus forte en France exercée sur le gouvernement français avait été le catalyseur ayant ouvert toute grande la porte aux responsables de Paris pour qu'ils envisagent la solution de retirer certaines de ses troupes de la région du Golfe, un retrait qui pourrait être remis en œuvre dans les prochains jours ». Galimatias mensonger !

A Paris, le service de presse de l'ambassade d'Irak essayait de distiller cette information dans les milieux journalistiques, mais aussi à travers certains relais plus politiques.

Ce bazar aux otages, comme on l'appelait au Quai d'Orsay, eut tout au moins le mérite de faire ressortir l'extraordinaire sollicitude du personnel diplomatique de l'ambassade de France à Bagdad. André Janier, notre chargé d'affaires dans la capitale irakienne (dont le curieux destin l'avait placé depuis des années dans les endroits les plus dangereux du Moyen-Orient, à Beyrouth en 1982, à Bagdad en 1990), préparait le départ des 330 otages français. On s'inquiétait à Washington et à Londres de la situation psychique dans laquelle se trouvaient de nombreux otages américains et britanniques. Un médecin rapatrié avec un groupe d'Anglais âgés ou malades, le Dr Ronald Eccles, déclarait au Foreign Office qu' « on assistait en réalité à une multiplication des maladies favorisées par le stress et que de nombreux cas de diabète et de troubles cardiaques avaient été relevés récemment parmi les otages ».

Certains Américains, notamment, ont subi des pressions psychologiques très fortes.

Le Département d'État américain avait cependant, dès le début de la crise des otages, fait passer par le canal de son ambassade des consignes aux ressortissants américains, semblables à celles qui sont données aux diplomates américains quand ils risquent d'être pris en otage. Une plaquette spéciale illustrée de 38 pages, intitulée *Prise d'otage, préparation et survie* *.

Les titres sont évocateurs : Analyse des risques, Options pour l'individu ciblé, Détection d'une surveillance, Survie de l'otage, Résistance aux interrogatoires.

Le chapitre « Précautions contre la prise d'otage » se divise en quatre rubriques : précautions individuelles, précautions familiales, sécurité du domicile, sécurité du transport.

Le mécanisme d'une prise d'otage est soigneusement analysé dans ses trois phases : capture, transport, détention. Comment doit-on réagir au cours de ces phases ? Volonté d'en découdre ou résignation ?

* Voir annexes pages 262 à 264.

« Ne vous prenez pas pour Rambo », tel est en réalité le conseil n° 1 donné aux diplomates et aux ressortissants américains. Cette approche se retrouve dans le fascicule qui précise que la discrétion et le profil bas sont les premières qualités d'un Américain pris en otage à l'étranger. Idéalement, celui-ci devrait littéralement se fondre dans le paysage ambiant. Les conseils prodigués tout au long du manuel recommandent également de s'abstenir de toute provocation.

Toutes les formes de sévices, moraux et physiques, sont passées en revue dans cette brochure. Une consigne prime sur toutes les autres : ne pas révéler de secret d'État ou mettre en péril la vie d'un autre concitoyen américain. Le fameux syndrome de Stockholm, les liens d'amitié ou de complicité qui se tissent parfois au fil des jours entre ravisseurs et captifs, tout cela est également évoqué.

Ici encore, les consignes sont impératives : ne jamais pactiser avec les preneurs d'otage, ne jamais signer de déclaration hostile à la politique des États-Unis.

CHAPITRE III

Guerre et Paix

LE 15 août, Saddam Hussein envoyait un message au président iranien pour lui faire des offres de paix :

Par notre présente décision, écrivait le leader de Bagdad, *tout est désormais clair, il ne restera plus qu'à accélérer la signature du document pour que s'ouvre pour nous une vie nouvelle régie par la coopération selon les principes de l'Islam dans laquelle chacun de nous respectera les droits de l'autre et qui nous permettra d'éloigner de nos rivages les fauteurs de troubles. Peut-être coopérerons-nous aussi pour faire du Golfe un lac de paix et de tranquillité vidé de toutes les flottes étrangères et les forces de l'étranger qui nous attendent au tournant et aussi dans tous les autres domaines de la vie. Dieu est le plus grand. Grâce à Dieu.*

La crainte d'une alliance contre nature entre Téhéran et Bagdad gagnait les capitales occidentales et les pays membres du Conseil de coopération du Golfe.

De son côté, le président égyptien parlait « du manque de sincérité de Saddam Hussein », de ses manœuvres dilatoires, allant jusqu'à « s'agenouiller devant le chef de l'État iranien pour demander grâce et pardon ».

Auparavant, dans un discours prononcé le 12 août, Saddam Hussein s'était déclaré prêt à se retirer du Koweït en échange de discussions sur tous les problèmes de la région, le retrait israélien des territoires occupés et le retrait des Syriens du Liban.

Depuis Tunis, le chef de l'OLP, Yasser Arafat, proposait un plan en cinq points, prévoyant notamment le remplacement de toutes les forces étrangères envoyées dans la région du Golfe par une force des Nations unies, la levée de l'ensemble des sanctions décidées contre l'Irak et leur application à tout autre État qui refuserait de se retirer de territoires qu'il occupe.

Tandis que le roi Hussein de Jordanie continuait lui aussi à chercher en vain une solution diplomatique, Américains et Soviétiques décidaient d'harmoniser leurs positions. George Bush avait proposé à Gorbatchev une rencontre à Helsinki le 9 septembre. Le numéro un soviétique se rendit en Finlande avec le maréchal Sergueï Akromeiev. Ce dernier avait emporté dans sa sacoche un dossier confidentiel sur l'armée irakienne et ses capacités d'action. Il donna également à des généraux américains son impression sur l'état d'esprit des généraux irakiens. « Ils seront obligés d'utiliser toutes les armes, même non conventionnelles, si Saddam Hussein en donne l'ordre », confiera-t-il à des responsables du Pentagone.

Après six heures d'entretiens, Bush et Gorbatchev réussirent à élaborer un compromis maintenant intact le front de la coalition internationale contre l'Irak. Le communiqué était clair : « Nous sommes unis dans la conviction que l'agression de l'Irak ne doit pas être tolérée. »

Gorbatchev demandera une « faveur » à George Bush : laisser faire et laisser agir pendant quelque temps Evgueni Maximovitch Primakov, le meilleur diplomate soviétique au sein du monde arabe.

Ancien correspondant de la *Pravda* au Moyen-Orient, il avait effectué de nombreux voyages en Irak où il avait tenté de recruter pour le compte du département A du KGB l'actuel ministre des Affaires étrangères irakien, Tarek Aziz, alors directeur de la rédaction du quotidien du parti Baas...

En octobre 1990, Primakov retrouvait « son ami » à Bagdad où il était accompagné par le vice-président du conseil des ministres, Igor Beloussov. Ils avaient été envoyés par Gorbatchev pour signer un accord devant permettre aux 7 830 conseillers militaires et coopérants soviétiques travaillant en Irak de rentrer en URSS.

Dans le hall d'honneur de l'aéroport de Bagdad, Tarek Aziz mit en garde Primakov : « Saddam Hussein ne se laissera pas fléchir, même par vous, les Soviétiques. »

Le 27 octobre, l'orientaliste du Kremlin repartait à Bagdad où il était une nouvelle fois reçu par Saddam Hussein. Mais surprise, ce dernier avait convié à la table des discussions dans son palais présidentiel l'ensemble du Conseil supérieur de la révolution irakienne.

« Nous sommes partagés entre faucons et colombes, un peu comme chez vous », dira en plaisantant Saddam Hussein à Primakov.

Le diplomate soviétique rentrera en URSS avec le sentiment que l'Irak est prêt à la guerre. Le Kremlin informera Paris discrètement de l'état d'esprit du leader de Bagdad.

Le 14 novembre, la veille du jour où le Conseil de sécurité de l'ONU devait débattre des résolutions fixant la date du retrait irakien, Michel Vauzelle, le président de la commission des Affaires étrangères de l'Assemblée nationale, se voyait proposer par Ibrahim Souss, le représentant de l'OLP à Paris, un voyage à Bagdad pour écouter les arguments de Saddam Hussein.

Le député socialiste transmettra l'idée à l'Élysée. Pas de blanc-seing, pas de feu vert, laisser faire, laisser aller, mais il ne s'agit pas d'une mission officielle, ni même officieuse, feront savoir de la part du président la plupart de ses conseillers diplomatiques.

Le 29 novembre, Michel Vauzelle déjeunera en compagnie de l'ambassadeur de France en Tunisie, avec les principaux responsables politiques de l'OLP, Yasser Arafat, Farouk Kaddhoumi et Abou Mazen.

« Il faut laisser une porte de sortie à Saddam Hussein, expliquera Yasser Arafat. La seule chance d'établir un dialogue, c'est de faire le lien entre le retrait du Koweït et le problème palestinien. »

Le lendemain, le Conseil de sécurité adopte une résolution autorisant le recours à la force militaire contre l'Irak si les troupes de Saddam Hussein n'ont pas évacué le Koweït à la date du 15 janvier 1991. L'ultimatum est rejeté immédiatement par le leader irakien.

La surprise diplomatique viendra du président américain. George Bush proposera d'ouvrir un « dialogue direct » avec les dirigeants irakiens. Des conversations exploratoires s'engagent.

Mercredi 9 janvier, une colombe blanche de 1,50 m d'envergure, avec un rameau d'olivier vert dans le bec, surplombe l'entrée de l'hôtel *Intercontinental* de Genève où va débuter l'entretien de la dernière chance entre le secrétaire d'État américain, James Baker, et le ministre irakien des Affaires étrangères, Tarek Aziz.

Aucun détail n'avait été négligé. Le salon Persan, qui sert normalement à l'accréditation des mille journalistes présents dans la capitale helvétique, fut rebaptisé salon Suisse pour ne pas froisser les susceptibilités des diplomates.

Dans la salle des négociations, à côté de Tarek Aziz : Barzan Al Takriti, chef de la mission irakienne à Genève, et demi-frère du président Saddam Hussein. Il est assis à la droite de Tarek Aziz et lui transmet des petits mots pendant les interruptions de séance.

13 h 15, suspension des conversations. Le secrétaire d'État américain déclare à la presse : « Nous reviendrons à 14 h 15 pour reprendre là où nous nous sommes arrêtés. » C'est tout.

Tarek Aziz se refuse à tout commentaire et, interrogé sur la signification du sourire qu'il arbore, il répond : « Mais vous savez, moi je souris toujours. »

Dans les couloirs, une rumeur : un général américain accompagnant James Baker a montré à la délégation irakienne des photos satellites indiquant l'emplacement des troupes de Bagdad et même les cortèges des limousines présidentielles de Saddam Hussein à Bagdad. Des images, dira un diplomate, susceptibles d'impressionner les Irakiens. Mais à 20 h 25, Tarek Aziz * refuse d'accepter une lettre adressée par le président Bush au président Saddam Hussein. La traduction arabe est remise au ministre irakien. Celui-ci la lit tranquillement, puis il repose le document sur la table et déclare qu'il ne veut pas la transmettre. « Cette lettre n'est pas polie, elle n'est pas correcte. »

21 h 30, au cours d'une conférence de presse, à la question : « En cas de conflit, l'Irak attaquera-t-il Israël ? », Tarek Aziz répond « oui », et il ajoute : « Nous sommes préparés au pire depuis le début. »

De son côté, Michel Vauzelle, le président de la commission des Affaires étrangères à l'Assemblée nationale, qui s'est finalement rendu à Bagdad où il a eu un entretien de plusieurs heures avec Saddam Hussein, en retire l'impression qu'il y a encore une petite zone d'ombre. « Je veux savoir exactement, confiera-t-il, pourquoi on va faire la guerre si on la fait après le 15 janvier. » Il ajoute : « Il reste une petite lueur d'espoir, mais naturellement nous ne pouvons pas céder sur les principes. »

Dimanche 13 janvier, le secrétaire général de l'ONU, Javier Perez de Cuellar, se rend à Bagdad pour une ultime démarche de paix à deux jours de l'échéance fatidique du 15 janvier **. Le

* Voir annexes pages 300 et 301.
** Voir annexes pages 302 et 303.

secrétaire général de l'ONU ne croit pas réellement aux chances de sa mission. Il le confiera le lundi matin à François Mitterrand, sur le chemin de Moscou : « Je suis fatigué. » Démoralisé, sans espoir, Perez de Cuellar crut cependant pendant de longues minutes au cours de son dernier entretien avec Saddam Hussein que quelque chose pouvait bouger. Il avait été surpris en effet par la bonne humeur du leader irakien, bien que ce dernier ait lancé sur Radio Bagdad que « la Jihad, la guerre sainte, était une obligation pour tout musulman ». Un étonnant dialogue (consigné par écrit pour les diplomates du Conseil de sécurité de l'ONU) s'instaurera entre Perez de Cuellar et Saddam Hussein.

Perez de Cuellar : « Je ne suis pas naïf au point d'imaginer qu'on puisse résoudre tous nos problèmes cette nuit, mais je voudrais pouvoir être en mesure de repartir avec quelque chose de constructif pour au moins diminuer la tension et retirer une belle occasion à ceux qui font de la guerre un fonds de commerce. »

Saddam Hussein : « Voulez-vous un café ? Cela chasse le sommeil. »

Perez de Cuellar : « Non, merci, je voyage beaucoup, beaucoup trop. Après une certaine heure, je n'en prends plus et puis à mon âge, ce n'est pas très indiqué. Vous savez bien, c'est la tête qui dirige tout. »

Saddam Hussein : « Oui, je sais, c'est la tête qui organise tout, qui commande tout. Pour ne rien vous cacher, j'aurais préféré que vous ne veniez pas à Bagdad en tant que secrétaire général de l'ONU. Nous appartenons tous à la famille des Nations unies. Nous sommes une partie de cette famille dans le monde et il est naturel que vous et nous tenions à ce que l'ONU joue son rôle dans la vie des États. Mais je voulais que vous veniez à Bagdad, non ès qualités, mais parce que vous nous connaissez, que vous avez déjà eu affaire à nous et que vous êtes familier de notre façon de penser. Par ailleurs, ce qui m'inquiète, c'est que votre présence ici intervient au moment où les puissants de ce monde sont pressés de recourir aux armes. Si, à l'issue de cette visite, vous ne leur ramenez pas ce qui leur convient, ils trouveront bien un prétexte pour déclencher la guerre. »

Subitement Saddam Hussein s'emballe. Il dit au secrétaire général de l'ONU : « Comment George Bush peut-il s'imaginer que Saddam Hussein craint des menaces, si minimes soient-elles ? Pense-t-il, pour avoir capturé et traduit en justice aux États-Unis le président du Panama, que tous les chefs d'État vont trembler devant ses menaces... ? »

« Il n'y a pas de frontière entre le Koweït et l'Irak », assure ensuite Saddam Hussein au secrétaire général de l'ONU. Il tire une carte d'un porte-documents, l'étale sur la table et essaie d'expliquer à Perez de Cuellar comment le Koweït s'est étendu au détriment de l'Irak. Il montre les limites du territoire koweïtien sous protectorat britannique.

« Depuis, dira-t-il, le Koweït s'est agrandi pour atteindre un endroit appelé Al-Mitlala. Retenez bien ce nom. C'était la situation jusqu'au début 1963. Figurez-vous que le passeport de Yasser Arafat a été délivré à cet endroit. Nous avons par ailleurs en notre possession la preuve que des milliers de passeports ont été délivrés ici. De 1963 à 1968, l'Irak a été gouverné par deux frères irakiens. Durant cette période, les Cheikhs du Koweït ont avancé au-delà, puis, profitant de la guerre qui nous opposait à l'Iran, ils sont allés encore plus loin en se saisissant de puits de pétrole qui avaient toujours appartenu à l'Irak avant le 2 août 1990. Permettez-moi de vous préciser que, quand la frontière du Koweït ne dépassait pas ces remparts, un Britannique avait été tué à l'intérieur de la ville. Le gouvernement de Londres a demandé au Cheikh du Koweït de mener une enquête. L'émir a fait jeter le cadavre par-dessus les remparts avant d'adresser un courrier au gouvernement britannique pour lui dire que le meurtre avait eu lieu hors de l'enceinte de la cité et que cela concernait le gouvernement de Bagdad. J'ai des documents là-dessus. Et puis, sous l'occupation turque, le parlement ottoman n'a accepté le protectorat britannique que sur un Koweït confiné dans ces remparts. A la lumière de toutes ces données, quand certains demandent le retrait de l'Irak, d'où et jusqu'où faut-il qu'il se retire ? D'ailleurs, M. Edward Heath, l'ancien Premier ministre britannique, est au courant de toutes ces affaires. »

Perez de Cuellar assure alors Saddam Hussein qu'il va consigner dans son rapport toutes les informations que ce dernier vient de lui donner.

« Mais je crains, ajoute-t-il, que ce que je ramène ne puisse contribuer à atténuer la menace qui pèse sur nous comme une épée de Damoclès. Vous n'ignorez pas, Monsieur le Président, les attentes et l'immense espoir placé dans ma visite. J'aimerais savoir si notre rencontre est aussi celle de la dernière occasion de sauvegarder la paix. »

« Quand bien même, ajoute le président irakien, on nous donnerait toutes les richesses de la terre, j'affirme qu'au moment où s'affronteront les forces irakiennes et américaines, de toute façon la guerre n'est plus qu'une question d'heures, personne ne prononcera le mot retrait, car parler de retrait au moment où la guerre frappe à notre porte signifierait préparer psychologiquement le terrain à la victoire de l'ennemi. N'est-ce pas ce que cherchent les Américains, parce qu'ils savent, eux, ce que signifie maintenant le mot retrait ? Cela n'arrivera jamais de la vie. »

Dès cet instant M. Perez de Cuellar comprend qu'« il a perdu la bataille de la paix ».

***

George Bush est levé depuis 5 heures du matin et il rédige déjà son discours à la nation car il sait en son for intérieur que toutes les dernières négociations de paix menées par les Soviétiques, les dernières tractations de la Communauté européenne et le dernier voyage du secrétaire général de l'ONU ne changeront pas le cours de l'Histoire.

Dehors, quelques pacifistes traînent avec leurs pancartes. Ils ont dormi, dans des sacs de couchage, en face de la Maison-Blanche. Le président américain passe quelques coups de fil comme à son habitude. Il appelle le président égyptien, le roi d'Arabie Saoudite et le président François Mitterrand.

Depuis deux mois, George Bush et le président français se sont téléphoné régulièrement. George Bush poussera même la délicatesse parfois, quand la situation n'est pas trop grave, jusqu'à veiller à la Maison-Blanche jusqu'à 2 ou 3 heures du matin avant d'appeler l'Élysée. Le décalage horaire étant de six heures entre Paris et Washington, le président américain ne voulait pas déranger François Mitterrand trop tôt.

L'après-midi, nouvelle réunion dans le bureau ovale du président, toujours avec les mêmes, James Baker, son vieil ami, le secrétaire d'État américain, Dick Cheney, le patron du Pentagone, Colin Powell, le chef d'état-major interarmées, Brent Scowcroft, le puissant patron du Conseil national de la sécurité, William Webster, le « juge », patron de la CIA, John Sununu, le secrétaire général de la Maison-Blanche. Deux autres personnes les rejoindront, Dan Quayle, le vice-président américain, et Robert Gates, ex-numéro deux de la CIA, chargé des liaisons entre les différents organismes de sécurité et de renseignement. Le soir, George Bush va se détendre dans l'un de ses restaurants favoris, *le Pékin Gourmet,* un endroit qu'il affectionne et où il amènera un jour l'amiral Lanxade, le chef d'état-major particulier de François Mitterrand qui, durant toute la crise du Golfe, effectuera des liaisons régulières entre Paris et Washington.

Mardi matin, George Bush a pris sa décision. Il a même signé l'ordre d'opérations militaires pour la libération du Koweït. A la Maison-Blanche, à 10 h 35, le président explique à Dick Cheney que l'opération « Tempête du Désert » ne peut être annulée que si l'Irak se retire du Koweït avant le 16 janvier.

18 h 45, mercredi soir à Washington, le président, qui a tombé la veste, regarde la télévision en direct de Bagdad, sur la chaîne ABC. L'un de ses reporters, Guy Shepard, annonce que le ciel de Bagdad s'illumine de mille feux. La guerre du Golfe vient de débuter en direct sur le petit écran.

A 19 heures, heure américaine, le porte-parole de la Maison-Blanche, Marlin Fitzwater, arrive dans la salle de presse. Il lit un papier rédigé de la main même de George Bush : « La libération du Koweït a commencé, le président parlera dans deux heures. »

Une phrase courte, sèche, soigneusement pesée. George Bush se rappelait le message des forces alliées avant le débarquement du 6 juin 1944 : « La libération de l'Europe a commencé. »

Depuis des mois et des mois, tous les stratèges imaginaient l'ensemble des scénarios possibles. Pourtant, cette guerre était programmée, planifiée. Ainsi, le 8 janvier, la commission des forces armées de la Chambre des représentants aux États-Unis achevait un rapport après l'audition d'une vingtaine de militaires, de diplomates et d'hommes politiques américains. L'auteur, M. Lee Aspin, un démocrate, très bon connaisseur des affaires militaires et des renseignements.

Une semaine avant l'opération « Tempête du Désert », tout le plan militaire se trouvait inscrit dans ce rapport. Avec en exergue : « Nos forces n'atteindront leur pleine capacité au combat qu'au début du mois de février, lorsque toutes les unités terrestres récemment arrivées auront eu le temps de s'acclimater alors que la marine et l'armée de l'air seront tout à fait prêtes dès le 15 janvier. » La guerre du désert était dépeinte en plusieurs phases successives : une campagne aérienne stratégique pour frapper d'emblée les usines chimiques, biologiques et nucléaires de l'Irak, ainsi que ses bases de lancement de lance-missiles, ses systèmes de communications et sa couverture aérienne. 2000 sorties par jour sont prévues dans le rapport. 0,5 % de pertes, soit 10 avions par jour.

2e phase : la campagne aérienne dite tactique pour désorganiser les voies de communications, détruire les ponts, les lignes de chemin de fer, les aérodromes, les autoroutes, les fortifications de défense et commencer à frapper les unités de la Garde républicaine. Pertes envisagées : entre 70 et 80 avions par semaine.

L'auteur s'interroge cependant : « La question est de savoir ce que sera l'efficacité de nos raids contre des Irakiens très entraînés à s'enterrer et à camoufler leurs chars. »

Vient ensuite la 3e phase : la campagne terrestre. Celle-ci, note le rapport, dépendra de l'efficacité de la puissance aérienne. Le rapport préconise une guerre de mouvement, rapide, avec une intense préparation d'artillerie pour fixer les Irakiens sur place et pénétrer leurs positions, les envelopper par une combinaison aéroterrestre et amphibie. Dans le cas d'un succès militaire en trente jours, le rapport estimait les pertes entre 500 et un millier de tués pour 5000 blessés.

Avec une guerre de plus de quatre mois, l'estimation était de 10000 à 20000 blessés.

Le rapport prévoyait également que « Saddam Hussein allait sans doute tenter de briser la coalition en attaquant Israël, mais sa tentative échouera ».

Jeudi soir, vingt-quatre heures après le début de la guerre, ces craintes se matérialisèrent. Israël venait d'être touché par les premiers missiles irakiens Scud. George Bush, en plein milieu de la nuit de vendredi, appelle Yitzhak Shamir, lui garantissant l'arrivée rapide des missiles Patriot américains qui intercepteront une grande partie des missiles irakiens pendant toute la durée du conflit.

Tout au long de la guerre, George Bush a voulu vivre une vie normale, week-ends sacrés à Camp David à vingt-cinq minutes en hélicoptère de la Maison-Blanche, poste de radio branché sur 98.7 où le président écoute de la country-music, promenades avec ses chiens et grands dîners de famille avec ses enfants.

Dès 6 heures du matin la revue de presse, puis à 7 heures sa secrétaire personnelle, Patty Presock, lui apporte les documents les plus urgents à signer, ainsi que les courriers à répartir dans les différents secrétariats. Le président a reçu également presque 100000 lettres par semaine pendant toute la durée du conflit. Il répondra personnellement aux lettres les plus touchantes, notamment à celles des familles de soldats américains envoyés sur le front désertique.

Vers 8 h 15, le président prend connaissance des rapports des services secrets américains ainsi que ceux du Département d'État. Ils sont tous frappés de la mention « For the eyes only » ou mieux encore « For the President only ». Ensuite, il fait rentrer dans son bureau ovale les membres du Conseil de sécurité national et l'ensemble de ses plus proches collaborateurs. C'est au cours d'une de ces réunions que George Bush mettra ses collaborateurs en garde contre un excès d'optimisme après les premiers bombardements sur Bagdad.

Le 17 janvier 1991, à 2 h 35 du matin, en Irak, les sirènes s'étaient mises à hurler. Un peu moins de dix-neuf heures après l'expiration de l'ultimatum fixé par le Conseil de sécurité des Nations unies, Bagdad allait connaître ses premiers bombardements.

*
**

Les balles traçantes des batteries des DCA irakiennes montaient dans la nuit noire de Bagdad. La première vague de bombardements avait duré près de trois heures. La 3e vague avait ébranlé la capitale irakienne en fin d'après-midi. L'aéroport de la ville, le ministère de la Défense, le palais présidentiel figuraient au nombre des objectifs touchés par les pilonnages, ainsi que l'immeuble des télécommunications sur les berges du Tigre. Peu avant la levée du jour, le président Saddam Hussein était intervenu à la radio pour annoncer le début de « la mère de toutes les batailles ».

Une quarantaine de parachutistes américains de l'unité Sea-Air-Land (SEAL'S) ont été largués secrètement au-dessus de l'Irak, juste avant le début de l'offensive. Ces chuteurs opérationnels avaient pour tâche de déposer des balises sur certains sites stratégiques avant la première offensive aérienne des alliés. Les balises, qui ont une capacité d'émission d'une douzaine d'heures chacune, ont pu ainsi être captées par les avions de la coalition. Cela aura permis aux pilotes des premiers raids de bombarder des points névralgiques alors même que la guerre électronique du brouillage avait débuté.

Après avoir posé leurs balises émettrices, ces parachutistes, qui avaient pris des risques considérables, ont été récupérés. Cet épisode restera l'un des aspects les plus secrets de cette guerre. Le jeudi, dans la matinée, les rues de Bagdad étaient quasiment vides. On y voyait cependant quelques citadins discutant avec des militaires qui semblaient effarés et déboussolés. Une grande partie de la ville était totalement privée d'eau et d'électricité. Les Irakiens étaient d'autant plus abasourdis qu'ils n'avaient jamais cru à cette guerre.

Le lendemain des bombardements, Radio Bagdad modifiait ses programmes pour diffuser chants patriotiques, youyous et prières musulmanes. Les programmes étaient entrecoupés par un appel de Saddam Hussein au grand peuple irakien et par des communiqués au commandement des forces armées irakiennes.

Voici la traduction du texte intégral lancé par le président irakien :

« *Ô grand peuple irakien,*

ô fils de notre glorieuse nation [arabe],

ô membres courageux de nos forces armées glorieuses,

ô gens, où que vous soyez, dans votre détermination à affronter le Mal et ses auteurs, les mécréants, leurs serviteurs et leurs alliés.

A 2 h 30, dans la nuit du 16 au 17 janvier, les lâches ont attaqué par traîtrise, et le Satan Bush a commis son crime, lui et le sionisme criminel, et la grande confrontation, la mère de toutes les batailles, a commencé entre le Droit qui vaincra avec l'aide de Dieu et le Mal qui reculera si Dieu le veut.

Vos fils et vos frères vaillants, descendants de Mahomet et des prophètes, descendants des croyants qui ont porté le flambeau de l'Islam, celui qui a illuminé et guidé l'humanité, les attendaient de pied ferme, et Dieu les a aidés.

Les criminels ont échoué. Fahd [le roi Fahd d'Arabie Saoudite], le traître des lieux saints, traître de la nation arabe et de la nation islamique, qui sera perdant aussi bien ici-bas qu'au jour du Jugement dernier, n'est hélas qu'un criminel, un traître perfide. Dieu est avec nous, mes frères, car il est avec les croyants et les mènera inéluctablement à la victoire.

Avec le début de la confrontation et la résistance des croyants, le jour du salut de la nation se rapproche, celui où les trônes des traîtres fondés sur la corruption tomberont, quand la volonté du Satan de la Maison-Blanche et celle du nid de guêpes des criminels de Tel-Aviv seront brisées.

La chère Palestine et ses fils combattants et patients seront libérés, le Golan et le Liban seront libérés, les Arabes seront libres sur leur terre et les peuples seront libres partout où ils ont été opprimés. »

L'appel du président irakien avait commencé par un verset du Coran et s'était achevé par l'invocation *Allah Akbar* (« Dieu est le plus grand »), répétée trois fois.

L'opération « Tempête du Désert » s'était abattue en priorité sur Bagdad. Elle allait s'étendre rapidement à l'ensemble des théâtres d'opérations.

Dans la capitale irakienne, l'essence valait 100 francs le litre au marché noir. Les bougies se vendaient 80 francs les douze sous le manteau.

La pression aérienne se relâchait légèrement sur Bagdad pour se concentrer sur les positions irakiennes au Koweït. Toute la tension psychologique convergeait sur les attaques de missiles Scud irakiens soir après soir contre Israël.

George Bush avait réussi à convaincre à plusieurs reprises les ministres israéliens de ne pas riposter aux attaques des missiles. Pour convaincre Tel-Aviv, les États-Unis avaient envoyé de nouvelles batteries de missiles Patriot prélevées sur leurs unités en Europe. Ces missiles antimissile ont été l'occasion du plus grand pont aérien entre les États-Unis et Israël depuis la guerre d'octobre 1973.

Samedi 19 janvier, expulsés de Bagdad, les journalistes occidentaux gagnent la Jordanie après un périple de 500 km. Gilles Delafon, grand reporter, envoyé spécial du *Journal du Dimanche* en Irak, raconte :

« J'ai quitté Bagdad vers midi et demi. La ville était calme. La vie avait repris. De nombreuses voitures circulaient, et l'on pouvait apercevoir des piétons sur les trottoirs. La nuit précédente avait été calme. La matinée aussi. En sortant de Bagdad, j'aperçois le bâtiment abritant l'Iraqi Air Force, dont toutes les fenêtres ont été soufflées. Dans la nuit de jeudi à vendredi, sous mes yeux, un missile l'a atteint de plein fouet, l'endommageant en partie. Hormis l'Iraqi Air Force, je vois très peu de destructions. Au contraire, je garde de ce voyage le souvenir de nombreuses infrastructures militaires intactes et menaçantes.

« En traversant la périphérie, je découvre des centaines de batteries de défense antiaérienne le long de la route, un nombre important d'infrastructures militaires. Pendant tout notre voyage, de Bagdad jusqu'à la frontière jordanienne, nous croisons de nombreux postes militaires. A tous les carrefours, après Bagdad, il y a des soldats armés de Kalachnikov, plutôt décontractés, nonchalants, nullement inquiets. Le moral de la population semble très bon. Aucune agressivité n'est visible. Derrière chaque batterie aérienne, d'autres militaires semblent attendre une prochaine attaque.

« Sur la route sont disséminées au moins cinq rampes lance-missiles vides, tirées par des camions, qui bougent sans cesse pour éviter les bombardements. Un peu plus loin, j'aperçois trois camions tirant des missiles longs de 16 mètres, cachés sous une bâche, les fameux Scud. Ceux-ci semblent venir de l'ouest de l'Irak, transportés vers l'intérieur du pays. L'un de ces camions est arrêté en plein désert. Le conducteur et deux autres soldats font une pause sur le bord de la route.

« Nous voyageons dans un taxi irakien, grâce à la compréhension d'un automobiliste rencontré à Ramadi qui a accepté de nous vendre son essence avec le sourire. En traversant une station-service perdue au milieu du désert, plusieurs coups de canon retentissent. Quelques soldats commencent à se diriger vers des abris. Le ciel est traversé par le sillage de deux avions non identifiés.

« Au bout de six heures de route, nous atteignons la frontière irakienne à la nuit tombée. Le bureau des passeports, perdu dans le désert, est plongé dans le noir. Il n'y a plus d'électricité, mais nous apercevons tout de même, dans la pénombre, les restes d'un hélicoptère détruit. Il nous faut vite transporter nos affaires dans un taxi jordanien bourré de valises. Un Jordanien, assis sur le capot, tape sur le pare-brise en demandant au chauffeur d'aller plus vite : “ Avions, avions ! ” Quelques secondes plus tard, dans le lointain, des explosions retentissent. Des lueurs orange embrasent le ciel. Un nouveau raid vient de se produire en Irak, non loin de la frontière jordanienne. Fin du voyage au milieu des missiles. Plusieurs centaines de kilomètres à l'ouest, meurtri par les attaques successives, Israël se retient une fois encore. Les représailles ont paru inévitables après la chute de trois nouveaux missiles qui porte à 47 blessés le bilan des deux attaques consécutives de vendredi et d'hier matin, dans la région de Tel-Aviv et d'Haïfa. »

En réalité, les services de renseignements alliés savent aujourd'hui que ce transport forcé d'une quarantaine de journalistes occidentaux à travers l'Irak jusqu'en Jordanie avait été soigneusement programmé par le commandement irakien. Des convois de camions transportant des missiles Scud mobiles longeaient les taxis et les bus du cortège emmenant les correspondants étrangers vers la Jordanie.

A Bagdad, Saddam Hussein pensait ainsi tromper les satellites occidentaux. Dans le cas contraire, on espérait que l'aviation alliée n'oserait pas attaquer ces convois pour ne pas risquer de toucher les voitures transportant les journalistes.

21 janvier, les visages tuméfiés de Jeffrey Zaun et de Guy Hunter scandalisent les opinions publiques occidentales. La présentation, à la télévision irakienne, d'aviateurs britanniques et américains relançait les inquiétudes sur les velléités de Bagdad de respecter la Convention de Genève relative aux prisonniers de guerre. Inquiétude renforcée après l'annonce par l'agence officielle iranienne INA que les vingt prisonniers, tous pilotes des forces alliées, avaient été placés sur des sites stratégiques comme boucliers humains. En réalité ils restèrent à Bagdad.

Le secrétaire américain à la Défense, Dick Cheney, parlait de « crime de guerre ».

« L'Amérique est en colère », avait déclaré le 21 janvier George Bush en condamnant le traitement des pilotes alliés faits prisonniers par l'Irak.

Une colère qui rappelait au président américain un épisode de sa jeunesse gravé dans sa mémoire. C'était en 1944. A 18 ans, George Bush était alors le plus jeune pilote de l'aéronavale américaine. Il participait à la guerre du Pacifique contre le Japon dans laquelle il avait été engagé volontaire. Il avait effectué près de soixante missions dans le Pacifique dont il reviendra avec la médaille de la valeur militaire. Le 2 septembre 1944, il fut à deux doigts d'être capturé lorsque l'avion avec lequel il venait de bombarder l'île de Chichi Jima tenue par les Japonais fut touché par la DCA et s'abîma dans le Pacifique. Bush raconte dans son autobiographie, *Looking Forward* (1987), que d'abord son parachute se mit à demi en torche et qu'ensuite deux navires japonais quittèrent l'île pour aller s'emparer du canot pneumatique dans lequel il était blessé. Il dérivait lentement vers l'île japonaise quand ses deux coéquipiers avaient été tués. « J'aurais échangé, dit-il, cinquante fois ou plus mon pistolet pour une toute petite pagaie. » George Bush eut de la chance. Un bâtiment fit surface et un marin barbu muni d'une caméra apparut. « Ami ou ennemi... » Il s'agissait du sous-marin américain *Finback*.

Huit mois après la fin de la guerre, le futur président, qui faisait ses études à l'université de Yale, put lire dans le magazine *Life* que les officiers japonais de Chichi Jima venaient d'être condamnés pour crime de guerre pour avoir abattu des pilotes américains prisonniers et, mieux encore, « pour avoir pratiqué le cannibalisme sur eux ».

L'image des prisonniers alliés exhibés par Saddam Hussein sur toutes les télévisions avait réveillé dans l'esprit de George Bush de vieux démons oubliés.

Le bombardement, dans la nuit du 12 au 13 février, à Bagdad, d'un bunker dans lequel plus de 300 civils trouvèrent la mort, aura été un tournant dans la guerre du Golfe.

George Bush téléphonera à plusieurs chefs d'État pour leur dire que Saddam Hussein n'hésite pas à camoufler des abris civils en abris militaires, à y introduire sciemment des familles d'officiers la nuit venue, véritable provocation meurtrière.

Le président américain rappelle à ses interlocuteurs les propos du dictateur de Bagdad selon lesquels « celui qui gagnera la guerre sera celui qui acceptera de perdre 100 000 morts ».

Car à défaut de pouvoir l'emporter sur le terrain militaire, Saddam Hussein cherchait à gagner la guerre psychologique. « Sous le bunker, l'horreur de la guerre », titrait *USA Today,* un quotidien lu par 6 millions d'Américains. La presse nationale présentait les arguments des deux camps, mais de nombreux éditoriaux reconnaissaient que la mort de civils irakiens sous des bombes américaines pouvait créer très rapidement une situation politiquement difficile pour l'administration Bush et créer des zones de fragilité au sein de la coalition.

Marlin Fitzwater, le porte-parole de George Bush, déclarera à la presse : « Saddam Hussein a toujours démontré sa volonté de sacrifier la vie des civils à ses objectifs de guerre. »

Pour le capitaine David Herrington de la Defense Intelligence Agency, le service de renseignements du Pentagone, toutes les photos des satellites ainsi que l'interception des communications radio prouvaient bien qu'il s'agissait d'un centre de commande et de contrôle militaire camouflé pour la circonstance en abri civil. De nombreuses communications furent captées, notamment des ordres pour les bases mobiles de lancement de Scud contre Israël.

L'installation avait été construite au début des années 80 comme un abri civil durant la guerre Iran-Irak, puis elle avait été transformée en centre de commande et de contrôle. Les équipements de communications avaient été « durcis » pour résister aux bombes à impulsion électromagnétique résultant d'une explosion nucléaire détruisant les circuits intégrés des appareils de transmission et les communications dans un rayon de 300 km.

Les photos prises par les satellites de renseignements montraient dans la journée des cortèges incessants des chefs d'état-major de l'armée irakienne. Ils faisaient la navette entre le bunker de Saddam Hussein et l'abri détruit par l'aviation alliée. « Parce que cette cible se trouvait seulement à quelque 100 mètres d'une mosquée et d'une école, nous avions choisi de la bombarder à 4 h 30 du matin », explique le colonel de la DIA.

Au cours des dernières semaines, les services occidentaux avaient également observé une activité inhabituelle autour du bâtiment. Des bouteilles d'oxygène et des réserves de carburant, destinées à assurer l'autonomie du complexe, avaient également été introduites dans le fameux bunker.

Les services de renseignements alliés sont persuadés aujourd'hui que Saddam Hussein avait monté un piège diabolique...

Les satellites de haute technologie allaient permettre à l'aigle américain d'éviter certaines ruses du renard de Bagdad.

CHAPITRE IV

L'aigle et le renard

L'aigle.

SELON le département américain de la Défense, ce sont les observations obtenues, douze photos/minute, par leurs cinq satellites de reconnaissance et d'inspection KH-11 et KH-12 qui ont donné l'alerte sur les premiers mouvements des troupes de Saddam Hussein. Ces satellites ont été en mesure de déterminer le type exact des radars déployés pour la protection des forces irakiennes dans les heures qui ont précédé l'invasion du Koweït. Un autre satellite américain a fourni des indications très fines. Il est capable de détecter, grâce à des capteurs infrarouges et neutroniques, tous les lancements de missiles tactiques ou balistiques survenant dans les pays du tiers monde, ainsi que les explosions nucléaires clandestines depuis des années. Ces satellites ont été mis en orbite au-dessus de la zone du conflit dès l'entrée des troupes irakiennes dans le Golfe.

Deux satellites espions KH-11 ont survolé l'Irak plusieurs fois par jour sur des orbites inclinées à 98°. Ils possédaient des caméras électroniques de haute résolution et des objectifs télescopiques permettant de distinguer clairement une caisse de munitions depuis une altitude de 320 km. Deux autres satellites encore plus perfectionnés du type KH-12 lancés respectivement en 1989 et en juin 1990 ont aussi survolé l'Irak. Ceux-ci, le nec plus ultra de la reconnaissance photographique, ont été capables depuis l'espace de reconnaître de nombreux objectifs. A ces satellites d'imagerie électronique dits PHOTINT, s'ajoutent des satellites radar capables de déterminer les mouvements de troupes même de nuit. Connu sous le nom de code de Lacrosse, le premier d'entre eux avait été lancé en décembre 1988 par le tir STS-27 de la navette spatiale. Il avait déployé ses larges antennes à ouverture synthétique, comme disent les spécialistes, à une altitude de 800 km sur une orbite inclinée à 57°. C'est un autre satellite du même type que la navette Atlantis avait placé le 16 novembre 1990 en orbite sous le nom de code de AFP-658. Largué par Atlantis, à une altitude de 240 km, ce satellite devait gagner une orbite circulaire à 740 km de la terre, ce trajet dans le vide s'effectuant à la vitesse de 300 mètres/seconde. Il a survolé le Golfe et la zone sud de l'Irak deux fois par jour. Sa faible obliquité, comme disent les scientifiques, lui a permis de balayer avec la plus grande précision l'ensemble de la zone des combats comprise entre l'Arabie Saoudite et le Koweït, ainsi que le sud de l'Irak depuis Bassora. Un outil d'évaluation inestimable pour la Maison-Blanche.

Quant aux écoutes de communications téléphoniques et radio, elles ont été opérées en permanence par des satellites dits ELINT, positionnés en orbite géostationnaire. Les communications irakiennes ont été particulièrement suivies par deux satellites MAGNUM et un CHALET. (Ce nom a été donné à ce satellite par les Américains pour remercier l'ancien directeur de la DST, Marcel Chalet, de sa contribution à la lutte contre l'espionnage soviétique pendant de nombreuses années.)

Le décodage des écoutes dans le Golfe a été opéré par le service britannique GCHQ dont la base principale est à Cheltenham, près d'Oxford. Les résultats ont ensuite été transmis à la National Security Agency, le puissant service d'écoutes et de décryptage du Pentagone qui en informe aussitôt la Maison-Blanche.

Le Pentagone dispose en outre d'une kyrielle de satellites de communication dont deux DSCS2 et quatre DSCS3. Ces satellites ont pour mission de relayer toutes les communications militaires entre les États-Unis et les différents PC de l'opération Bouclier du Désert. La marine dispose d'un réseau en propre utilisant des satellites SYNCOM-4 et FITSATCOM.

Dès que l'Irak lançait des missiles sur Israël, ils étaient aussitôt repérés et suivis par l'un des trois satellites chargés d'assurer la veille sur des tirs de missiles balistiques.

La France a utilisé abondamment les données fournies par son satellite SPOT qui était en mesure de donner un état très précis des forces en présence et leur localisation. Les images du Golfe n'avaient plus été commercialisées depuis le mois d'août par la société SPOT IMAGE auprès du public ou de la presse car elles étaient classées Secret Défense.

Après l'invasion du Koweït, l'Irak avait eu le culot de s'adresser aux services de commercialisation du Centre national d'études spatiales (CNES) pour acheter des photos prises par SPOT au-dessus de l'Arabie Saoudite.

Les dernières livraisons de photos par SPOT IMAGE à l'Irak avaient eu lieu le 2 mai 1990. Ces clichés à haute définition contenaient des informations qui auraient pu être très utiles à Bagdad, comme par exemple l'état réel de l'infrastructure routière dans les deux pays, ou l'emplacement de certaines installations stratégiques ou militaires.

A SPOT IMAGE, on fait remarquer que ces photos faisaient partie en réalité d'un contrat de deux ans qui avait été signé en 1988 alors qu'il était difficile à l'époque de prévoir les intentions réelle de Saddam Hussein.

L'Irak, me dit-on, n'était pas un client inhabituel, nous n'avions aucune raison de lui prêter une intention hostile à cette époque. Sur la vingtaine de photos livrées par satellite à Bagdad, SPOT IMAGE assure que seulement cinq ou six pouvaient être qualifiées de vraiment sensibles ou opérationnelles.

D'un point de vue politique, cette information n'est pas dénuée d'intérêt. Elle montre en tout cas que, dès le printemps dernier, Saddam Hussein s'intéressait déjà au Koweït et à l'Arabie Saoudite. Ce qui prouve sans doute la préméditation dans l'invasion du Koweït.

On peut supposer également que la France avait subodoré depuis cette date un intérêt hostile de l'Irak pour le Koweït et l'Arabie Saoudite. En effet, SPOT IMAGE, en mai, s'était suffisamment inquiété des demandes de Bagdad pour interrompre ses livraisons de photos pourtant à un bon client. Il serait pour le moins anormal que le gouvernement français de l'époque n'ait pas eu accès à ces informations...

Autres contrôleurs de l'espace, ces trois ou quatre satellites britanniques SKYNET de télécommunications militaires. Le dernier de la production British Aerospace, baptisé SKYNET KC, assurait au-dessus du golfe de Guinée les liaisons codées entre les différents corps d'armées et avait été lancé début septembre 1990 lors du vol Ariane 38.

En fait, les Britanniques auraient lancé à sa place un satellite espion dont l'état-major n'a jamais voulu révéler l'existence. Ce satellite, baptisé ZYRCON, aurait été localisé exactement sur les mêmes positions que celles d'un précédent satellite de reconnaissance aujourd'hui désactivé, afin d'espionner les communications radio et téléphoniques militaires en Irak. Tous les renseignements tirés des images ont été triés et analysés par la Defense Mapping Agency du Pentagone, le service de la cartographie. Ce bureau d'études a élaboré les calculs précis des coordonnées des cibles potentielles sur le territoire irakien et a permis de mettre à jour constamment les systèmes de guidage des missiles de croisière Tomahawk et des engins air-sol des chasseurs bombardiers. Une grande partie des renseignements a été également transmise en temps réel aux forces déployées en Arabie Saoudite qui disposaient d'un matériel de réception mobile ultra-sophistiqué. Ce système mis au point pour évaluer en permanence l'ordre de bataille irakien avait été baptisé Constant Source.

Parallèlement, les Américains et les Britanniques ont pu expérimenter un nouveau grand système de surveillance électronique qui avait été baptisé en 1988 Projet P-415. Il devait permettre à toutes les agences qui y sont affiliées de suivre et d'analyser toutes les communications téléphoniques qui s'effectuent par satellite.

Ce ne sont en principe que les télécommunications qui sont surveillées, mais grâce à ce réseau, un grand nombre de communications s'effectuant par voie hertzienne sont captées. Le cerveau principal de la surveillance est installé à la base de communications par satellite de Menwith Hills, près de Harrogate, dans le Yorkshire en Grande-Bretagne. Il existait depuis fort longtemps des accords secrets d'écoutes téléphoniques entre les États-Unis et la Grande-Bretagne, désignés sous le sigle Ukusa. Ces accords distribuaient la surveillance des zones à divers services.

Un autre organisme secret, le GCHQ de Cheltenham, près d'Oxford, coordonne ainsi la surveillance de l'Europe, de l'Afrique du Nord, du Moyen-Orient. Plus l'URSS à l'ouest de l'Oural.

La National Security Agency couvrait l'Afrique sub-saharienne, l'Amérique latine et la partie asiatique de l'URSS.

L'Australie coordonne la surveillance du Pacifique Sud et l'Asie du Sud-Est.

Ce projet P-415, l'un des plus classifiés en Occident, a certainement permis de capter de nombreuses conversations téléphoniques échangées entre Saddam Hussein et son état-major, bien que cela ait été officiellement démenti par le Pentagone. Le cœur du dispositif ultra-protégé serait un super-ordinateur dont le nom de code est Échelon.

Derrière l'expression « satellite espion » se cachent des familles de dispositifs orbitaux dont les fonctions et les performances sont très diverses. L'utilisation de l'altitude pour surveiller les faits et gestes de l'adversaire est aussi ancienne que l'art de la guerre. Depuis les premières tours de guet jusqu'aux récents avions AWACS, en passant par les montgolfières, l'homme a toujours su que voir de loin signifiait anticiper, ce qui, parfois, faisait toute la différence entre la vie et la mort.

Pour le stratège moderne, le « satellite espion » a la capacité de couvrir des zones étendues inaccessibles par d'autres moyens, et ce de manière sélective et répétitive. Il contribue, avec les autres sources disponibles (agents de renseignements notamment) à l'analyse de la situation, en fournissant des informations indépendantes et objectives.

Il existe en gros deux familles de satellites espions : les « yeux » et les « oreilles ». Dans la terminologie française en vigueur on appelle les premiers « satellites de reconnaissance » (ou encore d'imagerie spatiale) et les seconds « satellites de renseignement électronique ». Les Américains, inventeurs du concept, utilisent des sigles tels que PHOTINT (Photographic Intelligence) pour les premiers et ELINT (Electronic Intelligence) pour les autres. Ces derniers sont eux-mêmes divisés en sous-catégories telles que SIGINT (analyse des signatures radar) ou COMINT (interception et écoutes des communications radio, télex ou téléphoniques).

Bien que les Russes aient lancé le premier satellite artificiel, le fameux Spoutnik (4 octobre 1957), ce sont les Américains qui ont pensé les premiers à utiliser l'espace à des fins de renseignement. La première étude dans ce sens a été effectuée dès 1946 par le fameux institut de recherches RAND Corporation de Santa Monica, en Californie. Son titre : « Preliminary Design for an Experimental World Circling Spaceship ». Un deuxième rapport, plus spécifique, a été remis, toujours par la RAND, à l'US Air Force en avril 1951 (« Utility of a Satellite for Reconnaissance »). Après plusieurs tentatives infructueuses, les Américains lancèrent finalement leur premier satellite de reconnaissance photo véritablement opérationnel le 18 août 1960. Il s'agit du Discoverer-14, qui utilisait le principe de la capsule récupérable chargée de pellicules de films impressionnés. La capsule, d'un poids de 38 kilos, fut larguée au-dessus de l'Alaska, puis récupérée en vol au-dessus du Pacifique, grâce aux filins de son parachute, par un avion C-119 muni de crochets spéciaux. Résultat de ce survol soigneusement planifié de l'URSS : un premier cliché de la très secrète base spatiale de Plesetzk, jusqu'ici totalement inconnue des services américains. D'abord proche de l'hystérie, la réaction des Soviétiques face aux satellites d'observation américains se fit de plus en plus discrète. Ils avaient soudain compris tout le parti qu'ils pouvaient eux-mêmes tirer des possibilités offertes par l'espace. Le premier satellite espion soviétique fut lancé avec succès en 1962, de la base de Tiouratam. Il s'appelait Cosmos 4.

Dès le départ, la philosophie soviétique en matière de reconnaissance spatiale devait profondément différer de celle des Américains. Plutôt que de tabler sur une « sophistication » toujours aléatoire, les Russes décidèrent une fois pour toutes de jouer sur la quantité. Un satellite par mission, un lanceur par satellite. Entre 1962 et 1986, ils ont ainsi lancé 700 satellites de reconnaissance photo. En moyenne actuelle : douze à quinze fois plus que les Américains. Par souci du secret, tous les satellites espions soviétiques sont désignés par le terme générique de « Cosmos », suivi d'un numéro. Ce numéro correspond uniquement à l'ordre chronologique du lancement : il peut aussi bien s'agir d'un satellite civil de prévision météorologique que d'un satellite électronique chargé de relayer les émissions clandestines du KGB. Aux experts occidentaux de le découvrir !

Que ce soit du côté américain ou soviétique, les progrès effectués dans le domaine des satellites d'observation au cours des vingt dernières années ont été prodigieux. Si les programmes américains ont en général cinq à sept ans d'avance sur ceux des Soviétiques, cela ne signifie pas que les premiers aient toujours l'avantage sur les seconds : le résultat final (obtention et exploitation du renseignement) est plus important que les moyens utilisés, si élaborés soient-ils.

Pour les prouesses technologiques, les Américains sont imbattables. Leur série de satellites espions de la famille « Keyhole » (trou de serrure) est un exemple. L'avant-dernier modèle, le KH-11, a représenté au cours des années 70 le système le plus avancé d'imagerie spatiale. Classé TOP SECRET, il n'était connu que de quelques rares initiés. Son nom de code : KENNAN. La genèse du KH-11 remonte à la guerre des Six Jours (juin 1967). A l'issue du conflit, la CIA s'était posé la question de savoir quel serait le satellite le mieux adapté à ce type de situation.

La solution préconisée par les services techniques de la CIA (Directorate of Science and Technology) dépassait en sophistication tout ce qui avait été proposé jusque-là par l'US Air Force, chargée du financement et de la gestion de ce type de programme. Elle fut acceptée par la Maison-Blanche au début des années 70. Le KH-11 représentait une victoire du directeur de la CIA de l'époque, Richard Helms, sur les pesanteurs bureaucratiques du Pentagone.

Le premier exemplaire de la série KH-11 a été lancé le 19 décembre 1976, à partir de la base de Vandenberg (Californie) sur une fusée Titan 3D. Sa durée de vie a été de 770 jours en orbite (soit 200 jours de plus que la longévité record de son prédécesseur, le KH-9).

La résolution des images qu'il transmet est comprise entre 45 et 15 cm selon la position du satellite sur son orbite (il s'agit d'une orbite elliptique dont l'apogée et le périgée se situent à des altitudes respectives de 400 et 240 km). L'avantage considérable qu'il offre par rapport à ses prédécesseurs de la série KH est de fonctionner en « temps réel », c'est-à-dire comme une émission de télévision en direct. Lorsque le KH-11 se trouve au-dessus d'une zone sensible, ses informations sont immédiatement décodées et traitées dans un centre de réception situé à Fort Belvior, une base militaire très protégée sise à une soixantaine de kilomètres de Washington, en Virginie. L'interprétation finale des clichés s'effectue dans un immeuble anonyme de Washington, le Federal Building 213, domicilié New Jersey Avenue, à deux pas du Capitole... Si quelque chose d'anormal est détecté, les clichés, accompagnés d'une fiche d'interprétation, peuvent être portés en moins d'une heure sur le bureau du président à la Maison-Blanche.

L'organisme qui supervise l'ensemble des opérations est un service ultra-secret du Pentagone, qui ne figure même pas sur les organigrammes, le National Reconnaissance Office (NRO). Celui-ci est dirigé conjointement par un général de l'US Air Force et le directeur de la CIA, William Webster.

En URSS, c'est également l'armée de l'air qui gère le programme des satellites d'observation. L'exploitation du renseignement est effectuée par le GRU, service de renseignement de l'état-major de l'armée soviétique, en coopération avec la 8e direction du KGB (Moyens techniques).

Alors que les satellites soviétiques ont une durée de vie de quelques semaines (d'où la fréquence des lancements), les KH-11 peuvent passer des mois, voire des années au-dessus de nos têtes. Jusqu'ici, sept exemplaires seulement ont été mis en orbite. Leur coût est astronomique : plus d'un demi-milliard de dollars pièce ! Pourtant, malgré leur extrême sophistication, ils présentent un grave défaut : leurs caméras ne peuvent pas percer les couches nuageuses.

Il s'agit, on s'en doute, d'un handicap de taille du fait de la position géographique de l'URSS. Plusieurs sites constituant des objectifs prioritaires aux yeux des Américains se trouvent ainsi pratiquement toute l'année sous les nuages. C'est le cas, notamment, de l'usine n° 25 du ministère des Industries de défense située à Kharkov. Cette usine, dite « Maluchev », produit les nouveaux chars de combat T-74. Jusqu'ici, faute de moyens techniques, les Américains n'ont jamais été capables de déterminer avec exactitude son chiffre de production annuel. D'où l'urgence de mettre en orbite le successeur du KH-11.

Le premier exemplaire du KH-12 (nom de code : IKON) était au point depuis deux ans. Mais, à l'époque, il attendait toujours son lancement, bien à l'abri dans un hangar californien. Il était tellement volumineux que seule une navette spatiale pouvait l'arracher du sol. Or, comme chacun sait, les deux navettes disponibles ont été longtemps immobilisées depuis l'accident de Challenger, le 28 janvier 1986. Ce satellite est capable des mêmes performances que son prédécesseur immédiat, mais par tous les temps et même dans la nuit la plus noire. Ce détail a son importance car les Soviétiques, connaissant les capacités exactes du KH-11 par suite de la trahison d'un employé de la CIA nommé William Kampiles, en 1980, ont pris de multiples dispositions pour camoufler leurs activités. Au sein du pacte de Varsovie comme en Afghanistan, toutes les manœuvres secrètes ou les déplacements de matériels sensibles s'effectuent désormais de nuit ou par mauvais temps. Ces dispositions sont appelées en russe « Maskirovka ». Glasnost ou pas, elles font maintenant partie de la routine des militaires au même titre que la corvée de patates... Et l'Irak a usé et abusé de cette stratégie des leurres.

De même qu'avec leurs « yeux », les deux superpuissances se livrent une guerre secrète tout aussi acharnée avec leurs « oreilles ». Il s'agit là d'un domaine peut-être encore plus secret que le précédent. Rien ne filtre sur les étonnantes performances de ces véritables tables d'écoutes de l'espace. Côté américain, on ne connaît que quelques vagues noms de code désignant tel ou tel satellite mystérieux.

Ainsi, à RHYOLITE, lancé le 18 juin 1978, ont succédé des engins aux noms bizarres : ACQUACADE, suivi de ARGUS, puis de CHALET et MAGNUM, enfin de VORTEX... Ces satellites d'écoutes dépendent d'un organisme non moins secret, la National Security Agency (NSA), installé à Fort Meade, dans le Maryland. Des stations d'écoutes au sol sont installées un peu partout dans le monde pour capter les données qu'ils transmettent vingt-quatre heures sur vingt-quatre : Pine Gap (nom de code : MERINO) en Australie, Menwith Hills en Grande-Bretagne. D'autres centres de réception de la NSA se trouvent en RFA et même en Chine... Les ordinateurs les plus puissants sont chargés de décrypter les communications chiffrées : plusieurs milliards par an, dit-on. Côté soviétique, on agit de même. Le nom de ces satellites est l'invariable Cosmos, suivi d'un chiffre. Le fameux Cosmos 1900, accusé de répandre bientôt ses débris radioactifs sur toute l'Europe, fait partie de la catégorie des satellites d'écoute électronique. Il appartient à la famille des RORSAT (sigle OTAN désignant les satellites de « reconnaissance active par radar »). Opérant à une altitude de 260 km, il est chargé d'écouter et d'identifier les « signatures radar » des flottes occidentales. Ce qui permet à l'état-major de Moscou de connaître à tout instant l'ordre de bataille de l'US Navy.

Aux « yeux » et aux « oreilles » des deux Grands s'ajoute un dernier maillon dans la chaîne spatiale : les satellites de communication. Nom de code américain : MILSATCOM. Ceux-ci permettent aux premiers de communiquer entre eux et avec les stations terrestres. Ils annoncent véritablement le « village planétaire » cher à Marshall McLuhan... qui pourrait bien être un champ de bataille planétaire. Malgré leur usage éminemment stratégique, on ne peut les qualifier de satellites espions. Depuis l'avènement des accords sur le désarmement (SALT, INF, etc.), les satellites espions ont réussi à faire admettre la légitimité de leur emploi aux fins de « vérification » des traités. Paradoxalement, ils sont ainsi devenus un facteur de paix. Il est clair que pour Washington comme pour Moscou, leur usage banalisé relève désormais du « droit à l'information ».

Bien que théoriquement universel, ce droit est resté jusqu'ici l'apanage des États-Unis et de l'URSS, qui ne communiquent à leurs alliés respectifs que certains des renseignements qu'ils obtiennent. Plusieurs opérations de désinformation ont été menées au cours des dernières années en truquant les données transmises par des satellites. Le cas le mieux documenté est celui du colonel North, offrant aux Iraniens de prétendues images de KH-11 montrant une concentration de troupes soviétiques aux frontières de l'Iran. Il espérait ainsi ramener les Mollahs dans le giron de Washington... et récupérer les otages du Liban.

C'est pourquoi l'on constate maintenant dans le monde entier, et spécifiquement dans les zones de crise et de tension, un désir croissant de disposer d'informations tirées directement d'images spatiales. Ce désir s'est encore accru avec l'émergence de catastrophes écologiques majeures, type Tchernobyl. Ceci est particulièrement vrai en ce qui concerne les pays scandinaves. Le monopole des deux Grands a été battu en brèche pour la première fois en février 1986 lorsque la France a lancé le satellite SPOT. On trouve désormais dans le commerce des images et des données numériques qui devraient permettre en principe à n'importe qui d'examiner en détail les endroits les plus secrets et les plus inaccessibles de la terre. De futurs progrès en matière de détection et de traitement de l'information rendront ces techniques de plus en plus efficaces.

Depuis l'entrée en service de SPOT, il est devenu possible de procéder à diverses vérifications importantes dans le domaine des potentiels nucléaires. C'est ainsi que des images SPOT ont permis aux services de renseignements militaires norvégiens de découvrir l'existence d'une base de sous-marins nucléaires à moins de 50 km de leur frontière commune avec l'URSS. Il s'agit de la base secrète de Zapadnaya-Litsa, qui commande l'entrée du port de Mourmansk où les Soviétiques stationnent le gros de leur flotte de l'Arctique et du Nord. De précédentes images du même satellite avaient permis de détailler, quelques mois plus tôt, une autre base nucléaire soviétique sur la péninsule de Kola, le port de Gremikha.

La mise en service de satellites de surveillance commerciaux tels que SPOT crée une situation nouvelle sur la scène internationale. Les deux superpuissances ne peuvent plus compter sur leur répugnance mutuelle à communiquer des informations à des tiers. D'autres pays seront en mesure d'observer certaines de leurs activités, jusqu'ici dissimulées ou niées, ce qui devrait les inciter à plus de « transparence ».

En 1978, la France avait déjà proposé à l'ONU la création d'une agence internationale, l'ISMA (International Satellite

Monitoring Agency), en vue d'aplanir les difficultés inhérentes à la vérification de l'application des traités de désarmement. Le Quai d'Orsay faisait valoir, à l'appui de ce projet, que les pays qui ne disposent pas en propre de satellites d'observation ne peuvent se fier aveuglément aux informations fragmentaires que leur communiquent les superpuissances.

Plusieurs études avaient alors été entreprises mais rien de concret n'en est sorti jusqu'ici. Les perspectives de création d'un organisme de contrôle international ou régional s'améliorent cependant quelque peu du fait que le monopole des deux Grands est désormais ébranlé. Parmi les obstacles qui s'opposent à des progrès dans ce domaine figurent le coût très élevé des moyens de détection à haute résolution capables de couvrir de vastes zones de la terre, et les problèmes d'organisation des réseaux de recueil et de diffusion des données. L'expérience acquise dans le domaine de SPOT et l'apparition de techniques nouvelles sont toutefois des facteurs susceptibles de faciliter la mise sur pied d'un système spatial international.

Ironie de la situation : depuis l'accident survenu à la navette Challenger en janvier 1986, le Pentagone était devenu le premier client du satellite SPOT, dont la résolution n'est pourtant que de 10 mètres...

Malgré ces précisions technologiques, les satellites de renseignements et d'observation directe n'ont pu déterminer constamment les dégâts opérés par les bombardements de l'aviation alliée. Quand les bombes Paveway guidées par laser ou les missiles percutaient et explosaient contre les portes des hangars souterrains irakiens, il s'agissait de véritables tirs opérationnels, mais comment évaluer ensuite le nombre de dégâts, au jour le jour, l'étendue de la défaite irakienne ? Le satellite SPOT a été complètement inopérant lors de son passage au-dessus de l'Irak le 22 janvier, en raison d'une forte couverture nuageuse.

Les forces américaines avaient dès le début septembre mis en service également des avions de reconnaissance qui ont systématiquement quadrillé l'Irak pour élaborer l'ordre de bataille des unités de Saddam Hussein ainsi que l'état réel des matériels engagés face à la coalition.

Dès l'invasion du Koweït par l'Irak, les États-Unis ont lancé des avions espions U2, RF-4C ou TR-1, tous dotés de système de reconnaissance tactique, et ils avaient donné comme consigne aux pilotes de leurs avions F15-C et F15-E d'accomplir des missions de surveillance de toutes les forces irakiennes le long des frontières.

Ensuite, les avions de guerre électroniques ou d'opérations spéciales ainsi que les avions radar E3-AWACS, sortes de PC mobiles, ont pris le relais pour déterminer les objectifs aériens et terrestres et transmettre toutes les informations aux stations PC des forces alliées au sol.

De son côté, l'Union soviétique avait engagé les opérations de ses satellites de reconnaissance à surveiller le golfe Persique. Les satellites concernés étaient les suivants : Cosmos 2086. Cet engin spatial de reconnaissance avait été lancé le 20 juillet. Il a réalisé des opérations de routine pendant les premiers jours de sa mission. Cependant, les Soviétiques ont baissé l'orbite de cet engin le 28 juillet quand ils ont commencé à se rendre compte ou à redouter une invasion irakienne du Koweït.

Le nouvel orbite permettait à Cosmos 2086 de faire un passage direct au-dessus de la région une fois par jour. Ce satellite a été ramené à terre le 3 août, un jour après l'invasion.

Quant à Cosmos 2089, que les Soviétiques avaient lancé le 3 août pour remplacer l'engin qu'ils venaient de récupérer, c'est un satellite haute résolution de 4e génération capable d'envoyer ses films dans des capsules sans avoir à interrompre sa mission. Une semaine après le lancement, les Soviétiques avaient manœuvré le satellite pour exécuter un passage quotidien au-dessus du golfe Persique.

Enfin, Cosmos 2037, satellite perfectionné longue durée de photographie numérique, avait été lancé plusieurs semaines avant l'invasion du Koweït. Il a continué pendant toute la durée du conflit à fournir des photos de la région à l'état-major soviétique.

Privé d' « yeux » et d' « oreilles », Saddam Hussein a utilisé les ruses les plus antiques pour essayer de faire triompher la guerre psychologique face à la guerre technologique...

Le renard.

L'un des livres préférés de Saddam Hussein a été écrit entre le VIe et le IVe siècle avant J.-C. par un écrivain chinois, Sun Tzu : *L'Art de la guerre.* Un opuscule de préceptes destiné aux princes et à leurs généraux, apporté en Occident au XVIIIe siècle par des missionnaires.

La plupart des treize chapitres de ce livre sont consacrés à la conduite de la guerre, aux règles tactiques, à la combinaison de l'utilisation des hommes et de leur armement, mais aussi à l'influence — morale, surtout — des éléments extérieurs sur la doctrine militaire : « Celui qui se bat pour la victoire les pieds nus n'est pas un bon général. » Saddam Hussein s'était fait traduire en arabe ce livre du stratège chinois. Des généraux irakiens en avaient reçu des exemplaires commentés par le dictateur de Bagdad. Toute la stratégie contenue dans ce livre suggère de rendre l'adversaire vulnérable avant la bataille, par une information préalable sur ses forces matérielles et morales, par des actions clandestines, par de fausses rumeurs : « Tout l'art de la guerre est fondé sur la duperie. » Le philosophe chinois recommande le camouflage, l'effet de surprise, la rapidité et la précision de l'information et consacre tout un chapitre à la manipulation des agents secrets, à l'intoxication, à la confusion dans l'esprit des stratèges ennemis. Saddam Hussein utilisera cette stratégie de contournement ou de désinformation tout au long de la crise du Golfe. C'est en février 1972 qu'il a découvert les avantages des méthodes soviétiques de désinformation. Il participait en tant que numéro deux irakien à la signature d'un traité dans la capitale soviétique entre le Premier ministre Alexis Kossyguine et le chef de l'État irakien de l'époque, le général Hassan Al-Bakr. Ce traité d'une période de quinze ans prévoyait son renouvellement automatique.

L'article 1 stipulait qu'une indéfectible amitié liera les deux nations et les deux peuples et que ceux-ci développeront une complète coopération dans les domaines politique, économique et commercial.

L'article 8 prévoyait que dans l'éventualité d'une situation qui menacerait la paix de l'une ou l'autre partie, l'Irak et l'URSS prendront immédiatement contact pour dissiper la menace.

L'article 9 décrétait que dans l'intérêt de la sécurité des deux pays les deux parties continueront à développer leur coopération pour renforcer leur capacité de défense.

C'est dans ce cadre d'assistance et de coopération dans les domaines de sécurité que de nombreux hauts cadres des services des renseignements irakiens firent des stages dans les départements spécialisés du KGB, notamment le service A, chargé des opérations de désinformation.

Les Irakiens étaient des élèves particulièrement assidus et doués, me confiera Anatoly Letchvenko, un colonel du KGB passé à l'Ouest et qui était l'un des responsables de la désinformation soviétique à Moscou.

Saddam Hussein avait été tout de suite impressionné par les rapports qu'il avait reçus de ses officiers de renseignements en rentrant des écoles du KGB de Moscou, Kiev et Leningrad. Un responsable de service secret occidental, qui a eu l'occasion de discuter des méthodes soviétiques de désinformation avec l'un des membres des services irakiens il y a une dizaine d'années, eut la surprise d'entendre ce dernier lui raconter l'histoire suivante :

Un jour, Saddam Hussein, réunissant ses officiers de renseignements pour parler précisément des problèmes de guerre psychologique, avait apporté un exemplaire de la Bible. Il considérait que l'on y trouvait des récits de techniques de désinformation ; la prise de Jéricho l'intéressait tout particulièrement. Il dira aussi à un ancien ministre tunisien qu'il rencontrait à Bagdad : « La vérité, en politique, est un mensonge qui n'a pas encore été découvert. »

Pendant toute la crise du Golfe, l'opinion publique française et internationale a pris conscience que, face à l'impressionnante démonstration des forces technologiques alliées, Saddam Hussein a joué, comme le dit l'amiral Pierre Lacoste (ancien directeur de la DGSE) à un autre jeu. L'opinion a découvert qu'il existe des ruses, des leurres, des stratagèmes capables d'égarer les armes les plus intelligentes et de tromper les généraux les plus expérimentés.

A Bagdad, Saddam Hussein avait mis en place, dès le début de la crise, une cellule d'actions psychologiques consacrée particulièrement à la France. Un pays qu'il considérait comme capital dans les relations entre l'Irak et le monde arabe. Surtout, il a cherché à peser sur l'opinion publique française, sur ses hommes politiques, afin de diviser la coalition. La « section française » était dirigée, en ce qui concerne les opérations de propagande, par un ancien membre de la mission diplomatique irakienne à Paris installé à Bagdad, Walid Abbas. On y trouvait également d'autres spécialistes des problèmes des médias et de la désinformation : Abbad Rahin, Hamad Sayid et Tahar Basri. Ils travaillaient en liaison avec d'anciens diplomates ou journalistes irakiens ayant vécu récemment en France et capables de faire des analyses fines de la politique française.

Leur correspondant à Paris était Odai Al-Tayai, conseiller de presse de l'Ambassade, diplômé de l'École supérieure d'Interprètes et de Traducteurs de Paris, un universitaire de 41 ans.

Toutes les informations étaient remises au président Saddam Hussein, après avoir été contrôlées par des responsables des services secrets irakiens. L'un d'eux a entretenu d'excellentes relations avec des fonctionnaires français ces dix dernières années. Les analyses provenaient également d'informations transmises depuis Paris ou d'autres capitales européennes par les agents des services irakiens dans les ambassades. Tout était passé au peigne fin, les éditoriaux, la presse, les déclarations des hommes politiques, les sondages. Des portraits faisant état des caractères, des goûts et même des « faiblesses » d'un certain nombre de responsables de journaux ou de médias en France ont été réalisés par les services secrets irakiens.

Dans un premier temps, la désinformation était grossière, assimilée plus à la propagande qu'à des opérations subtiles. Il s'agissait de montrer, par exemple, que la fortune personnelle de l'émir du Koweït ou du roi Fahd d'Arabie Saoudite était égale à environ deux fois le montant des prêts accordés par l'Arabie Saoudite à l'Irak pendant la guerre contre l'Iran.

Des responsables des services spéciaux irakiens se rendirent même à Genève en novembre, car ils avaient appris qu'un membre important de la famille royale d'Arabie Saoudite devait faire l'acquisition, auprès de la société Sotheby's, d'un diamant de plus de cent carats. Il s'agissait d'obtenir le maximum de renseignements pour faire paraître cette information dans la presse internationale afin de montrer que le conflit dans le Golfe était en fait une lutte entre les pays riches et l'Irak !

En pleine crise du Golfe, un Saoudien accusait une perte de plus de 80 millions de francs français au casino du *Carlton* à Cannes. Aussitôt l'information était retranscrite dans les journaux de Bagdad, et un télex dans toutes les ambassades demandait de faire publier cette information dans les journaux, particulièrement ceux du monde arabe et du Maghreb. Dans le journal *Ath-Thawra* du 11 août 1990, organe du parti Baas, une information était diffusée sous le titre « Les nuits chaudes » ; il était indiqué que des responsables du golfe Persique étaient atteints du Sida. *L'argent et l'honneur ont été gaspillés dans une vie de débauche,* écrivait le journal, produisant à l'appui la photocopie d'un faux certificat médical attestant qu'un des plus hauts personnages du Golfe était atteint de syphilis. Les services irakiens ont également fait circuler dans plusieurs pays arabes des photomontages de hauts responsables koweïtiens, saoudiens ou des émirats en présence de danseuses dans des cabarets, avec comme sous-titre : « Enfants, ils étaient débauchés, adultes ils le sont encore plus. »

Un autre texte sera également diffusé avec le titre : « Les traîtres ont introduit en Terre sainte des hommes souillés par le Sida. » Les services irakiens avaient concocté les informations suivantes : « Des sources médicales ont confirmé la présence de milliers de sidaiques et de drogués dans les rangs de l'armée américaine basée en Arabie Saoudite. Ces sources ont indiqué que des milliers de soldats américains introduits par les traîtres en terre sacrée arabe sont atteints du Sida et menacent dans son corps et son âme la société arabe. Comme le prouve le rapport hebdomadaire de l'Organisation mondiale de la santé, les milieux médicaux des quatre coins du monde admettent que la maladie du Sida est très largement répandue dans la société américaine — on a recensé pour la première moitié de l'année plus de 180 000 cas. Les milieux scientifiques estiment à plus d'un million le nombre de malades atteints du Sida n'ayant pas encore fait l'objet d'un dépistage. »

Un fascicule, fabriqué par la propagande irakienne, était titré : « La Mecque : exil des pigeons. »

« Plusieurs habitants des villes de Maan, Karak, Aqaba, en Jordanie, ont aperçu des volées de pigeons qui émigraient de la Sainte Maison de Dieu et du tombeau du prophète. Ce phénomène a suscité la perplexité des habitants du sud de la Jordanie d'autant plus qu'il coïncide avec la souillure des demeures sacrées par les forces américaines et sionistes. »

Les cellules chargées de la France se surpassèrent pendant toute la période précédant l'offensive terrestre.

Ainsi un texte fut largement diffusé en Irak à destination de la presse jordanienne. Il s'intitulait : « Paris : à propos du café le *Fouquet's*. » « Dans la plus belle avenue du monde, se trouve un café nommé le *Fouquet's*. Ce café appartient à une société dont les valets de l'impérialisme Al Saoud et Al Sabbah sont les principaux actionnaires. Ce n'est pas un établissement ordinaire — il abrite un festival artistique à son premier étage. Notre propos concernera la salle du rez-de-chaussée. Chaque été, les valets de l'impérialisme envahissent l'Europe avec leurs voitures somptueuses qui font saliver les badauds, après les avoir acheminées par avion ou par voie maritime. Ils s'asseyent à la terrasse du *Fouquet's* en habits européens entourés de leurs sbires dans l'attente des marchandes d'amour. Ils n'ont pas honte de s'exposer aux photographes qui font leurs choux gras dans les journaux à sensation. C'est ainsi que chaque été la presse européenne s'adonne à la caricature de ces personnes et éclabousse par conséquent tous les Arabes. L'Arabe est toujours représenté avec l'agal et le keffieh, comme s'il n'y avait pas dans le monde arabe des gens qui meurent de faim. Ces émirs dépensent des millions pour satisfaire leurs bas instincts pendant que d'autres ne trouvent ni gîte, ni nourriture. Pendant que la sécheresse tarit le sein de la terre, et que le peuple ne trouve pour table que l'immense étendue du sable. »

Des cassettes-montages montrant des parties fines de hauts responsables du golfe Persique dans les grandes capitales occidentales ont également été confectionnées dans les studios des services secrets irakiens. Ces cassettes ont été envoyées à Téhéran... Fin octobre, les diplomates irakiens ont essayé de faire circuler de faux documents, soi-disant trouvés au Koweït dans les locaux des services secrets de l'émirat. Il s'agissait de correspondance entre la CIA et le directeur général de la direction générale de la sécurité d'État au Koweït, le colonel Fahd Hamed Al-Fahd. Ce document extrait, disaient les Irakiens, des archives du gouvernement koweïtien, a été remis à de nombreux diplomates par le ministre irakien des Affaires étrangères Tarek Aziz en personne. Malgré un démenti d'un porte-parole * officiel de la CIA, Peter Earnest, et une lettre du ministre koweïtien des Affaires étrangères envoyée au secrétaire général de l'ONU pour dénoncer ce faux, quelques journaux l'ont publié. Il a été notamment reproduit par le *Jordan Times*. Ce document devait apporter de prétendues révélations sur la coordination en matière de renseignements entre les services secrets de l'émirat du Koweït et la CIA. Objectif : montrer que les États-Unis avaient considéré que l'Irak, avant le 2 août, était en situation d'extrême faiblesse du fait de ses difficultés économiques et financières, et qu'il fallait en profiter pour exercer des pressions décisives sur Bagdad. Afin de trancher au bénéfice du Koweït tous les litiges pétroliers, frontaliers ou financiers existant entre les deux pays. En quelque sorte, pour montrer aux opinions publiques internationales que les États-Unis avaient déjà décidé de faire la guerre avant l'invasion du Koweït par l'Irak le 2 août. Des journalistes et des écrivains ont reproduit cette lettre en toute bonne foi. Grand adepte de la guerre psychologique, Saddam Hussein a fait publier sous la plume du

* Voir annexes pages 291 à 293.

présentateur irakien Majid Hassam Qassem un ouvrage édité par la Maison des affaires culturelles générales de Bagdad intitulé : *Pour une théorie des médias dans la pensée du Président guide Saddam Hussein.* Ce livre est destiné à révéler les principaux aspects des médias dans la pensée du leader irakien. En effet, « Sa Suprématie », selon le texte du livre, « avait dès son jeune âge saisi l'impact poétique, social, culturel et pédagogique des médias. Ce livre dit la publicité irakienne, éclaire les traits mis en évidence par le Président guide au sujet de l'information et du personnel de la profession. Il donne également son avis sur ce que doivent être les organes d'information, leur mode de fonctionnement, leurs moyens et leurs procédés, et selon des critères objectifs rationnels et précis ».

Pendant la guerre du Golfe, la propagande irakienne n'utilisera pas seulement le relais des télévisions occidentales. Elle s'inspirera de méthodes plus directes calquées sur la propagande vietminh, lors de la guerre d'Indochine. Ainsi, chaque jour, la radio irakienne a diffusé des messages sur ondes courtes qui pouvaient être captés à Dahran par des soldats du corps expéditionnaire de la coalition : « Toi soldat américain dans le désert saoudien, ta famille souffre du fardeau de la vie, ne te consacre pas à la guerre, tes enfants t'attendent. Toi soldat américain dans le désert, tu vas affronter une armée qui a la foi, la plus homogène du monde, qui a été aguerrie par huit ans de guerre. Est-ce de ton intérêt de te battre contre elle ? Es-tu venu en Arabie pour défendre les émirs corrompus ? Toi qui souffres dans le désert brûlant, n'as-tu pas entendu parler de ses dunes de sable ? Elles vont t'engloutir. »

Toute la journée les héros combattants de l'armée irakienne ont eu droit à des chansons patriotiques : « Allah est le plus grand, Allah est le plus fort, plus fort que les cuirassiers, plus fort que les missiles. » Même des poètes ont été utilisés par la propagande irakienne avec des pamphlets guerriers : « Ô nos lions que le vrombissement des avions laisse indifférents, libérez la kaaba [le saint des saints de l'Islam] des forces du mal, écrasez ces sauterelles et détruisez-les. La fin du monde a commencé pour les ennemis de l'arabisme. En Israël, les missiles al-Hussein du ciel font pleuvoir le feu. » Une autre radio a diffusé le poème suivant : « L'ire de notre regard secoue les montagnes, la terre qui nous a allaités a le droit aujourd'hui de boire notre sang, que nos cheveux deviennent lances, que nos gourdes soient des mitrailleuses et nos cœurs des canons. Dressons les traîtres et les espions, ces nains que sont Bush, Hosni Moubarak et les Saoud. Bienvenue à la mère de toutes les batailles et aux martyrs, les portes du paradis ne seront jamais claquées à la face des Irakiens. » Parfois la propagande se veut vulgaire : « Américano-sionisto-atlantistes, vos avions en tombant comme des mouches font rire les enfants d'Irak. Bush, ton missile apeuré, quand il passe au-dessus des Irakiens, provoque le mépris. Regarde Rambo qui fuit la queue entre les jambes, les fils de putes souillent La Mecque et devant le vent divin ils reculent et les fils d'Irak à Jérusalem prieront. » La mort ou la prison est constamment promise à Bush l'assassin, Mitterrand le criminel, John Major le rat d'égout, Margaret Thatcher la sorcière, Fahd l'enfant de salaud ou Hosni Moubarak le maudit. Radio Bagdad a utilisé également la guerre psychologique en diffusant à plusieurs reprises des messages codés appelant les révolutionnaires dans le monde à frapper les intérêts des pays attaquant l'Irak. La radio irakienne captée par le service d'écoutes de la BBC avait diffusé une première fois ces mystérieux messages en février et les avait répétés à plusieurs reprises. Un premier appel du centre de commandement s'adressait aux cellules révolutionnaires : « Frères combattants, où que vous soyez, frappez les intérêts des pays agresseurs et foncez sur les traîtres dans leurs repaires, n'épargnez les intérêts d'aucun des pays alliés auteurs de l'agression contre la nation arabe et islamique. » La radio, en outre, répétait une série de messages codés : « De Haamad à Kouteiba : mettez à exécution tout ce qui se trouve sur la table et à l'extérieur. » « Du quartier général à Ourwa : mettez à exécution le programme de la dernière réunion. »

En réalité, les services des renseignements occidentaux savent aujourd'hui que depuis l'expulsion des diplomates irakiens de la plupart des grandes capitales occidentales, les services irakiens étaient privés de contacts avec leur pays. Saddam Hussein espérait, en lançant ces messages sur Radio Bagdad, qu'ils seraient retranscrits dans la presse écrite en Occident ou lus sur les radios et télévisions, pour être ainsi transmis aux agents secrets des services irakiens...

La désinformation est une stratégie de contournement redoutablement efficace pour enflammer les opinions publiques et en modifier le comportement. Dans la guerre de communiqués qui a suivi l'invasion du Koweït, le 2 août 1990, l'Irak n'a pas cessé d'avoir recours à cette arme psychologique pour tenter d'influencer les opinions publiques internationales et faire ainsi pression sur les gouvernements des coalisés. Alors que les forces multinationales commençaient à prendre position dans le Golfe pour faire respecter l'embargo, les services irakiens redoublaient d'activité dans ce domaine. De l'annonce des fausses victoires remportées par les troupes irakiennes en passant par les maladies, la profanation des lieux saints, l'assassinat, les révoltes internes... les Irakiens désinforment tous azimuts.

A titre d'échantillon on peut citer les faits suivants lus dans la presse ou entendus sur la radio irakienne ou des médias étrangers :

— Les troupes américaines souilleraient les sites sacrés musulmans en Arabie Saoudite ;

— Le Pentagone aurait envoyé plusieurs centaines de femmes égyptiennes afin qu'elles servent au bon plaisir des soldats américains ;

— Des Saoudiens opposés à la présence américaine saboteraient des équipements militaires américains ;

— Beaucoup de soldats américains seraient infectés par le virus du Sida ;

— Les États-Unis en profiteraient pour enterrer des déchets nucléaires dans le désert saoudien ;

— Les forces irakiennes auraient pénétré au Koweït pour le protéger d'une éventuelle invasion américaine ;

— Des dirigeants saoudiens boiraient de l'alcool sur les bases américaines ;

— Les États-Unis confisqueraient le pétrole saoudien ;

— Des centaines d'églises seraient érigées par les Américains en Arabie Saoudite...

Des documents fabriqués par les Irakiens et transmis aux Nations unies ainsi que de fausses lettres, publiées pour certaines dans la presse nigérienne, sont apparus pour étayer ces dires.

L'Irak a distillé de fausses informations sur la situation des combats dans le Golfe. A cette fin, il se sert des médias irakiens qui bien souvent trouvent écho dans des publications étrangères de pays sympathisants tels que le Yémen, l'Algérie, la Tunisie, la Jordanie et à moindre échelon peut-être, le Pakistan, le Maroc, la Mauritanie, le Bangladesh et le Soudan. Certains ambassadeurs irakiens ont également participé à cette opération d'intoxication en apparaissant sur des chaînes de télévision étrangères pour protester contre l'agression dont leur pays est victime.

« Du personnel militaire américain a préparé en liaison avec de hauts responsables saoudiens une attaque contre Al Ka'aba à

La Mecque à l'aide de roquettes portant les sigles de l'armée irakienne afin d'en faire reporter la responsabilité sur Bagdad et du même coup avoir un prétexte pour attaquer l'Irak » (le journal *An-Nahar,* en Israël, 31 décembre) ;

« Des soldats pakistanais de la force multinationale présente dans le Golfe se sont révoltés contre des soldats américains, en abattant plusieurs. Cinq Pakistanais sont morts durant l'échange de coups de feu » (quotidien pakistanais *Markaz,* 16 janvier) ;

« Les services secrets américains projettent d'assassiner le prince héritier koweïtien » (Radio Bagdad, 15 janvier) ;

« Une tentative de coup d'État a presque réussi en Égypte, la semaine dernière » (Radio Bagdad, 16 janvier) ;

« Des commandos marins américains ont arraisonné un navire marchand du Bangladesh en mer Rouge » (le journal *Bangladesh Sangbad,* 17 janvier) ;

« Le gouvernement pakistanais a décidé d'expulser le conseiller de presse de l'ambassade d'Irak en raison d'activités incompatibles avec son statut diplomatique — incitation à des manifestations et participation financière à l'élaboration de tracts et propagande contre l'État pakistanais » (Radio Islamabad, 18 janvier) ;

« L'ambassadeur des États-Unis au Pakistan a fait pression sur le gouvernement pakistanais pour qu'il autorise les Américains à utiliser la base de Mauripur pour ses avions » (journal pakistanais *Jassarat,* 18 janvier). Trois jours plus tard, il fut formellement démenti que des B-52 décollaient du Pakistan pour mener des raids sur l'Irak.

« Des missiles irakiens ont endommagé plusieurs bases américaines à Riyad et à Dahran » (Radio Bagdad et télévision yéménite, 21 janvier) ;

« La famille royale saoudienne s'est réfugiée au Maroc » (journaux jordanien *Al Rayi* et tunisien *Ech Churuq,* 21 janvier). Fuite démentie catégoriquement par un porte-parole saoudien le même jour.

« Il y a eu des mutineries parmi les soldats des troupes égyptiennes, syriennes et saoudiennes, au sein de la coalition » (Radio algérienne, 21 janvier ; journal tunisien *As Shorouk,* 22 janvier) ;

« La Turquie a lancé des missiles contre l'Irak » (Radio Bagdad, 21 janvier). Ce fait fut immédiatement démenti par le ministère turc des Affaires étrangères.

« Trois avions de la coalition ont atterri sur des aéroports irakiens et leurs pilotes se sont rendus aux troupes irakiennes » (journal jordanien *Sawt Al Shab,* 23 janvier) ;

« 100 soldats sont morts dans un heurt entre les troupes américaines et des soldats des pays musulmans près de Dahran en Arabie Saoudite » (agence de presse iranienne IRNA, 22 janvier).

Cette histoire fut rapportée le même jour par les services de presse cubain Prensa Latina qui l'ont fait circuler en Amérique latine. Le 23 janvier, le fait était encore rapporté dans plusieurs journaux tunisiens.

Le 24 janvier, le journal indien *Patriot* (fondé par le KGB en 1962) a de nouveau affirmé — sans aucune preuve — que des Israéliens participaient au combat. Le jour précédent, le même quotidien affirmait que la Turquie avait des vues bien concrètes sur les champs pétrolifères du nord de l'Irak et que les États-Unis soutenaient les ambitions impérialistes de cet État... A la source de cette information, une dépêche soviétique... « Des officiers supérieurs israéliens seraient présents en Arabie Saoudite où ils coordonneraient les actions au sol des troupes américaines » (journal jordanien *Al Dustur,* 27 janvier) ;

« Les soldats américains morts au combat sont évacués d'Arabie Saoudite vers Djibouti puis vers la Crête où ils sont enterrés secrètement » (service de presse algérien, 29 janvier) ;

« Les autorités israéliennes ont rassemblé plusieurs milliers de détenus palestiniens et de prisonniers qu'ils utilisent comme boucliers humains pour protéger le réacteur nucléaire de Dimona situé dans le désert du Negev des missiles irakiens » (journal jordanien *Al Dustur,* 29 janvier) ;

« 26 soldats britanniques et américains sont morts à la suite d'une bagarre entre un soldat britannique et un officier américain soûl qui lui avait ordonné de creuser une tranchée » (journal pakistanais *Jidat,* 30 janvier, d'après un communiqué de l'agence afghane de presse internationale).

Le 31 janvier, sur les ondes de Radio Bagdad, les forces américaines ont été accusées d'avoir ouvert le feu sur les troupes marocaines stationnées en Arabie Saoudite, faisant de nombreuses victimes. Les raisons de cette soi-disant fusillade : « ... Un grand nombre de soldats marocains avaient refusé de participer à des opérations militaires contre l'Irak. » Ceci fut bien entendu rapidement démenti par l'agence de presse officielle marocaine comme n'étant que « de fausses affirmations d'une campagne haineuse visant à déformer les raisons de la présence marocaine en Arabie Saoudite ».

L'Irak a prétendu avoir abattu en vol plus de 200 avions et missiles de croisière des forces de la coalition. Selon Bagdad, « certains missiles n'auraient pas explosé en atteignant leur cible et auraient pu être récupérés pour être employés à nouveau (...) ». Un communiqué irakien fit même état de l'envoi par le fond d'un porte-avions américain. Chaque fois que l'Irak a revendiqué avoir abattu un appareil adverse, le chiffre était à diviser par dix, ce qui donnait à peu de chose près le tableau suivant :

Communiqué irakien	Communiqué état-major allié
14 appareils	2 appareils
44 appareils	4 appareils
94 appareils	8 appareils
160 appareils	14 appareils

Le 21 janvier 1991, l'Irak prétendait avoir abattu 178 appareils alliés ; or il n'y en avait que 15 abattus ou disparus. Très vite, cependant, et devant l'absurdité des chiffres déclarés, l'Irak a changé de langage en employant des expressions comme « un certain nombre ».

Selon Bagdad, la force multinationale a délibérément bombardé des zones de résidences civiles, des sites culturels, des hôpitaux et des sanctuaires religieux, notamment dans les villes sacrées de Najaf et de Karbala. Le général Charles Horner, chef d'état-major des forces aériennes américaines, a revendiqué le 18 janvier que « dès le début les coalisés avaient mis un point d'honneur à éviter tout bombardement de cibles civiles et de lieux de culte en territoire irakien ». Le 17 janvier, le général Colin Powell, chef de l'état-major général des forces alliées, reconnut que 20 % des appareils en mission sur l'Irak revenaient à leur base sans avoir lâché leur cargaison de bombes du fait de mauvaises conditions climatiques ou d'incidents mécaniques. Le 27 janvier, le général Schwarzkopf déclarait : « Nous avons toujours pris toutes les précautions nécessaires pour éviter tout bombardement de civils. Nous employons les armes correspondant au type de cible que nous voulons détruire. Si un doute subsiste, nous supprimons l'opération. Il est certain que tôt ou tard, par accident, nous allons tuer des innocents. Il n'y a aucun doute à avoir là-dessus. Pour l'instant, nous faisons le maximum pour éviter que cela se produise, tout au moins en retarder l'arrivée. » Il faut admettre que l'Irak est très mal placé pour se plaindre d'attaques sur des civils ; on sait en effet que les nombreux tirs de missiles Scud sur l'Arabie Saoudite ou Israël visaient des sites civils ainsi que George Bush les a qualifiés : « ... des attaques terroristes contre la population... sans objectif militaire préalablement désigné ».

Cette « guerre du mensonge » avait été précédée d'une guerre clandestine des services secrets au sujet du formidable arsenal militaire irakien. Avec le bombardement du bunker, à Bagdad, le 12 février, qui fit 300 morts, Saddam Hussein a-t-il fait tomber les alliés dans un piège diabolique, un nouveau leurre, en provoquant délibérément un massacre de civils ? Si l'on se refuse à la Maison-Blanche à parler officiellement de cette horrible stratégie, des officiers de renseignements au Pentagone n'excluent pas du tout cette possibilité.

Les services irakiens auraient pu volontairement organiser une activité militaire « voyante » autour du bunker pour attirer l'attention des satellites espions. Des ordres de commandement auraient sciemment été donnés à des troupes irakiennes sur le front depuis le bunker pour attirer l'attention des oreilles électroniques. Saddam Hussein lui-même aurait séjourné à plusieurs reprises, début février, à l'intérieur des bunkers, en y faisant une apparition ostensible, précédé de voitures de sa garde personnelle et se déplaçant lui-même dans d'immenses limousines noires de la présidence.

L'immeuble détruit avait été à l'origine une sorte d'abri anti-aérien, devenu en 1985 un centre de commandement de l'armée irakienne. Le bâtiment faisait partie d'un groupe de vingt-cinq abris construits pendant la guerre contre l'Iran. Après le bombardement, les Irakiens auraient inondé le sous-sol, recelant des technologies de pointe permettant de communiquer avec l'état-major, afin que les journalistes présents sur les lieux ne puissent le localiser. Les missiles qui ont détruit le bâtiment ont été largués en pleine nuit aux environs de 2 h 40, heure de Paris. Or, l'information n'est arrivée en France que vers 14 heures. Il s'est donc écoulé un très long délai entre le moment où le bombardement a été effectué et celui où l'Irak a laissé filtrer l'information ; temps qui a été mis à profit pour monter une mise en scène autour de cette tragédie.

Un autre élément est particulièrement troublant : deux panneaux indiquaient en grosses lettres la présence de l'abri, l'un était rédigé en arabe et sur l'autre était écrit *shelter* (« abri », en anglais), ce qui est pour le moins curieux dans un quartier résidentiel où n'habitaient pas d'étrangers... Et où tous les Irakiens sont censés parler arabe. S'agissait-il alors d'une mise en scène destinée aux caméras des télévisions pour que chaque téléspectateur occidental puisse d'emblée comprendre qu'il s'agissait réellement d'un abri destiné aux civils et non d'un bâtiment militaire ?

Le 15 février, Saddam Hussein joue encore avec les nerfs des opinions publiques. Il propose de retirer ses troupes du Koweït, offre assortie d'un si grand nombre de conditions qu'elles sont en contradiction totale avec les termes mêmes de la résolution 660 du Conseil de sécurité de l'ONU qu'il accepte pourtant d'appliquer pour la première fois.

Dans son communiqué, le Conseil de commandement de la révolution à Bagdad demandait l'annulation des onze résolutions de l'ONU sur le Golfe, exigeait le départ des forces étrangères de la région dans un délai d'un mois après le cessez-le-feu, le retrait d'Israël des territoires occupés, des hauteurs du Golan et du sud du Liban.

Le Conseil exigeait également l'annulation des dettes de l'Irak et la participation des pays « agresseurs » à la reconstruction du pays.

Des propositions nouvelles accueillies bruyamment à Bagdad par des tirs d'armes à feu de miliciens contents d'en finir avec cette guerre et par des salves de scepticisme à Washington, Londres et Paris.

Le 11 février, l'émissaire soviétique Evgueni Primakov s'était rendu une nouvelle fois à Bagdad, pour y rencontrer le président irakien. Le conseiller spécial de Gorbatchev emportait en réalité un plan destiné à sauver la face de Saddam Hussein.

Ainsi, il raconte dans les notes qu'il a prises de ses derniers entretiens avec le leader irakien que la guerre aurait pu être évitée :

Le soir du 13 février, je suis rentré de Bagdad où j'avais été envoyé par Mikhaïl Gorbatchev pour tenter, une fois encore, d'orienter Saddam Hussein vers un arrangement politique — alors même que la guerre était engagée. Le parcours jusqu'à Bagdad n'était pas facile. La ville était pilonnée par les avions de l'US Air Force et des autres membres de la coalition. En fait, selon les Irakiens, Bagdad fut soumis à des bombardements particulièrement durs pendant notre visite. Ma conversation avec Saddam ne devait pas être facile non plus, et pourtant, c'est à juste titre que je l'ai résumée dans un télégramme adressé à Moscou : « Il y a certains signes prometteurs. » Après notre entretien le soir du 12 février, le ministre irakien des Affaires étrangères, Tarek Aziz, m'avait appris que les dirigeants irakiens voulaient l'envoyer en Union soviétique pour y poursuivre les contacts. Trois jours plus tard, la veille de l'arrivée de Tarek Aziz à Moscou, le Conseil de commandement de la révolution (la plus haute instance de l'État irakien) publiait son communiqué sensationnel par lequel il se déclarait pour la première fois disposé à retirer ses forces du Koweït.

Aussi, dans le monde entier, les regards étaient-ils braqués sur Moscou le lundi 18 février, jour où le président Gorbatchev s'est entretenu pendant plusieurs heures avec Tarek Aziz. Saadoun Hammadi, le vice-Premier ministre irakien, assistait à l'entretien, de même que le ministre soviétique des Affaires étrangères, Alexandre Bessmertnykh. J'y participais également.

Le président Gorbatchev présenta un plan particulier en vue d'une solution politique de la crise. Il proposa une formule prévoyant le retrait du Koweït des troupes irakiennes sans conditions préalables et sans poursuite des hostilités. Cette fois, Aziz n'eut pas recours à sa rhétorique habituelle. Il écouta l'exposé soviétique avec calme, comme s'il s'agissait d'une discussion commerciale, sans manifester de déplaisir. Il a ensuite regagné Bagdad pour conférer avec Saddam. Trois jours plus tard, le 21 février, il revenait par voie aérienne à Moscou porteur de la réponse. Au terme d'une autre rencontre entre Aziz et Gorbatchev, l'Union soviétique formulait une nouvelle proposition qui a retenu l'attention du monde. Le plan Gorbatchev, qui prévoyait un retrait total et sans condition des troupes irakiennes du Koweït, avait été accepté par Bagdad. Je mesure pleinement que les dirigeants irakiens sont responsables de cette guerre. Et pourtant, je pense qu'elle aurait pu être évitée.

***

Le 21 février, Tarek Aziz, le ministre irakien des Affaires étrangères, arrive à Moscou pour donner la réponse de Saddam Hussein. Dernier baroud pour les uns, derniers espoirs pour les autres. Saddam Hussein n'y croyait pas lui-même et voulait plutôt enfoncer un nouveau coin dans la coalition.

Depuis plusieurs semaines les alliés étaient au courant des

manœuvres du leader de Bagdad pour gagner du temps et sauver une partie de son potentiel militaire. Le dictateur de Bagdad aurait même donné un nom à cette opération diversion, avec la complicité de Moscou : « Pièges de sable ».

CHAPITRE V

La forteresse Irak

« FAITES donner la garde »... Cette célèbre apostrophe de la légende napoléonienne s'est transformée au fil des semaines en leitmotiv guerrier et répressif pour la sauvegarde du régime de Saddam Hussein. L'homme fort de Bagdad s'appuie en effet sur sa Garde républicaine : « Les héros de la libération nationale, les chevaliers de la nation arabe. » Cette garde prétorienne est, au même titre que le parti Baas, le principal pilier du régime de Saddam Hussein. Initialement, elle était destinée à assurer la sécurité du président irakien mais elle s'est transformée en corps d'armée dans le cadre de la guerre avec l'Iran. Les éléments de la garde sont tous obligatoirement membres du Baas. Les officiers sont, pour la plupart, diplômés d'état-major. La durée d'engagement est variable de cinq à vingt-cinq ans suivant la nature des affectations. Cette unité d'élite dispose des meilleurs équipements militaires et de nombreuses facilités en matière de soldes et de nourriture qui sont nettement améliorées par rapport aux traitements des troupes ordinaires. Sur le plan des commandements, la Garde républicaine dispose d'une grande autonomie mais ses unités peuvent être également mises à disposition pour l'emploi d'autres corps d'armée.

Avant la crise du Golfe, les services de renseignements militaires occidentaux estimaient à huit ou neuf divisions la composition de cette Garde républicaine. Les unités les plus aguerries : la division *Saladin,* la division mécaniquée *Tawal Kana,* la division blindée *Hamouradi,* les divisions *Nabuchodonosor* et *Bagdad.*

Une division des forces spéciales entraînée aux actions de

commando a également été formée après le conflit avec l'Iran, soit un total de plus de cent trente mille hommes, plus de mille chars, plus de mille pièces d'artillerie, et une capacité opérationnelle pour les armes chimiques. Elle fut longtemps commandée par le général Hussein al-Rachid. Né comme Saddam Hussein et de nombreux dirigeants de la société irakienne dans le village de Takriti, il devient en novembre 1990 chef d'état-major des armées. Issu du collège militaire de Kiliat al-Harbiah, il a suivi les cours de l'académie de Frounze, dans le Kirghizistan. Beau-père du fils aîné de Saddam Hussein, Oudaï, c'est un fidèle parmi les fidèles. Pourtant, en 1983, alors qu'il commandait le 2e corps d'armée, il laissera écraser plusieurs divisions irakiennes. Un manque d'autorité et d'initiative des commandements qui lui valent encore les reproches voilés dans les états-majors de l'armée irakienne. Par contre, en 1988, il s'illustrera dans les opérations de reconquête du Fao Chalamach et Madjion. Ce succès lui valut d'être élevé au rang de chef de la Garde républicaine où il remplacera le général Eyad al-Rawi, grièvement blessé en juillet 1988. En février 1991, alors que la bataille du désert était engagée, il conseillera à Saddam Hussein de ne pas faire usage d'armes chimiques contre la coalition alliée. Cet officier politique fera preuve d'une grande confiance envers Saddam Hussein en marchant complètement à ses côtés. Quelques mois avant l'invasion du Koweït, deux complots venaient d'être déjoués depuis le début de l'année, l'un fomenté par un groupe d'officiers du complexe militaire de Hal Chargat, près de Mossoul. Le plan consistait à assassiner le président irakien au cours d'un défilé militaire. Plus de deux cent cinquante officiers, sous-officiers et soldats ont été arrêtés, emprisonnés et certains exécutés. Début juillet, soit un mois avant la prise de Koweït City, un groupe d'une trentaine d'officiers supérieurs était arrêté par les forces de la Garde républicaine. Parmi eux, le général Amid Chaban, commandant de l'aviation pendant la guerre contre l'Iran, et le général Leith Mohamed, responsable adjoint du renseignement militaire. Ils n'approuvaient pas les plans d'invasion du Koweït.

En avril 1990, Saddam Hussein avait également procédé à une purge de l'état-major en excluant les officiers kurdes pour les remplacer par des membres de sa famille ou du clan de Takriti. Ainsi, le général Sabah Moraza, un Kurde, responsable de la sécurité du président, fut-il remplacé par le général Archad Tawfiq, le mari de Nawal, la sœur de Saddam Hussein. Certains officiers kurdes furent placés en préretraite, d'autres arrêtés, d'autres exécutés. Certains ont pu s'enfuir, notamment en Turquie et en Syrie.

De véritables commissaires politiques de l'armée dépendant du général Monder Abdherramanne, membres du parti Baas, sont chargés de contrôler dans chaque unité l'état d'esprit des cadres. Ils doivent y déceler à tout moment, avec la sécurité militaire, les signes précurseurs d'une possible révolte contre Saddam Hussein. Ils reçoivent en plus de leur solde des primes et de nombreux avantages. Des tribunaux spéciaux, baptisés Firaki Idam, siègent auprès des corps d'armées pour appliquer les décisions de Saddam Hussein, par exemple quand il s'agit de dégrader publiquement les officiers membres du parti Baas qui ont failli à leur tâche. Quand il visite ses troupes, Saddam Hussein ne l'annonce jamais à l'avance. Sa garde rapprochée, dirigée par Saddam Masid, lors d'une première inspection, vérifie si des armes ou des explosifs ne sont pas entreposés sur le parcours de Saddam Hussein ; ensuite, tous les officiers auxquels le dictateur de Bagdad doit serrer la main, par exemple lors d'une décoration, sont auparavant déchargés de leur pistolet.

Le général Hassan Nakib, ancien numéro deux de l'armée irakienne, vit en exil depuis plus de dix ans entre la Suède, Londres, Beyrouth, Damas et certains pays du Golfe. Pourchassé par les agents secrets irakiens qui veulent l'éliminer, certains voient en lui un possible successeur au dictateur de Bagdad à la tête d'un gouvernement d'union nationale. Cet officier général, très populaire au sein de l'armée, fut vite remarqué par la sécurité militaire et dénoncé à Saddam Hussein comme un traître à la solde des Anglais. En réalité il devenait un personnage trop influent au sein de l'armée et suscitait des jalousies dans l'entourage du clan militaire à Bagdad. Le président irakien donna des instructions pour faire empoisonner son père. Dans un témoignage recueilli par Michel Tauriac (*Le Point,* 21 janvier 1991), le général Nakib ne partageait pas le pessimisme des états-majors alliés vis-à-vis de l'armée irakienne : *Notre armée est dans un état déplorable,* explique-t-il à Michel Tauriac, *elle est à l'image de mon pauvre pays avec lequel je reste en contact permanent et j'en ai gros sur le cœur quand je pense à tous les anciens de ma promotion qui sont tombés au front et aussi à tous ceux que Saddam Hussein a fait exécuter parce qu'ils ne lui plaisaient pas, ou plus, parce que leur trop grande notoriété lui faisait ombrage.*

Un autre témoignage recueilli par Michel Tauriac, celui du colonel Ahmed Zeidi, ancien commandant d'une brigade pendant la guerre Iran-Irak : *Avant la bataille, avant chaque décision, l'officier tremblait car de l'issue des combats dépendait sa carrière, la plus petite percée des Iraniens et c'était la dégradation, voire l'exécution.* Il fait remarquer également l'incompétence des généraux et officiers du clan de Saddam Hussein. *Prenons le cas,* dit-il, *du général Sultan Takriti, un proche du dictateur. Sa division blindée, la 10e, avait été mise en déroute par les Iraniens et presque entièrement taillée en pièces, on aurait dû le traîner en conseil de guerre, au lieu de cela, relevé de son commandement et aux arrêts de rigueur pendant quelques jours, il est devenu ensuite chef d'état-major adjoint chargé des opérations de toute l'armée et à ce poste il a fait exécuter beaucoup de ses anciens officiers pour carence devant l'ennemi.* Quand on lui fait remarquer que l'aviation irakienne a pour avantage d'avoir pu s'entraîner au feu pendant huit ans, le colonel Zeidi répond : *Nous dominions le ciel et pourtant tous nos avions ont été abattus par des avions iraniens alors que tous les avions perdus par l'ennemi ont été descendus par notre DCA, nos pilotes particulièrement chouchoutés, soldes de 25 % plus élevées, cadeaux en nature au moindre succès (j'en connais par exemple qui ont reçu jusqu'à dix voitures pour avoir participé à dix bombardements), sont aussi particulièrement menacés par les agents du parti au sein des unités. Les familles sont obligées de vivre à la base et, en cas d'incartade grave, le pilote, sa femme et les enfants sont exécutés, ce qui s'est passé bien des fois pendant la guerre contre l'Iran.*

L'opacité qui entoure l'armée irakienne empêche de savoir exactement tout ce qui se passe dans un pays où les mutations, permutations et assassinats d'officiers supérieurs sont monnaie courante. Ainsi, il sera difficile aux officiers de renseignements occidentaux de vérifier, dès le début de l'invasion du Koweït, des informations parvenues d'Irak selon lesquelles une centaine d'officiers auraient été exécutés parce qu'ils condamnaient cette nouvelle opération militaire. Pourtant, des noms ont circulé dans les milieux du renseignement, notamment égyptien, celui du major général Kamal Abdul Sattar, celui du général de l'armée aérienne Saleh Mohammed Thaer, ceux des colonels Kazen Jawad, Mohammed Hussein, Ali Haschem. Le 25 janvier, l'agence « indépendante » soviétique Interfax, citant une source proche du ministère soviétique de la Défense, affirmait que

Saddam Hussein aurait fait exécuter les commandants de l'armée de l'air et de la défense antiaérienne irakienne après le premier bombardement de l'aviation alliée. Cette information de source soviétique pourtant proche de la hiérarchie militaire de l'Armée rouge est aujourd'hui démentie. Ainsi le vice-amiral Mike Mac Connel, qui s'occupe du renseignement à l'état-major des troupes alliées, a affirmé, lors du cessez-le-feu, que ces deux officiers avaient été vus à Bagdad après la publication de ces informations.

Le 8 novembre, le chef de l'état-major de l'armée irakienne, le général Nizar Abdel Karim al-Khahzi, quittait ses fonctions selon le journal *Al Quadissiah,* l'organe de l'armée irakienne. Selon les services de renseignements syriens, quelque temps plus tard, cet officier supérieur aurait été exécuté sur ordre de Saddam Hussein. Il est impossible de vérifier encore aujourd'hui cette information. Tout ce que l'on sait, c'est que cet officier supérieur s'était opposé à Saddam Hussein lorsque ce dernier avait voulu déplacer au Koweït deux cent cinquante mille réservistes. Certains officiers de l'armée de l'air ont-ils essayé de se rebeller en pleine guerre du Golfe ? C'est ce qu'affirme le général Norman Schwarzkopf, le commandant en chef des forces alliées dans le Golfe : « Les pilotes irakiens ont tenté de bombarder le palais de Saddam Hussein avant de faire défection en Iran. » On est sans nouvelles également du colonel Nawal al-Tikrit, le fils de l'ancien ministre irakien de la Défense, exécuté par des agents du parti Baas en 1980, et qui était considéré comme l'un des officiers les plus brillants de l'armée irakienne. Sa disparition est d'autant plus surprenante qu'il faisait partie du clan proche de Saddam Hussein.

Selon une lettre confidentielle éditée à Londres par des opposants Al Jadeed al Tayar, dix-sept pilotes de l'armée de l'air auraient été exécutés à la suite de tentatives de coup d'État en 1990. La sécurité militaire aurait mis à l'écart cinq généraux avant la guerre du Golfe : Saad Resiam, Hussein Zahi, Hussein Haddam, Ridha Hashim et Kanaen Khorsheed.

Ces exécutions, sanctions, arrestations et mutations constantes dans l'armée irakienne ont rendu difficiles les évaluations des états-majors occidentaux. Les alliés cherchaient à connaître l'organisation réelle des forces terrestres, leurs missions et leurs chefs. Preuve supplémentaire de la méfiance de Saddam vis-à-vis de ses généraux : il avait fait regrouper dans les abris de la présidence les familles de ses officiers supérieurs, officiellement pour les mettre à l'abri, en réalité pour exercer une pression sur les généraux qui auraient été tentés de ne pas appliquer les ordres.

Le 17 janvier, avant les hostilités, les forces terrestres irakiennes*, fer de lance de l'armée de Saddam Hussein, étaient en principe composées de sept états-majors de corps d'armée (CA) et de quarante-quatre divisions :

1er CA à 6 divisions (27e, 34e, 36e, 39e et 44e DI, 4e D Méca) ; stationné en région nord (Kurdistan) sous le commandement du major général Sultan Hachem Ahmed et du général Aja ;

2e CA à 6 divisions (16e, 21e, 22e, 28e et 17e DI, 17e DB) ; stationné dans le secteur central sous le commandement du général Yalcin Omar et du général Abdel Mohamed ;

3e CA à 10 divisions (2e, 8e, 11e, 19e, 30e, 41e et 42e DI, 5e D Méca, 3e et 6e DB) ; stationné dans la région de Bassora, sous le commandement du major général Saleh Abou Mahmoud ;

4e CA à 5 divisions (18e, 20e et 29e DI, 1re D Méca et 10e DB) ; en réserve dans la zone est de Mizan sous le commandement du général Mohammed Abd el Khader ;

5e CA à 8 divisions (7e, 23e, 24e, 33e, 38e, 40e, 45e et 46e DI) ; stationné dans la région nord ;

6e CA à 5 divisions (25e, 31e, 32e et 35e DI, 12e DB) ; stationné dans le secteur est de Tigris sous le commandement du major général Yaljin Omar Adil ;

7e CA à 4 divisions (14e, 15e, 26e DI et 37e Division de défense côtière) ; commandé par le général Saadi Touma el Jibouri ;

1er corps d'armée spécial (Force « Dieu est grand »), unité de marche formée de divisions détachées des autres CA.

La Garde républicaine (ou garde présidentielle) : corps d'élite blindé de réserve générale fort de 2 DB, 3 DI et d'1 division de Forces spéciales (99e).

Après trois semaines de bombardements intensifs, quel était l'état réel des divisions irakiennes ? Pour le savoir, avec une faible marge d'erreur, le général américain Thomas Kelly fera effectuer une étude sur les résultats de la tactique irakienne.

L'Irak avait été instruit des techniques de camouflage par des conseillers militaires et des ingénieurs soviétiques installés en Irak. Ces hommes auraient même reçu, depuis l'invasion du Koweït, des offres financières mirifiques de la part du gouver-

* Voir annexes page 265.

nement irakien, pour ne pas rentrer en URSS et se mettre au service de l'armée de Bagdad.

L'Irak disposait de faux chars, de faux missiles qui émettaient des échos radar et des signaux thermiques susceptibles de tromper les satellites chargés de la détection de la mise à feu des missiles irakiens. Ces leurres défensifs, que l'Irak avait dissimulés un peu partout, étaient alimentés par de simples groupes électrogènes, avant chaque attaque de missiles Scud. Ce qui brouillait les informations des avions Awacs.

Plus encore, les Irakiens avaient même peint des trompe-l'œil sur certaines pistes d'aéroports et sites stratégiques pour simuler des dégâts importants et éviter de nouveaux raids aériens.

Dès le 3 février, en fait, les bases aériennes d'Arbil, de Bagdad, Choueiba, Kirkouk, Al Nassiriyah avaient été pratiquement détruites. Lors de la destruction de ces sites, la plupart des radars de surveillance et d'acquisition de l'armée de l'air irakienne étaient anéantis.

Les bombes utilisées pour la détérioration des autoroutes, routes et pistes d'aéroports irakiens étaient pour la plupart des bombes françaises, baptisées Durandal. Ces dernières sont programmées pour éclater à retardement, de manière à prolonger la destruction des infrastructures.

Les avions Tornado britanniques avaient lâché sur les pistes d'envol irakiennes des bombes en grappes qui martelaient le béton, créant des cratères, en théorie irréparables, car parsemés de mines. Néanmoins, les Irakiens ont montré une capacité de reconstruction rapide ; la nuit certaines des pistes détruites étaient rebouchées, ce qui explique les bombardements répétés de ces mêmes objectifs par l'aviation alliée.

L'Irak avait acheté plus de 2000 bulldozers (dont 1000 à une firme japonaise) et de nombreux engins de génie, à l'URSS et au Brésil, pour être à même de creuser des abris souterrains, afin notamment d'y installer des pistes d'envol métalliques. Ces machines leur ont servi à reconstruire rapidement certaines pistes aériennes partiellement endommagées par les bombardements. Des produits caoutchouteux capables de combler les cratères et de sécher très vite avaient été acquis par l'Irak peu de temps avant la guerre. Les Irakiens ont eu aussi recours à des camions-ateliers mobiles qui permettaient de se rendre rapidement aux endroits à reconstruire.

Le 24 février, la grande bataille terrestre prenait à contre-pied les troupes irakiennes. Près de 250000 hommes de troupe représentant huit divisions américaines, britanniques et françaises, étaient engagés dans cette manœuvre secrète de contournement à travers les déserts du sud de l'Irak. Les chars de la 3e division blindée américaine surprenaient par-derrière les unités d'élite de Saddam Hussein. Quand les premières troupes américaines surgissent, les canons des chars soviétiques T-62 de la Garde républicaine sont pointés dans la mauvaise direction : « Au fur et à mesure que nous débordions leurs positions, on voyait des types debout qui ne bougeaient pas, ils ne se rendaient pas compte de ce qui se passait », a raconté à un journaliste de l'agence Reuter le capitaine Richard Turner, dont la compagnie avait détruit 40 blindés. La plus grande confusion régnait, témoignait de son côté un canonnier d'un char américain M1A Abrams, qui s'est retrouvé en pleine nuit dans les dunes entre deux véhicules blindés irakiens en même temps qu'il tirait sur un char soviétique T-72.

Cette extraordinaire manœuvre d'encerclement, la plus importante jamais menée depuis la Seconde Guerre mondiale, avait commencé le dimanche à l'aube. Des dizaines de milliers de véhicules avaient franchi la frontière saoudienne pour pénétrer en Irak. La colonne était longue de 85 km. Les troupes alliées avaient progressé tous feux éteints en prenant bien soin de suivre les mêmes traces afin d'éviter les champs de mines. Tous les soldats étaient vêtus de leur protection chimique.

Le 26 février, dans l'après-midi, les hélicoptères Apache et les avions « tueurs de chars » étaient également entrés en action. Mais l'état-major dut interrompre cette couverture aérienne, parce que la 3e division blindée se trouvait au beau milieu d'unités irakiennes en fuite.

A plusieurs reprises pendant leur avancée dans le désert, les opérateurs des chars américains ont été troublés par des signaux inconnus sur leurs écrans de contrôle. Il s'agissait en fait de chameaux égarés parmi les tanks !

Dans les bunkers de la Garde républicaine, après les combats, les soldats alliés ont découvert des plans de bataille montrant que l'état-major irakien s'attendait bien en fait à une attaque par le sud. Le piège du général Schwarzkopf venait de se refermer définitivement sur les troupes de la Garde républicaine. La débâcle irakienne sera telle que l'une des unités du 18e corps, la 111e division d'assaut aéroportée, avec ses 300 hélicoptères de transport lourd Chinook, est parvenue dans le désert irakien à 238 km de Bagdad. Elle aurait pu sans risque se diriger vers la capitale irakienne, alors même que l'état-major à Bagdad ne s'était pas rendu compte de la présence de troupes alliées aussi loin à l'intérieur du pays.

Les armées de la coalition anti-irakienne venaient de gagner, grâce à leur supériorité technologique, mais surtout parce que l'armée irakienne ne croyait plus à la victoire.

Cette armée avait soif, mourait de faim, et n'avait plus d'ordres ni de munitions. Les nombreux témoignages recueillis de la bouche des milliers de prisonniers irakiens par les officiers d'actions psychologiques alliés sont effarants.

Ainsi, dans de nombreuses unités de l'armée irakienne, les officiers se méfiaient tellement de leurs hommes de troupe, qu'ils confisquaient les munitions et ne les leur rendaient que pour les combats.

« La moitié de nos prisonniers portaient sur eux les tracts largués par les Américains, leur expliquant comment se rendre », raconte le général Roquejeoffre. Selon lui, « la faible résistance que nous avons trouvée en face de nous ne s'explique que par un niveau de moral au plus bas chez les combattants ».

Les officiers membres du parti Baas (parti unique au pouvoir) punissaient les soldats qui avaient conservé leur transistor. Des ordres étaient venus de Bagdad, demandant que les officiers confisquent tous les postes de radio individuels, pour éviter que les soldats irakiens ne soient au courant de ce qui se passait réellement autour d'eux.

En plein désert et pleine déroute, des officiers spéciaux de la sécurité militaire irakienne, baptisés Kwat al Khassa, avaient reçu comme mission d'intercepter les déserteurs et de les exécuter sur-le-champ.

L'un des secrets de la réussite extraordinaire de l'opération « Tempête du Désert » et du peu de résistance des troupes irakiennes réside aussi dans le fait que près de la moitié des officiers irakiens avaient fui avant la bataille et s'étaient repliés, laissant leurs hommes sans ordres.

Des milliers de prisonniers irakiens, interrogés par les officiers de renseignements de la coalition, ont recoupé cette information. Les soldats restaient enterrés dans leur trou avec un minimum de vivres et d'eau et sans aucun autre ordre que celui de demeurer sur place.

Après le largage des premiers tracts incitant les soldats irakiens à se rendre, les officiers de la sécurité militaire reçurent des instructions de Bagdad, leur demandant d'interdire le port de tout sous-vêtement de couleur blanche, pour éviter que les soldats irakiens qui désiraient se rendre s'en servent comme drapeau. Cette démoralisation des troupes expliquerait les désertions des équipages de l'aviation irakienne et l'on sait également aujourd'hui que si les hélicoptères irakiens ne sont pas apparus lors des combats, c'est parce que leurs équipages étaient rentrés chez eux depuis plusieurs semaines. Les troupes alliées trouveront même des hélicoptères sabotés délibérément sur place par les soldats irakiens.

Alors que tout le monde redoutait dès l'engagement des forces terrestres alliées que Saddam Hussein ne mît à exécution sa menace d'employer massivement des armes chimiques, comme il l'avait fait contre les troupes iraniennes et contre les populations kurdes, aucune force irakienne n'emploiera cette arme non conventionnelle, bien que les alliés aient retrouvé sur place des mines ypérites dans le sud du Koweït ainsi que diverses autres munitions chimiques.

Les troupes de la Garde républicaine étaient équipées sur place de lance-roquettes multiples et de missiles soviétiques Frog 7 à capacité chimique.

Début janvier 1991, pour les services de renseignement de la coalition anti-irakienne, il ne faisait plus de doute que Saddam Hussein avait déjà donné l'ordre à ses troupes d'utiliser des armes chimiques. Les stations d'écoutes alliées et les satellites d'interception électronique avaient capté des messages de commandements irakiens impliquant l'emploi des armes chimiques au début de l'offensive terrestre alliée au Koweït. Était-ce de l'intox ?

Les services occidentaux s'appuyaient sur les récentes photos prises par les satellites espions. Elles révélaient l'installation d'une vingtaine de centres de décontamination NBC (Nucléaire, Biologique, Chimique) de l'armée irakienne au Koweït et à Bassora. Cette présence d'experts irakiens en armes chimiques avait pour la première fois été décelée fin septembre par les satellites géostationnaires.

Selon les experts du CERM (Centre d'exploitation du renseignement militaire) à Paris, les Irakiens avaient installé leurs centres de décontamination les plus importants le long de la frontière du Koweït, juste derrière le deuxième échelon de leurs lignes de défense. Les services de décontamination irakiens pouvaient traiter en quelques jours plusieurs milliers de blindés, pièces d'artillerie ou véhicules militaires. Les unités de décontamination irakienne ont été formées par l'Armée rouge soviétique. Ainsi, leurs membres avaient appris à se prémunir contre des retombées... éventuelles en cas de vents contraires qui auraient ramené vers eux les vapeurs nocives ou mortelles.

Bien que les deux principales usines d'armes chimiques (celles de Samarra et de Salman Pak) aient été détruites à 80 % par l'aviation alliée, l'Irak avait, quelques semaines avant le début des hostilités, transporté plusieurs centaines de tonnes de produits toxiques cachés dans des bunkers souterrains au Koweït et en Irak.

Selon les appréciations des services alliés, ces armes chimiques auraient été particulièrement utilisées par le 3e corps d'armée stationné dans la région de Bassora et la 99e division des Forces spéciales de la Garde républicaine.

A titre d'exemple, selon les experts français du ministère de la Défense, « avec un stock d'une centaine de tonnes de tabun, les avions irakiens (en opérations classiques ou en opérations-kamikazes) pouvaient réaliser 150 à 200 missions au-dessus des forces alliées ».

L'Irak avait en effet adapté (avec l'appui de conseillers militaires de pays de l'Est) l'arme classique à ses avions Mig, Mirage F1 et Sukhoi. C'étaient des munitions chimiques embarquées dans des conteneurs largables qui avaient été utilisés par des Mirage F1 irakiens contre les Iraniens et les Kurdes.

L'Irak avait également adapté à cette guerre chimique des hélicoptères Super-Frelon dont certains étaient cachés au Koweït. Les alliés s'attendaient aussi à des opérations d'épandage de produits toxiques à partir d'hélicoptères vendus (dans le cadre d'un accord agricole !) par l'industriel allemand MBB. Pour les opérations-suicides, l'Irak aurait utilisé des avions légers d'entraînement suisses Pilatus PC 7 et PC 9 (une cinquantaine). Mais on faisait remarquer à l'état-major des armées que ces hélicoptères et avions-suicides auraient dû survoler les troupes alliées à basse altitude et subir le feu des défenses sol-air. La tactique irakienne aurait été donc vraisemblablement la suivante : s'en prendre en priorité aux unités isolées.

Les Irakiens possédaient aussi des missiles sol-sol Frog (de 70 km de portée). Moins connu que le Scud B, ce missile soviétique équipait principalement la Garde républicaine (une quarantaine de lanceurs).

Des camions de lanceurs de roquettes multiples (212 135) auraient été déployés au Koweït et le long de la frontière irakosaoudienne, selon les estimations du colonel Ahmad al Ruboyane, adjoint au chef de l'armée de terre saoudienne.

Bien qu'il soit relativement imprécis, le missile Frog 7 aurait été amélioré par les ingénieurs irakiens (nom de code SIGIL) et aurait pu faire des dégâts sur des troupes terrestres concentrées.

Ce missile Frog 7 était l'une des cibles privilégiées des avions américains et Jaguar qui pilonnaient la Garde républicaine.

Une inconnue : l'Irak disposait-il de missiles sol-sol SS 12 de fabrication soviétique ? Selon les services britanniques, la Libye aurait vendu, en 1984 et 1985, quatre à cinq rampes de lancement de SS 12 à l'Irak. Avaient-ils été adaptés avec une tête chimique ? Peu probable, mais les alliés ont interrogé à ce sujet les Soviétiques...

Sur le plan de l'artillerie, selon les militaires français, l'Irak disposait d'une artillerie équipée d'obus chimiques binaires (des composés organophosphorés non toxiques seulement quand ils sont séparés, mais qui le deviennent après le mélange pendant la trajectoire de la munition). Ces munitions chimiques pouvaient être lancées à partir de mortiers lourds (notamment soviétiques 160 mm M 1943). Dans les états-majors alliés on faisait cependant remarquer la difficulté d'emploi des obus classiques. La DGSE était très sceptique sur l'utilisation de ces armes.

Ainsi, pour obtenir une « dispersion » militaire réellement opérationnelle et meurtrière, il aurait fallu que les obus chimiques irakiens soient tirés à une centaine de mètres au-dessus des cibles alliées. Les services de renseignements occidentaux s'interrogeaient : l'Irak disposait-il, pour maîtriser cette option, d'altimètres barimétriques performants ? Il y avait quelques mois, les services irakiens avaient essayé de s'en procurer en Chine, au Chili (auprès de la firme Cardoen).

Les services secrets se demandaient si l'artillerie de Saddam Hussein disposait d'obus « air-burst » capables de disperser les gaz avec une capacité militaire significative.

Les obus fournis par la France (Luchaire), la Grèce (HAI EBA), l'Italie (SNIA), la Belgique (PRB) n'avaient pas cette capacité. Mais qu'en était-il des obus livrés par la firme allemande Miriden Chemik ? Ou ceux vendus par l'URSS ?

L'Irak disposait aussi du redoutable canon 65 (fabriqué par les Sud-Africains). Il pouvait tirer des obus de 155 mm à plus de 40 kilomètres.

Autre inconnue : pour obtenir des résultats militaires « probants », il aurait fallu que les explosions répandent les gaz irakiens dans l'atmosphère sans atteindre à de très hautes températures. En effet, cela aurait provoqué, selon les experts, une modification classique des gaz avant leur retour au sol. Pour contourner cet obstacle, il fallait donc de très bons experts en détonique.

L'Irak, en 1986, avait fait appel à des ingénieurs est-allemands dans le cadre d'un contrat de recherche signé par le Conseil supérieur de la recherche scientifique à Bagdad, dirigé par le Dr Mouhammad Najib Khalil.

Pourquoi l'Irak n'a-t-il pas utilisé ses armes chimiques, tant redoutées ?

Plusieurs explications sont avancées aujourd'hui dans les états-majors. Tout d'abord la météo aurait contrarié toute attaque chimique de la part de Saddam Hussein. En effet les vents contraires, dès le début de l'offensive, risquaient de rabattre sur ses unités tout épandage chimique. Par ailleurs les bombardements alliés avaient détruit une grande partie des dépôts de munitions chimiques à l'avant du dispositif militaire irakien. Or, la guerre chimique offensive nécessite de grandes quantités de produits. Les agents qui attaquent le système nerveux tels le tabun et le Sarin très toxiques se dissipent en moins d'une heure, ce qui nécessite des pilonnages soutenus des objectifs.

De plus, d'importantes quantités d'agents sont nécessaires pour obtenir des degrés de contamination mortelle sur une zone importante. Un obus contient moins de 10 livres d'agents chimiques dont seulement 15 % agissant au-delà d'un rayon de 20 mètres.

D'énormes quantités auraient été nécessaires à l'armée irakienne pour tenter une opération, qui, de toute façon, n'aurait pas eu les effets escomptés.

Par ailleurs, la rapidité et la mobilité de l'offensive alliée ont certainement joué un grand rôle dans la non-utilisation de ces armes chimiques.

Les généraux irakiens avaient pourtant reçu l'ordre d'utiliser de telles armes. Mais aujourd'hui, on admet dans les états-majors occidentaux qu'ils ne les ont pas appliqués. Le général Maurice Schmitt, le chef d'état-major des armées, donne son explication : « Saddam Hussein a donné l'ordre de les utiliser, mais ses généraux ont refusé, sachant qu'ils se mettaient en marge des engagements internationaux pris par leur pays, qu'ils auraient ainsi couru des risques et fait courir des risques à leurs propres troupes compte tenu des réactions qui n'auraient pas manqué. »

En France, le Centre d'exploitation du renseignement militaire (CERM), qui dépend directement de l'état-major des armées, avait envoyé secrètement à plusieurs reprises l'avion espion Sarigue (Système aéroporté de recueil d'informations de guerre électronique) aux confins du désert d'Arabie Saoudite. Ce quadriréacteur DC8, très discret, qui emprunte les routes commerciales en se faisant passer pour un avion de ligne, avait permis de procéder à des écoutes d'émetteurs irakiens et de localiser plusieurs radars. Ces éléments ont été utilisés pour dresser des « dossiers d'objectifs » en territoire irakien, notamment contre la Garde républicaine et les bunkers remplis de munitions *.

Mais tous les stocks de munitions chimiques ont-ils été détruits ?

En effet, Saddam Hussein avait délibérément fait enterrer son armée dans des abris dissimulés en divers points stratégiques de l'Irak. Des entreprises occidentales avaient réalisé les travaux moyennant de fortes compensations financières.

Ainsi, en juin 1982, la firme Six Construct a signé un contrat de 380 millions de dollars (12 milliards de francs belges au taux de change de l'époque) pour la construction, en deux tranches, de huit bases aériennes hyper-protégées. Nom de code : Projet 505. Quatre de ces bases étaient situées à l'est de Bagdad, le long de la frontière avec l'Iran : Tuz Khurmatu, Nahr al-Uzaym, Al-Havy et Qal'at Salih. Une cinquième, Tall Afar, au nord-ouest du pays à la frontière syrienne. Les trois dernières, Al-Lussuf, « Km 160 », et As-Salman, au sud, face à la frontière saoudienne.

Sur chacune de ces bases : douze abris pouvant contenir un ou deux avions. La construction de ces bases avait été sous-traitée par Six Construct à la société Nord-France (qui fait maintenant partie du groupe Pelège) et au Belge CFE. Six Construct aura finalement construit quatre bases (Tall Afar, Al-Lussuf, « Km 160 » et As-Salman) ; Nord France, deux autres (Al-Havy et Qal'at Salih) ; et CFE, les deux dernières (Tuz Khurmatu et Nahr al-Uzaym).

Des dizaines de firmes occidentales sont également intervenues comme sous-traitants. Voici les noms de celles qui ont

* Voir annexes page 283.

directement travaillé sur place : AIB (bureau d'études belge) — Caterpillar (terrassement) — Kühne & Nagel (transport) — Hilti (outillage) — Sika (additifs pour béton) — Gruau (base vie) — Cimolai (portes blindées pour hangar) — Intercamp (base vie) — Socosme (constructions métalliques) — Ruston (centrales électriques) — Luwa (filtrages NBC et protection antidéflagration).

Au total : 150 techniciens européens et 2000 ouvriers asiatiques ont travaillé sur ces chantiers entre 1983 et 1986.

Ces bunkers souterrains étaient suffisamment importants pour y recevoir des entrepôts de missiles et de kérosène. Ils étaient « durcis » pour résister à toute attaque nucléaire, bactériologique ou chimique. Les avions basés dans ces abris pouvaient entamer leur décollage sous terre, freins mis, poste combustion enclenché, plein pot, avant d'en sortir brutalement et de gagner les pistes, seul point vulnérable de ce dispositif ; mais cette position ultra-défensive de « cloporte » sophistiqué, comme le dira un général américain, comporte des inconvénients et sera l'une des causes de la défaite de Saddam Hussein. Comment résister, en effet, pendant des jours et des jours au pilonnage d'une aviation alliée maîtrisant totalement le théâtre aérien d'opérations ?

Le 28 février, cent heures après le début des combats terrestres, Saddam Hussein acceptait sans condition les douze résolutions de l'ONU et le cessez-le-feu. Le président Bush déclarait : « Le Koweït est libéré, l'armée irakienne est défaite, nos objectifs sont atteints, cette guerre est maintenant derrière nous, l'Amérique et le monde ont tenu parole. »

Il aura manqué cinq ans à Saddam Hussein pour parvenir à sa véritable ambition : s'introduire dans le club très fermé des pays maîtrisant les armes nucléaires, bactériologiques, chimiques, spatiales et balistiques, une course de vitesse aux armements les plus terrifiants dans une zone de Proche et Moyen-Orient déjà déstabilisée par des conflits régionaux incessants. Mais Saddam Hussein n'aura pas le temps d'abattre ses cartes secrètes. Quelques mois, quelques années de plus et nul doute que le conflit dans le Golfe eût pris un tragique tournant menaçant la paix du monde.

CHAPITRE VI

Au service secret de Saddam

Pour mettre sur pied le redoutable complexe militaro-industriel irakien, Saddam Hussein a privilégié des parents et quelques très proches collaborateurs, pour la plupart originaires, comme lui, de Takrit, du clan dit « des Takritis ».

L'homme clé du système, Hussein Kamel Hassan, est le propre gendre du dictateur irakien. Après avoir dirigé le corps des industries militaires jusqu'en juillet 1988, il devient ministre de l'Industrie et de l'Armement. C'est à ce titre qu'il contrôle le CIM (Corps des industries militaires). Structure décisive, créée en mars 1988, sur le modèle d'organismes soviétiques comme le GNTK (Commissariat au plan pour l'industrie), le CIM a pour vocation de « pomper » la technologie occidentale. Des conseillers soviétiques du GRU (Renseignements militaires) et du KGB se sont d'ailleurs penchés sur le berceau de cette efficace mécanique qui coiffe quinze entreprises d'État. Les missions du CIM ? Assurer l'approvisionnement en matériels militaires, développer l'industrie locale d'armements et utiliser son surplus de capacité industrielle à la réalisation de programmes civils.

Tout l'art du CIM consistera à transformer chacun de ses objectifs en une sorte de gigantesque puzzle. Il va s'en procurer les éléments, pièce par pièce, auprès d'une multitude d'entreprises en Europe, et à travers le monde. Seul le CIM connaît la finalité de chacune de ses opérations. La maîtrise d'œuvre est de son ressort exclusif et relève du secret d'État. Les industriels sollicités, que ce soit pour construire des éléments d'abri souterrain, pour fournir des machines, des pièces mécaniques, des substances chimiques ou autres, ne doivent pas deviner le but poursuivi. Pour ceux qui seraient plus curieux, plus perspicaces ou réticents, des moyens de persuasion plus alléchants sont prévus pour calmer leurs états d'âme.

Hussein Kamel est secondé dans sa tâche par Raja Hassan Ali, l'homme des missions secrètes à l'étranger. Une poignée d'autres fidèles l'assistent. A commencer par le Dr Sabaoui Ibrahim Altakriti, demi-frère de Saddam Hussein. L'homme a succédé à Fahdel Barak, l'ancien patron des services secrets, tombé en disgrâce, en 1989, pour une sombre histoire de pot-de-vin non reversé au parti Baas. Il faut encore citer un autre demi-frère du président irakien, Barzan Ibrahim Takriti, qui dirige la délégation irakienne aux Nations unies, à Genève. Ce diplomate très actif fut, auparavant, l'un des chefs des services secrets. Cinquième personnage essentiel du CIM, le général Amar Hamoudi al-Saadi a la responsabilité des contrats délicats qui contournent le Missile Technology Control Regime (MTCR). Signé le 16 avril 1987 par sept pays occidentaux (dont la France), le MTCR a pour objet la non-prolifération des missiles balistiques. Pour mener à bien sa mission, le général Amar Hamoudi al-Saadi a multiplié, ces dernières années, les contacts avec les Chinois, les Brésiliens, les Argentins et les Égyptiens. Du tous azimuts, comme les missiles.

Impossible d'atteindre de tels objectifs sans d'efficaces correspondants. Le CIM s'est donc appuyé sur quelques solides relais dans plusieurs capitales occidentales. Des hommes comme Ali Abdel Ghani, l'ancien ambassadeur d'Irak à Bonn, qui a supervisé, avec son homologue de Berlin-Est, la séduction, voire la corruption d'industriels allemands. Résultat : ceux-ci ont accepté de vendre à l'Irak les produits chimiques pour la production de gaz de combat. Divers réseaux commerciaux ont servi de couverture à ce viol d'embargo. Une toile d'araignée que les services occidentaux ont mis plusieurs semaines à démêler. Les mêmes méthodes ont été utilisées à Londres, par le Dr Safa al-Abadjiqui. A la tête de Technology and Development Group, cet Irakien a pu acquérir des obus et des matériels destinés à la technologie nucléaire de son pays.

A Paris, la mission commerciale de la rue du Général-Appert et le bureau militaire de l'avenue Foch œuvraient pour le CIM, sous la houlette du colonel Abdul Kalas Hassan et du lieutenant-colonel Hamid Hussein. Ces militaires avaient mis en fiche des sociétés françaises susceptibles de contourner l'embargo. Mais la DST et les douanes ont, depuis août, correctement veillé. Afin de convaincre les hésitants de tout pays de briser l'embargo,

Hussein Kamel disposait d'un trésor de guerre pour le versement de pots-de-vin en Suisse et au Luxembourg. Il s'est également beaucoup appuyé sur la succursale de la Banca Nazionale Del Lavoro (BNL) à Atlanta, dirigée par Chris Drogoul, un Français d'origine libanaise. Celui-ci a été arrêté par le FBI, le 4 août dernier, pour violation de la législation bancaire américaine. Il avait accordé abusivement 2,7 milliards de dollars de crédits à Bagdad, en se refinançant à très court terme auprès d'une quarantaine de grandes banques européennes, japonaises et américaines. Réservés à vingt-trois sociétés occidentales, ces fonds ont servi à l'achat d'armes et de matériels indispensables à l'industrie d'armement irakienne. La société allemande Aersted AG fabriquant des machines-outils figure parmi les bénéficiaires de ce pactole.

Alors que cette affaire doit bientôt déboucher sur un procès, les 2650 lettres de crédit ouvertes par la BNL en faveur de Bagdad pourraient étendre encore l'ampleur de ce qui apparaît de plus en plus comme un énorme scandale financier. D'autant que des mystères subsistent, parmi lesquels le suicide d'un ancien attaché militaire italien en Irak. La procédure judiciaire américaine pourrait aboutir à l'inculpation prochaine de Hussein Kamel et de Sadik Taha, le directeur général de la Banque centrale irakienne. Officiellement décédé à Londres en juin 1990, ce dernier pourrait, en réalité, s'être réfugié à Bagdad. Plusieurs autres hauts responsables irakiens pourraient être inculpés à leur tour par la justice américaine : Raja Assan Ali, directeur général du ministère de l'Industrie militaire, et Ahmed Al Doulaimi, sous-secrétaire d'État à l'industrie militaire.

Pièce essentielle du dispositif financier mis en place par le CIM, la BNL a encore participé au financement des recherches argentino-irakiennes sur le missile intercontinental Condor 2 et sur le supercanon, imaginé par la Space Research Corporation, à Bruxelles. Gerald Bull, l'ingénieur d'origine américaine qui avait conçu ce supercanon, a été assassiné le 22 mars 1990 en Belgique. Le Mossad israélien ne dissimule presque plus qu'il est l'auteur de cette exécution.

Bruxelles. Jeudi 22 mars 1990, 18 h 50. Un cabriolet Golf de couleur blanche conduit par une jeune femme brune s'arrête au pied d'un grand immeuble résidentiel. Adresse : 28, avenue François-Folie, Résidence Minerve. Un homme aux cheveux gris, massif et légèrement voûté, fait un signe de la main à la conductrice avant de s'engouffrer sous le porche. Seul dans l'ascenseur, il regagne comme tous les soirs son appartement, situé au sixième étage. A quoi pense-t-il à ce moment-là ? On ne le saura jamais. Le geste machinal vers son trousseau de clés est interrompu net par cinq balles de 7,65 mm tirées dans la nuque. Gerald Bull, ingénieur, s'effondre.

L'enquête de la police judiciaire ne donnera rien. Elle se contentera, une fois de plus, de constater administrativement que les activités de certaines personnes en dérangent d'autres. Interrogée, la jeune femme brune déclinera son identité et sa profession. Nom : Jamine, prénom : Monique, secrétaire, employée à la SRC International, 63, rue de Stalle, à Uccle..., etc. Ce que les inspecteurs belges noteront scrupuleusement sur leurs procès-verbaux fera très rapidement le tour de nombreuses chancelleries. Sous forme de messages cryptés, bien entendu.

A Londres, par exemple, les services de renseignements ne sont guère surpris. Ils décèlent aussitôt d'étranges similitudes avec plusieurs assassinats perpétrés au cours des années précédentes. Qu'on se souvienne du savant atomiste égyptien, Yahya el-Meshad, liquidé le 14 juin 1980 dans la chambre 9041 du *Méridien* à Paris. Ou encore de cet autre Égyptien, spécialiste des systèmes de guidage à micro-ondes, tombé mystérieusement du cinquième étage d'un immeuble, le 2 septembre 1989 au Caire... Le meurtre de Gerald Bull porte vraiment la marque des équipes du Komémiout, le redoutable service action du Mossad.

La SRC, ou Space Research Corporation, est un bureau d'études en armements spécialisé dans l'artillerie. Avec ses vingt salariés et ses filiales d'Athènes et de Genève, il n'est pas inconnu dans les fichiers des différents SR occidentaux. Depuis un certain temps déjà, ses numéros de téléphone (02-378 35 80 et 02-332 09 94) sont sur écoutes, ainsi que, plus récemment, son télécopieur (02-376 03 83). Quant à l'homme assassiné, les dossiers le concernant paraissent plutôt du genre prolixe... « Gerald Vincent Bull est né le 9 mars 1928 dans l'Ontario (Canada). Il reçoit un doctorat de mathématiques appliquées à l'université de McGill en 1948. Entre dans l'armée canadienne comme officier d'artillerie en 1952. » En quelques heures, dès le lendemain, on était fixé.

En fait, cet homme était le cerveau d'un invraisemblable montage clandestin permettant de doter l'Irak d'une arme hors du commun. Il s'agissait de la fabrication, en pièces détachées disséminées dans une demi-douzaine de pays, du plus long canon jamais réalisé depuis que l'artillerie existe. Une pièce gigantesque auprès de laquelle la Grosse Bertha de la Première Guerre mondiale (34 m de long, calibre 420 mm) aurait fait figure de naine. Une folie digne de Jules Verne destinée à assouvir la soif de puissance de Saddam Hussein dans ses fantasmes de réincarnation du grand Saladin, le libérateur de Jérusalem au temps des Croisades.

L'histoire de ce rêve d'artilleur mégalomane remonte à la fin des années 50. Passionné d'artillerie depuis l'adolescence, Gerald Bull est fasciné par le programme spatial du Pr Wernher von Braun, l'Allemand naturalisé américain de la conquête de l'espace. Ce programme recourait essentiellement à des missiles balistiques, en fait, de lointains dérivés du V2 allemand de 1944. En 1962, Gerald Bull, jeune professeur, enseigne la balistique et la mécanique à l'université de McGill de Montréal, au Canada. Il est convaincu que, malgré la vogue actuelle des fusées, le canon a encore de beaux jours devant lui.

Son idée fixe : réaliser un grand canon capable de placer en orbite de petits véhicules spatiaux destinés à la recherche scientifique. Il pense que les frais de lancement de tels satellites seraient infiniment moindres que les fortunes dépensées à Cap Canaveral pour lancer, au moyen d'énormes fusées à trois étages, des satellites de la taille d'un pamplemousse.

Sa conviction est si forte qu'elle emporte l'adhésion des spécialistes militaires canadiens et américains de l'époque. En 1960, Bull se met à travailler sur un programme conjoint canado-américain dénommé High Altitude Research Project (HARP). Ce projet est financé par le Pentagone et la NASA. Désormais, plusieurs millions de dollars seront consacrés à la conquête de l'espace grâce à un canon géant, comme dans Jules Verne ! En compagnie de son collègue américain Charles Murphy, un expert en balistique travaillant au centre de recherches de l'US Army dans le Maryland, Bull construira d'abord un gros canon expérimental de 30 m de long, constitué à partir de tubes de marine de 16 pouces (420 mm). Les premiers tirs sont un succès. D'ores et déjà il proclame son objectif : remplacer le premier étage des fusées classiques par un gros obus de plus d'une tonne et de 9 m de long, contenant lui-même une petite fusée à trois étages. Ce projet, baptisé Martlet 4, vise à placer en orbite un satellite de 90 kg. Bull explique à qui veut l'entendre que cette façon de procéder est beaucoup plus économique que les méthodes de la NASA, et que l'on peut ainsi « démocratiser » les lancements spatiaux. Pour ses expérimentations, il utilisait un champ de tir privé, situé dans une zone appelée Highwater, à la frontière du Québec (Canada) et du Vermont (ÉU). Il y a encore trois mois, les installations du projet HARP, laissées à l'abandon, étaient toujours un lieu de visite très apprécié de certains promeneurs curieux...

En 1966, des essais ont lieu sur une île des Bermudes : le nouveau canon HARP, d'un calibre de 424 mm, d'une longueur de 53 m (la hauteur de l'Arc de Triomphe) propulse verticalement une charge de 183 kilos à 1850 m/s de vitesse initiale jusqu'à une altitude de 143 km. Un record!

Un vote spécial du Congrès accorde à Gerald Bull la citoyenneté américaine. Pourtant, peu après cette prouesse technique, fin 1967, le projet HARP sera abandonné par les autorités américaines au profit des missiles. Derrière cette non-reconduction du financement promis : la véritable guérilla administrative que se livrent traditionnellement en coulisse l'US Air Force, favorable aux missiles intercontinentaux, et l'US Army, désireuse d'explorer l'alternative des canons.

Déçu, mais pas découragé pour autant, Gerald Bull décide de poursuivre les recherches avec des fonds privés. Le 5 décembre 1968, il crée, avec des chercheurs de l'université de McGill, la Space Research Corporation (SRC), domiciliée à Québec. Il réussit à obtenir un important financement, notamment de la famille Bronfman (dont l'un des membres, Edgar, est président du Congrès juif mondial). C'est l'époque où le projet intéresse vivement l'État d'Israël qui cherche un vecteur de longue portée pour ses armes nucléaires. Mais les moyens alloués par ses bailleurs de fonds n'étant pas suffisants, vu l'ampleur du projet, Bull se consacre à la mise au point d'un obusier de très longue portée, le G-5, de calibre 155 mm. Pour des raisons fiscales, Bull décide de transférer le siège de la SRC dans l'État du Delaware le 30 juin 1979. De nouveaux investisseurs, notamment sud-africains, lui permettent d'augmenter son capital.

Entre 1976 et 1978, Bull a travaillé exclusivement pour la société Armscor, de Pretoria. Peu connue du public, Armscor est une société d'État sud-africaine qui compte 23000 salariés (parmi lesquels de nombreux Israéliens recrutés sur une base contractuelle), auxquels il faut ajouter les 90000 salariés employés par les dizaines de sociétés sous-traitantes privées. Sous la houlette de son énergique patron, Piet Marais, Armscor a propulsé l'Afrique du Sud dans le peloton de tête des exportateurs d'armes mondiaux. Au moment où Bull livrait ses premiers « supercanons » à Bagdad, Armscor était déjà l'un des très gros fournisseurs de l'Irak.

Avec un capital de 2,1 milliards de rands (840 millions de dollars), Armscor faisait, en 1988, un chiffre d'affaires de 2,6 milliards de rands (un milliard de dollars). Depuis 1982, date de son arrivée sur le marché de l'exportation, le groupe a fourni des armes à vingt-six pays. Il est autosuffisant à 95 % dans la production d'armes tandis que les exportations représentent jusqu'à 60 % de ses ventes.

En 1980, Bull est condamné à quatre mois de prison ferme pour avoir fourni du matériel de guerre à l'Afrique du Sud, pays sous embargo depuis 1977, aux termes de la résolution 418 du Conseil de sécurité des Nations unies. Il purge sa peine dans un pénitencier de l'État de Pennsylvanie. Dégoûté par les États-Unis, Bull installe alors sa société à Bruxelles. SRC Belgium, qui a le statut de société anonyme belge, ouvre ses portes en 1982. C'est à ce moment précis que le long conflit Iran-Irak commence à offrir de fructueux débouchés aux marchands d'armes.

Les analystes font généralement remonter la course aux armements de l'Irak à la guerre contre l'Iran des années 80. En fait, la décision initiale de transformer le pays en arsenal remonte à 1974. Cette année-là, une directive secrète du Conseil de commandement de la révolution (CCR), organe suprême du parti Baas, invitait plusieurs ministères clés (Défense, Industrie, etc.) et leurs directions sectorielles (Pétrochimie, Nucléaire, etc.) à développer en priorité une capacité nucléaire, chimique et bactériologique, ainsi qu'une ébauche d'industrie aérospatiale.

Pour Howard Teicher, à l'époque spécialiste de l'Irak à la DIA (services secrets du Pentagone), tout remonte à cette impulsion initiale : le réacteur nucléaire d'Osirak, l'usine chimique de Samarra, les différents projets SAAD — bref, l'ensemble du complexe militaro-industriel tel qu'on le connaissait à la veille de l'opération « Tempête du Désert ». La première usine d'explosifs a été installée par les Russes entre 1976 et 1978. Entre 1979 et 1984, l'Irak a jeté les bases d'une industrie autochtone en développant à marche forcée — et grâce à la manne des pétrodollars — tout un tissu industriel orienté vers les objectifs issus de la directive de 1974. Nucléaire avec la France — mais aussi l'Italie et la Belgique —, électronique également avec la France (Thomson-CSF), chimique avec la Belgique et l'Allemagne... Ce livre ne suffirait pas à dresser la liste des projets à usage militaire et des entreprises de toutes nationalités qui y ont participé.

Les spécialistes de l'industrie d'armement se sont émerveillés de l'efficacité avec laquelle l'Irak a pu maîtriser en si peu de temps la constitution d'un potentiel militaire aussi extravagant. Il faut reconnaître à Saddam Hussein un certain flair dans le choix de ses exécutants : en 1986, il confiait la haute main des projets d'armement à son gendre, Hussein Kamel — un professionnel du renseignement — qu'il nommait à la tête d'une organisation dénommée SOTI (State Organization for Technical Industries). Les adjoints de Kamel étaient de brillants cerveaux formés aux meilleures écoles occidentales : le général Amer Rachid el-Obeidi, ingénieur électronicien, et le général Amer Hammoudi el-Saadi, un chimiste jouissant d'un certain avantage : il possède par sa femme la nationalité allemande. Obeidi avait été à l'origine du gros contrat de Thomson, dit *SAAD 13* : une usine d'électronique de pointe située près de Takrit, la ville natale de Saddam. Au milieu des années 80, cette usine employait 250 ingénieurs français. Pour rester dans le grandiose, elle a été baptisée « Compagnie Saladin » en 1989. Quant à Amer Hammoudi, on lui doit à la fois les usines d'armes chimiques, les unités de production de missiles Scud améliorés et... le supercanon de Bull.

En 1987, Saddam est tellement impressionné par les performances du trio qu'il décide de créer un « ministère des Industries militaires » (MIM) qui regroupe le ministère de l'Industrie et des Hydrocarbures et la SOTI. Kamel est nommé à la tête de ce ministère tentaculaire. Il prend Obeidi comme vice-ministre.

A la veille de la guerre du Golfe, de nombreux modèles de missiles étaient en développement en Irak avec l'aide d'ingénieurs et de techniciens étrangers. L'existence de la plupart de ces systèmes d'armes techniquement avancés a été révélée lors de la première exposition internationale de matériel d'armement qui s'est tenue à Bagdad du 28 avril au 2 mai 1989. Dans la brochure *, distribuée gracieusement aux visiteurs, on pouvait lire ce texte édifiant :

« *Cher Invité,*

A l'occasion de l'exposition internationale de Bagdad pour la production militaire, tenue sur le thème de “ *L'équipement de*

* Voir annexes page 288.

défense pour la paix et la prospérité ", nous avons l'honneur de nous présenter et de confirmer que nous sommes prêts à partager avec vous notre expérience dans le domaine des technologies de production militaire. Nous vous remercions pour votre coopération et vous souhaitons un joyeux séjour à Bagdad, la ville du soleil et des palmiers. Nous espérons vous revoir ! »

Signé : « *Comité de l'exposition internationale de Bagdad pour la production militaire.* »

Il faut signaler que la participation française à cette foire-exposition était massive : 33 sociétés regroupées dans 25 stands (Aérospatiale, Alkan, Avions Marcel Dassault, Barracuda, Crouzet, CSEE, Elno, Euromissile, GLAT, Lacroix, Luchaire, Matra, Merlin-Gérin, Renault Véhicules Industriels, Sagem, SATT, SNPE, Sofma, Thomson-CSF, TRT, Saphyr)... Les Britanniques étaient représentés par dix-sept sociétés, l'Italie, par seize, le Brésil, par dix... Les autres exposants étaient principalement l'Égypte, le Pakistan et les pays d'Asie du Sud-Est (Singapour et Corée du Sud), la Tchécoslovaquie, le Chili, la Grèce... et bien d'autres de moindre importance. Bref, au total, près de 140 exposants de 28 pays se pressaient au portillon pour promouvoir leur quincaillerie meurtrière.

Dans le pavillon britannique, la SRC de Gerald Bull avait un stand (sponsorisé par la firme Astra Holdings, maison mère des Poudreries Réunies de Belgique) et l'on pouvait y remarquer une maquette au 1/30e du supercanon Babylone. Curieusement, personne ne semble avoir fait attention à ce détail.

Grâce aux transferts de technologie, les ingénieurs irakiens avaient pu mettre au point pas moins de neuf programmes de missiles. Leurs noms : Al-Faw, Al-Abed, Tammuz 1, Al-Fahd SR, Al-Fahd MR, Badr 2000, Baraq, Kassir et Nissan. Les dérivés irakiens du Scud, qui ont été tirés contre l'Arabie Saoudite et Israël, portent les désignations Al-Abbas (800 km de portée) et Al-Hussein (500 km). Au début de la guerre, l'Irak possédait plus de 500 Scud modifiés et 36 lanceurs mobiles fournis pas la firme suédoise Saab-Scania.

Dans le domaine de l'artillerie, la plupart des améliorations avaient été apportées par des ingénieurs de la SRC. Outre les 100 G-5 et les 200 GHN de 155 mm, dessinés par Bull et respectivement fournis par Armscor (Afrique du Sud) et Noricum (Autriche), une grande partie des canons soviétiques et chinois de l'arsenal irakien avaient été revus et corrigés par les techniciens de Bull. Exemple : les canons de T-55 recalibrés en 125 mm à âme lisse ou les obusiers chinois D-46, recalibrés de 130 mm en 155 mm. A cela, il faut ajouter les splendides obusiers automoteurs Majnoon (155 mm) et Al-Fao (210 mm)... dont les châssis étaient fabriqués en Espagne par Trebelau SA et les canons par l'entreprise française Creusot-Loire. Le financement du projet était assuré par la Banca Nazionale Del Lavoro.

Mais c'est en 1988 que Gerald Bull va décrocher le gros lot. Au mois de janvier, un contrat-cadre est signé entre la SRC et le ministère irakien de l'Industrie et de la Pétrochimie. L'interlocuteur de Bull du côté irakien est le propre gendre de Saddam Hussein, Hussein Kamel. Ce contrat porte sur la conception, la fabrication, la livraison et l'installation d'une série de supercanons, directement inspirés du projet Harp des années 60.

Nom de code de l'opération : « Projet Babylone. » La phase 1 du contrat comprend la fourniture de deux canons. D'abord un prototype de 350 mm (56 m de long) monté sur rail. Ce prototype dit S-350 doit servir de test au futur canon géant d'un calibre de 1 000 mm (un mètre de diamètre !). Le chef de projet est un ingénieur britannique d'une cinquantaine d'années, Chris Crowley. Il est spécialement chargé de contacter les fournisseurs et sous-traitants capables de produire dans la plus grande discrétion les éléments inhabituels du Projet Babylone. Pour ce faire, il remet des plans très détaillés à des entreprises de métallurgie lourde en leur disant qu'il s'agit d'éléments de tuyauterie destinés à un vaste projet pétrochimique.

En avril 1988, il se présente dans les locaux de la société Walter Somers, filiale du groupe britannique Eagle Star, dont les forges se trouvent dans le comté des West Midlands. Après une longue discussion technique avec Rex Bayliss, directeur de la société, le premier contrat de sous-traitance est signé. Objet de la commande : cinq tubes de 10 m de long en acier spécial, très épais, et d'un diamètre interne de 350 mm. La grande précision des spécifications intrigue Bayliss, qui fait part de ses doutes au député conservateur du district, sir Hall Miller. Il faut rappeler que la Grande-Bretagne avait décrété en 1985 un embargo sur l'Irak. Ce dernier prévient aussitôt le Foreign Office, le ministère de la Défense et le service de contre-espionnage.

Fin de l'aventure ? Pas du tout. Les tubes sont fabriqués normalement et le Department of Trade and Industry, administration britannique chargée notamment du contrôle des exportations, donne son feu vert à Walter Somers. Un télex en date du

18 août 1988 accorde expressément à l'entreprise le droit de livrer les tubes à l'Irak. Le commerce a ses raisons que la politique ignore parfois...

Le 25 février 1989, un Iliouchine II-76 de l'armée de l'air irakienne vient prendre livraison de trois de ces tubes à l'aéroport de Manchester. Dans le registre de la tour de contrôle, ce vol très inhabituel sera répertorié comme « vol spécial IA 14707 ». Rien de plus. Deux autres tubes quitteront le Royaume-Uni de la même manière deux semaines plus tard.

Pourquoi transporter des pièces aussi lourdes et encombrantes par avion ? C'est la question que se poseront par la suite les enquêteurs des douanes britanniques qui saisiront d'autres tubes du même alliage sur un dock de Teesport. La réponse à cette question est capitale.

Saddam Hussein tenait absolument à faire valoir les capacités technologiques de l'Irak à l'occasion de l'exposition militaire de Bagdad fin avril. Bull lui avait promis que le prototype du canon de 350 mm serait disponible d'ici là. Une longue enquête m'a permis de découvrir que non seulement ce prototype a été installé en Irak, mais surtout qu'il a bel et bien fonctionné au cours d'un tir d'essai réussi en mars 1989 !

Une source proche de Gerald Bull, qui vit quelque part en Europe sous une fausse identité — suite à des menaces sur sa vie —, m'a livré quelques informations confondantes. Voici sa version : « L'avion irakien a volé directement de Manchester à Mossoul, au nord de l'Irak. Les tubes ont été déchargés par des camions de l'armée puis ils ont été installés sur une base secrète à l'est de la ville. C'est Bull lui-même qui a dessiné les plans de cette base, avec l'emplacement des radars et des missiles antiaériens... J'ai encore en mémoire les croquis du polygone de tir. Il s'agissait d'une voie ferrée avec les tubes du canon soutenus par des bogies de chemin de fer. Je n'étais pas sur place au moment du tir mais je sais que le canon était programmé pour tirer à l'horizontale, la distance parcourue par les bogies en marche arrière permettant de mesurer précisément la force du recul. Les obus de 350 allaient se ficher dans une grosse dune de sable à quelques kilomètres de là. Cela nous permettait d'examiner l'état des obus et de vérifier le degré d'usure des sabots — c'est-à-dire la gaine protectrice. »

Pour comprendre la nature de ce canon invraisemblable, il faut expliquer que l'obus prévu n'était pas un obus classique, mais une sorte d'obus-flèche comme en utilisent les chars du type

T-72 soviétique ou Abrams américain. Mais la grande différence avec les obus de char (conçus pour percer des blindages) résidait dans le fait que la flèche du projectile imaginé par Bull était en fait un petit missile balistique avec son propre système de propulsion. Ce missile miniature était enveloppé d'une gaine d'aluminium (le sabot) qui se détachait au début de la trajectoire. La flèche était ensuite supposée gagner la haute atmosphère, propulsée par un moteur à poudre, et décrire ainsi une courbe de plusieurs centaines de kilomètres dont le sommet échappait plus ou moins à l'attraction terrestre. En outre, à une telle altitude, le projectile échappait aussi à la résistance de l'air : d'où sa très grande portée.

Ce que mon interlocuteur ne m'a pas dit, j'ai pu le reconstituer auprès d'autres sources — et notamment dans le milieu des enquêteurs britanniques chargés du dossier. J'ai appris de la sorte que les premiers tirs n'avaient pas été parfaits. Le point faible du système résidait d'une part dans les jointures des tubes, soumis à des pressions colossales, d'autre part dans les sabots en aluminium, trop friables.

C'est la raison pour laquelle, durant l'été 1989, les équipes de Bull (et notamment son fils, Michael) ont sillonné la Grande-Bretagne à la recherche de PME de haute technologie capables de contribuer à l'amélioration du canon et du projectile. Inutile de dire que, dans tous leurs déplacements, les hommes de la SRC étaient suivis de près par des membres des services secrets irakiens aux poches remplies de billets... Les instructions du général Amer el-Saadi à Gerald Bull étaient claires : « Si les entreprises que vous visitez ne veulent pas coopérer, achetez-les ! » C'est ainsi que plusieurs entreprises britanniques ont été acquises en sous-main par les Irakiens, le cas le plus connu étant celui de la fabrique de machines-outils à commande numérique Matrix-Churchill *. C'est en voulant enquêter sur une installation de Matrix-Churchill en Irak que le journaliste britannique de l'*Observer,* Farzad Bazoft, a été arrêté et pendu pour espionnage !

Cette firme a été acquise pour 9 millions de dollars par une société-écran irakienne, basée à Londres, TMG-Engineering, dirigée par les agents de Hussein Kamel en Grande-Bretagne : Safad Jawad al-Hagogi et Fadel Jawad Khaddum. Ces deux hommes étaient également en liaison, depuis octobre 1988, avec

* Voir annexes pages 309 à 311.

Christopher Drogoul, directeur de la BNL d'Atlanta. Un petit monde... L'objectif de cette acquisition était, pour les Irakiens, de pouvoir disposer de machines de pointe pour améliorer les missiles Scud B et fabriquer en Irak les obus du supercanon de Bull.

En juillet 1989, les ingénieurs de la SRC se rendent auprès de la société Destec, dans le Lincolnshire, pour améliorer la qualité des quatre joints étanches placés au point de contact des cinq tubes du canon expérimental. Le problème sera réglé à l'automne après trois séjours en Irak des spécialistes de cette firme. Là encore, aucun problème avec les autorités britanniques. Officiellement, il s'agit de travaux sur une installation pétrochimique.

Reste le problème des sabots. Bull contacte la société Darchem, PME de pointe installée à Hutingdon, près de Cambridge. Là, les ingénieurs de la SRC placent une commande de pièces moulées en fibre de carbone : un matériau composite de très haute résistance utilisé en priorité dans l'armement. Les techniciens de Darchem examinent les plans de Bull. Il s'agit de fabriquer des demi-cylindres munis de gros bourrelets aux extrémités. Le diamètre extérieur de ces bourrelets doit être très exactement de 350 mm. L'un des techniciens de la firme s'enquiert alors de l'usage final de ces pièces. Échange de regards entendus entre les ingénieurs de la SRC : « Il s'agit de gaines destinées à protéger les trépans de forage pétrolier. » Pour quel pays ? Réponse : « L'Irak. »

— Pas de problème ! répond-on chez Darchem.

Pourtant, cette fois, la demande de licence d'exportation va entraîner un refus catégorique du Foreign Office. Pour le fonctionnaire chargé de l'Irak, la requête de Darchem paraît douteuse. Il demande l'ouverture d'une enquête.

Bull et les Irakiens ne se découragent pas pour autant. Puisque Darchem ne veut pas fabriquer pour eux, ils auront leur propre usine. Avec l'argent des Irakiens, Bull tente alors de racheter une entreprise *high-tech* de Belfast, en Irlande du Nord : la société Lear Fan. Cette société britannique est réputée dans les milieux de l'aéronautique pour avoir produit le premier avion d'affaires entièrement moulé en matériaux composites. Une technologie d'avant-garde qui permet également de produire des cônes de missiles balistiques de haute précision. Les services secrets britanniques sont maintenant pleinement au courant des activités de Bull. Ils décident de tout faire pour empêcher discrètement le rachat de Lear Fan par les Irakiens.

A partir de l'automne, les Israéliens commencent eux aussi à prendre très au sérieux la menace que représente le Projet Babylone. L'antenne du Mossad à Bruxelles est chargée de surveiller de très près l'avancement des travaux au bureau d'études de la SRC. Et même — si possible — d'y infiltrer une « taupe ». On ne connaîtra sans doute jamais le fin mot de l'histoire.

Toujours est-il que, quelques mois plus tard, une goutte d'eau va faire déborder le vase... Les Israéliens ont réussi, à force de recoupements divers, à voir le danger du « supercanon » se préciser. Peut-être ont-ils eu connaissance de l'un des rapports d'activité que Bull envoie régulièrement à ses commanditaires de Bagdad. Ces rapports, brochés sous une couverture bleue, portent simplement la mention : « PROJECT BABYLON/ SITUATION REPORT. » J'ai pu avoir connaissance de l'un d'entre eux, datant du mois de janvier 1990. Dans un court paragraphe, au détour de considérations très techniques sur des détails de mécanique ou d'hydraulique appliquée, il est indiqué que « ... le programme de tir d'essai à l'horizontale est maintenant bouclé. Après quoi les tubes vont être démontés, inspectés et transportés sur le *site incliné* ». Ces deux derniers mots font clignoter tous les voyants à Tel-Aviv.

Après examen détaillé de photos prises par un satellite espion, les Israéliens découvrent avec angoisse que le « site incliné » en question est une excavation creusée à flanc de montagne dans une vallée isolée et très encaissée de la région de Badji (Kurdistan irakien). Cette excavation est en fait une longue saignée, inclinée à 45°, et dont l'axe horizontal vu du ciel (azimut) est orienté nord-est-sud-ouest. Si, sur une carte du Proche-Orient, on prolonge cet axe d'un trait rectiligne, le trait arrive droit sur Tel-Aviv. Pour peu que le tube du canon soit ensuite recouvert d'une épaisse couche de terre sur toute sa longueur et que seul affleure, au ras du sol, un orifice de 350 mm, Saddam pourra bombarder Israël en toute impunité. Il est déjà difficile de détruire une rampe de lancement. S'il s'agit d'un canon enterré dont l'embouchure est dissimulée sous un filet de camouflage, la tâche devient quasiment impossible.

En fait, Bull cherchait à vendre à l'Irak un canon susceptible de lancer des obus à charge chimique ou bactériologique. Les documents saisis lors de la perquisition effectuée à Bruxelles après la mort de l'ingénieur, dans les locaux de sa société, sont également très évocateurs des recherches qu'il effectuait vraisemblablement pour le compte de Bagdad. Sa société était entrée en contact, par l'intermédiaire d'une firme suisse, avec des industriels d'Irlande du Nord spécialisés dans la fabrication de machines-outils destinées à l'usage de pièces en aciers spéciaux de grandes tailles. Par ailleurs, des systèmes de réfrigération avaient également été commandés à une entreprise norvégienne, sous couverture commerciale d'une société de recherche pétrolière, mais selon les experts, la taille de ces tubulures et leur hauteur ne correspondaient pas aux normes utilisées généralement dans la pétrochimie. D'autres documents montrent que des aléseuses devaient être commandées à une société japonaise. Il s'agit d'engins de très haute technologie, comparables aux matériels que les Soviétiques cherchaient, il y a quelques années, à se procurer notamment en France et au Japon afin de fabriquer des hélices silencieuses pour leurs sous-marins, d'où l'idée émise dans certains cercles des services de renseignements ayant enquêté sur l'affaire Bull, que ce dernier travaillait également sur un lanceur terrestre de satellites, un engin de 400 mètres de longueur, pouvant utiliser de l'hydrogène comprimé et maintenu à très faible température, destiné à remplacer la poudre généralement employée pour obtenir la propulsion.

Le Projet Babylone, rêve dément d'un génie méconnu de la science balistique, prendra fin le 22 mars 1990 à la sortie d'un ascenseur. Définitivement. A l'annonce de l'assassinat de Bull, Saddam Hussein, dans un discours officiel à Bagdad, rendra hommage « à cet ami de l'Irak tué par des sionistes ».

Missiles à vendre

Une très discrète société suisse, Consen, a été très largement utilisée par les services secrets irakiens pour se procurer des technologies sensibles destinées à la fabrication de missiles perfectionnés. Les agents de Bagdad étaient particulièrement intéressés par les problèmes de combustible et de guidage. Des secrets payés avec de fortes commissions sur des comptes bancaires à Zurich, au Luxembourg et à Vaduz, toujours grâce au fabuleux crédit de 3 milliards de dollars ouvert dans la filiale américaine de la Banca Nazionale Del Lavoro*. Depuis 1988

* Voir annexes pages 312 à 316.

cette firme avait reçu de mystérieuses menaces. Elle recevait des coups de téléphone anonymes lui enjoignant de ne plus travailler sur le projet de missiles Condor 2, qui devait permettre à Bagdad de pouvoir tirer des bombes à tête nucléaire à l'horizon de 1994. Cette société avait travaillé avec le bureau d'études autrichien Consulto, le groupe ouest-allemand MBB et une filiale de Fiat.

Le 27 mai 1988, à 3 heures du matin, un attentat par explosif détruisait le véhicule automobile du gardien de la propriété de l'industriel allemand Ekkehard Schrotz, P-DG de Consen. Cet attentat était revendiqué à 8 h 50 auprès de l'agence France-Presse et de l'agence Reuter à Paris au nom des gardiens de l'Islam qui déclaraient avoir exécuté la sentence de mort à titre de punition et de vengeance du massacre de leurs familles. « Cette exécution est le résultat d'actions criminelles pour le compte de Saddam Hussein et de la société Consen installée à Monte-Carlo, maître d'œuvre du projet de missiles irakiens de longue portée. » Le P-DG de la société recevait à 13 heures un appel de menaces lui indiquant qu'il y avait eu erreur technique et que la prochaine fois serait la bonne, pour lui et sa famille. L'homme qui le menaçait ainsi parlait anglais avec un fort accent arabe. Curieusement, quelques jours auparavant, un attentat incendiaire avait visé une société de disques se trouvant à côté de la société Kolb, en Allemagne fédérale. Cette société est soupçonnée d'avoir participé à la construction de l'usine d'armes chimiques de Samarra en Irak. En 1983, une filiale de Kolb avait délivré à cette usine une chambre d'inhalation pour tester les prochuits chimiques sur les animaux...

Ce même jour, des lettres de menaces étaient adressées également à trois autres sociétés de Francfort et à une société de Hambourg par un mystérieux front national du Kurdistan. Interrogé par le service régional de police judiciaire de Marseille, sur instruction du parquet de Grasse, M. Schrotz niait toute relation avec l'Irak ou l'Iran mais reconnaissait qu'il travaillait avec l'Égypte où il était intervenu pour la livraison d'une usine de fabrication de produits propulsifs pour missiles.

Le 7 juin 1988, à 11 h 52, un autre appel menaçant, toujours en anglais, avec un très fort accent arabe au siège de la société Consen à Monaco. L'homme, se réclamant cette fois-ci de l'Organisation des gardiens de l'Islam, rendait cette société responsable d'un projet de missiles longue portée irakiens, ajoutant que si ce projet n'était pas abandonné rapidement, tous les ingénieurs de la société seraient tués les uns après les autres.

Il donnait les noms de quatre collaborateurs. Les vérifications effectuées au siège de la société par l'antenne de police judiciaire de Nice permettaient de constater que ces noms figuraient bien parmi les listes des ingénieurs de l'entreprise... Consen avait travaillé en fait à l'installation du site stratégique irakien Saad 16, une installation pour la recherche et le développement balistique, dont le coût aurait été de 230 millions de dollars. En 1989, la société suisse interrompait ses contacts avec l'Irak ; elle aurait été remplacée par une autre firme, Vufag.

Pour mener à bien ces différents programmes, l'Irak avait bénéficié de la complicité d'une vingtaine de compagnies européennes, dont la moitié ouest-allemandes, qui auraient participé à la construction du complexe militaro-industriel près de la ville d'Al-Hillah, à 65 km au sud de Bagdad, où s'est produit, le 17 août 1989, une très grave explosion qui aurait fait des centaines de morts. Erreur de manipulation ou saboteurs du Mossad ? Cette usine produit entre autres du perchlorate d'ammonium. Il s'agit de la matière première des carburants solides. Des ingénieurs brésiliens travaillent sur ce site. Un centre d'essais en vol a également été installé à Al-Anbar non loin de Karbala. Les Irakiens avaient réussi à se procurer des ordinateurs ultra-sophistiqués dans diverses compagnies occidentales.

Le 5 décembre 1989, depuis la base d'Al-Anbar, à quelque 85 km à l'ouest de Bagdad, des ingénieurs irakiens se félicitaient et se congratulaient mutuellement. Ils venaient de lancer un engin spatial à trois étages de 48 tonnes, Tammouz 1, susceptible de placer un satellite de 300 kg sur orbite, un satellite que les Irakiens avaient tenté d'acheter au Brésil, pour le transformer en véritable plate-forme d'observation et de renseignements militaires. Pour contourner les interdictions françaises de livraison de matériels de technologies spatiales, les services irakiens ont en effet essayé d'utiliser le Brésil, particulièrement la firme HOP dirigée par le général Hugo Oliveira Piva, ex-directeur du centre technique aérospatial. Il avait un bureau à Bagdad et travaillait avec son équipe à la mise au point d'un missile d'une portée de 1000 km, nom de code « Grand Piranha ». Coût du projet financé par l'Irak : 12 millions de dollars. Piva et d'anciens ingénieurs des firmes Orbita Espace et Embraer ont alors essayé d'approcher la firme française Sagem pour acheter les centrales inertielles. Après les enquêtes déclenchées par Matignon et la DGSE, par précaution, tous les contacts avaient été interrompus. Pour plus de sécurité, Paris bloquera même une commande officielle du Brésil de centrales inertielles destinées à l'amélioration de ses Mirage 3.

Matignon avait à plusieurs reprises imposé des conditions très strictes au Brésil, notamment l'installation des centrales par des ingénieurs et techniciens français contrôlés par les experts gouvernementaux. Le gouvernement de Brasilia n'avait pas donné suite.

Le journal *L'Express* du 31 janvier 1991 avait, dans une enquête très fouillée, rapporté que la société Sagem avait participé à l'amélioration de missiles sol-sol irakiens Scud. La société Sagem publiait alors le démenti suivant : « Certes, Sagem est reconnue mondialement pour sa grande maîtrise et technique de navigation et de guidage inertiel. Cet acquis est le résultat des efforts lancés par le général de Gaulle dans les années 60 pour assurer à la France son indépendance technologique, notamment dans ce domaine. Il faut cependant noter que quelques dizaines de sociétés dans le monde, en particulier américaines, britanniques, allemandes ou soviétiques, sont capables de réaliser les types de matériels concernés. En ce domaine Sagem travaillait essentiellement pour des programmes nationaux et européens multinationaux. Toutes les exportations ont été soumises aux organismes gouvernementaux français, qui les ont autorisées puis contrôlées avec la rigueur toujours imposée pour ce type de technologie. » En ce qui cerne l'Irak, Sagem confirmait ce qu'elle avait déclaré aux journalistes qui l'avaient contactée, à savoir qu'elle démentait formellement avoir installé les systèmes de guidage à inertie sur Scud, et avoir expédié directement ou indirectement quelque matériel de guidage de missiles que ce soit vers ce pays.

La polémique avait débuté dès l'envoi par l'Irak des premiers missiles Scud sur Israël. Le président de la Commission des Affaires étrangères de la Knesset, M. Eliahou Ben Elissar, avait, dans une interview au *Figaro,* déclaré le 21 janvier 1991 : « Les Scud sont soviétiques, mais certains instruments ont permis aux Irakiens d'améliorer les Scud originaux pour leur donner leur rayon d'action qui leur permet aujourd'hui d'atteindre Israël. Des Français, des Allemands, des Italiens, d'autres Européens ont vendu aux Irakiens la technologie qui leur permet aujourd'hui de menacer Israël. »

La DGSE, dirigée par le préfet Claude Zilberzahn, avait déjà, depuis plusieurs mois, effectué une enquête, y compris en Israël, en collaborant avec le Mossad sur ces affirmations qui n'étaient pas les premières et qui avaient filtré depuis des mois.

La Commission interministérielle d'étude des exportations de matériels de guerre et le Secrétariat général de la Défense nationale dépendant de Matignon avaient également prescrit des enquêtes à propos de l'aide hypothétique de la France au programme de missiles balistiques irakiens Alabbas. Le Secrétariat général de la Défense nationale a remis au gouvernement une note confidentielle Défense en date du 23 janvier 1991.

La France, selon ce document, n'a contribué ni directement, ni d'une façon significative, par l'intermédiaire de pays tiers, au programme Scud et elle avait arrêté en 1987 toute participation indirecte au programme Condor.

1) Participation directe.

Dans sa note, le SGDN affirme que la France n'a jamais livré directement à l'Irak de matériel susceptible de construire des missiles balistiques. Certes, elle a vendu des centrales à inertie (système de guidage) fabriquées par la Sagem, mais c'était au titre des programmes de Mirage F1 (Dassault) et de véhicules blindés d'artillerie AMX (GIAT). Pour les F1, la Sagem aurait ainsi vendu 82 centrales inertielles, « spécifiquement prévues pour ces appareils », précise la note, et « dont le taux de rechanges livrées en plus de celles qui équipent les avions est normal ». Pour les AMX, la Sagem aurait livré 92 systèmes de guidage NSM20, un nombre qui serait en harmonie avec les besoins spécifiques de ces véhicules. Dans le premier cas, le SGDN conclut que l'emploi de ces centrales sur les Scud « serait complexe et sans doute moins efficace que les dispositifs déjà en place sur ces missiles soviétiques ». Quant au second cas, il paraît, selon le SGDN, « peu vraisemblable ».

2) Participation indirecte.

A cet égard, le SGDN reconnaît que « la France a entretenu des relations commerciales ou de coopération avec des pays qui ont eux-mêmes pu aider l'Irak ». Concernant les Scud, une équipe d'ingénieurs brésiliens travaillant sur place a donc pu transférer à l'Irak des technologies françaises applicables aux programmes de missiles balistiques. Le SGDN ajoute que la France a entretenu pendant plus de vingt ans avec le

Brésil une coopération scientifique et technique dans le domaine spatial aux termes des accords conclus entre le CNES et son homologue brésilien, le CTA.

Cette coopération s'est très nettement relâchée à partir de la fin des années 80, puis a été interrompue, compte tenu des « doutes » qui subsistaient sur l'utilisation de cette technologie par les Brésiliens. Conclusion du SGDN : « On ne peut pas affirmer que cette coopération n'ait été indirectement sans effet sur les capacités balistiques irakiennes d'amélioration des Scud. »

3) Programme Condor.

Dans ce cas précis, la France se trouve dans une position inconfortable dans la mesure où elle a, dès le début des années 80, largement coopéré avec l'Argentine pour l'aider à développer son programme spatial. Elle a ainsi, soit directement, soit par l'intermédiaire de la société suisse Consen, livré trois centrales inertielles du type INS 80 pour des essais et douze autres pour des engins expérimentaux « dont la plupart ont peut-être été utilisées par l'Argentine pour le développement des études Condor », indique le SGDN. La France aurait toutefois cessé toute livraison de centrales à l'Argentine dès août 1987 après que l'accord MCTR (Missile Technology Control Regime) a été mis en place.

« Après 1987, l'Égypte a cherché à prendre le relais de l'Argentine pour la fourniture de ces centrales à l'Irak, à travers le projet de missiles Sakr 80 ou Sakr 120. Ce pays a ainsi demandé, en 1988, a obtenir 200 centrales MSL 800 de précision bien moindre, mais adaptées au projet égyptien du programme Sakr. L'Égypte a décliné cette offre », précise le SGDN.

En conclusion de la note, le SGDN souligne la nécessité, au vu de ces différentes informations, de renforcer les procédures de contrôle des accords franco-étrangers passés dans le domaine spatial. Le SGDN rappelle à toutes fins utiles que ces accords échappent généralement au contrôle de la CIEEMG — dont il assure par ailleurs le secrétariat permanent.

Des agents des services secrets français se rendirent même en Israël pour examiner, avec les experts de l'armée, les débris des Scud lancés depuis le territoire irakien. Un rapport fut remis au ministère français de la Défense, indiquant qu'aucun matériel de guidage autre que du matériel soviétique n'avait été retrouvé parmi les débris des Scud. Un mystère subsiste cependant. La firme Sagem avait été contactée par l'Argentine pour la livraison de 14 centrales inertielles, qui étaient destinées au projet, qui n'a jamais vu le jour, de fusées spatiales Condor et Condor 2.

Ces centrales ont-elles ensuite été relivrées par l'Argentine à l'Irak ? Des enquêtes devront le déterminer.

Toujours dans le cadre du projet de missile « Condor », une société, IFAT, installée à Zug (Suisse) avait signé, le 15 février 1984, un contrat avec le ministère de la Défense égyptien pour installer en Égypte une usine de moteurs de fusée dans le cadre de ce projet. Le représentant du programme Condor en Suisse était un certain Dr Youssef Ahmed Khaimat qui devait toucher 3 % de « frais commerciaux » aux termes du contrat.

Le document concluait en soulignant que le contrat avait été résilié par IFAT le 11 juillet 1988, sans que l'usine de missiles ait été construite.

Un Américain d'origine égyptienne, Kader Helmy, qui travaillait comme ingénieur chez Aerojet General Corp., avait été condamné pour tentative d'exportation frauduleuse de carbone-carbone vers l'Irak, un matériau utilisé pour la fabrication des fusées.

Une société allemande, Havert, a reconnu avoir livré à l'Irak jusque fin 1989 des pièces ayant permis à Bagdad d'améliorer la portée de ces missiles Scud. Mais les dirigeants de cette société assurent aujourd'hui qu'ils en ignoraient l'usage fait par Bagdad. Pourtant, dans les locaux de cette société près de Francfort, les enquêteurs ont trouvé des plans de Scud qui avaient été remis par les ingénieurs de l'armée nationale populaire de l'ex-République démocratique allemande.

Pendant des années l'Irak, emporté par une véritable boulimie militaro-industrielle, contactait tous les marchands d'armes du monde pour se procurer tous les systèmes expérimentaux. Un Libanais d'origine arménienne, Sarkis Soghanalian, a fourni de 1980 à 1988 pour plusieurs milliards de dollars d'armements divers à Saddam Hussein par l'intermédiaire de sa société, United Trade International.

Il avait même essayé de vendre à Bagdad une trentaine d'hélicoptères de combat américains Hughes armés des fameux missiles antichars TOW, en faisant croire que l'acheteur était l'armée koweïtienne.

Le FBI et les douanes américaines avaient démantelé par ailleurs en août 1990 en Floride un réseau de trafiquants d'armes pro-irakiens, nom de code de l'opération « Dragon ». Le réseau était dirigé par un Espagnol, Juan Martin Peche, et un affairiste allemand, Klaus Fuhler. Ils disposaient de contacts à Genève, Milan, Bruxelles et Paris. Leurs bureaux commerciaux étaient installés à Alicante, Barcelone et Madrid et ils travaillaient avec des agents libyens et irakiens auxquels ils avaient proposé la livraison de 10 000 missiles antichars TOW.

En novembre 1990, le leader irakien avait assuré que l'Irak était en possession d'un missile d'une portée de plusieurs centaines de kilomètres dont il pouvait se servir pour délivrer les lieux saints de La Mecque ou pour atteindre les objectifs au cœur même d'Israël. Ce missile avait été baptisé All Hajira, ce qui signifie « la pierre », le symbole pour Saddam Hussein de l'intifada palestinienne. Les services de renseignements occidentaux ne se sont pas intéressés véritablement à cette révélation, car ils savaient que les Soviétiques avaient livré un engin sol-air expérimental à l'Irak, mais dans un même temps, dans le cadre du rapprochement entre Washington et Moscou, l'URSS avait divulgué au Pentagone les secrets électroniques de ce missile. Ce qui inquiétait les services de renseignements de la coalition anti-irakienne était plutôt l'ogive qui armait cet engin. Était-elle capable de produire une déflagration dont l'effet de souffle serait semblable à celle d'une explosion nucléaire ? Connue sous le nom d'explosif carburant air FAE, cette bombe, que l'aviation alliée a utilisée pour détruire les champs de mines au Koweït, est particulièrement efficace contre les concentrations de troupes.

Cette arme nouvelle avait été fabriquée par l'industrie allemande, et devait être livrée à Bagdad à la suite d'un transfert de technologies. Mais l'Irak n'avait pas eu le temps de produire cette nouvelle bombe en série.

Près de soixante-huit entreprises allemandes auraient participé à ces ventes de technologie à l'Irak. De nombreux procès sont en préparation tandis que les enquêtes se poursuivent. Une filiale du groupe Thyssen a vendu à l'Irak (de mai 1989 à juillet 1990...) trente-cinq soupapes à air comprimé destinées à des pompes d'irrigation ou d'exploitation pétrolière. Quand la firme allemande fut informée (par les services occidentaux) des intentions réelles de l'Irak, le contrat (qui portait sur la vente de trois cents soupapes) fut interrompu. Ces soupapes pouvaient servir... à l'alimentation en carburant du deuxième étage du missile Scud !

En mars 1990, les douanes ouest-allemandes saisissaient un

chargement suisse de métaux résistants utilisés dans les centrifugeuses d'enrichissement et qui étaient destinés à l'Irak. En juillet 1990, soit quelques semaines avant l'invasion du Koweït par l'Irak, le Pentagone avait fait capoter une vente à l'Irak de fourneaux spéciaux pour la fonte du titane, un contrat de plus de 7,5 millions de dollars. La société commerciale à capitaux irakiens qui voulait importer ce titane précisait qu'il s'agissait d'une commande du ministère de la Santé à Bagdad. Ces fourneaux étaient nécessaires, affirmait-elle, pour la fonte des métaux destinés à la fabrication de prothèses pour les soldats handicapés au cours de la guerre contre l'Iran. Le bureau de surveillance des transferts de technologies du Pentagone fit une note indiquant que les fourneaux en question pouvaient également être utilisés pour la fabrication de pièces pour missiles et même pour des armes nucléaires. Fin juillet, April Glaspie, ambassadeur des États-Unis en Irak, qui venait de parler longuement avec Saddam Hussein, s'apprête à partir en vacances à Londres. Elle reçoit une demande d'audience de Hussein Kamel, le ministre de l'Industrie et de l'Armement. Ce dernier insista plutôt lourdement pour que Mme Glaspie presse le Département du Commerce américain de faciliter la vente à l'Irak de ces fourneaux, lui montrant les Irakiens qui traînaient la jambe dans les rues de Bagdad. Le gendre de Saddam Hussein lui assura que cette commande était nécessaire à l'Irak pour des questions humanitaires. Cette commande de fourneaux à titane avait en fait été suggérée à l'Irak par des conseillers soviétiques. Depuis des années, le KGB cherchait à se procurer de tels fours à titane pouvant entrer dans la composition des alliages des fusées. Une affaire de ce type avait été démantelée par la DST concernant la fusée Ariane en France.

On peut s'étonner aussi de la présence à la foire des armements à Bagdad en 1989 d'une société française, la SNPE (Société nationale des Poudres et Explosifs), qui dans son catalogue proposait du carburant spécial utilisé par les réacteurs de la fusée Ariane !

Cette prolifération de missiles balistiques à la suite de transferts illicites, ou inconscients, de technologies vers le Moyen-Orient et le golfe Persique, a fait de cette région du monde une poudrière difficile à contrôler. Un rapport confidentiel rédigé en 1988 (à la demande de la Maison-Blanche) par des experts (dont Henry Kissinger), intitulé « Discriminate Deterrence » soulèvera l'hypothèse d'une possible offensive balistique contre les États-Unis, de la part d'États du tiers monde (golfe Persique notamment *).

En février 1989, devant le Congrès américain, le directeur de la CIA, William Webster, affirmait que « la présence et le stockage d'armement balistique, chimique et biologique dans les pays du tiers monde était en augmentation alarmante malgré les efforts entrepris pour en réduire le nombre ».

Le juge Webster révélait lors d'une commission interparlementaire au comité des affaires gouvernementales du Sénat et au sous-comité à l'investigation que les tentatives multilatérales de mettre fin à la prolifération de ce type d'armes n'avaient pas empêché plus de vingt pays non alignés de se doter de celles-ci. « Les armes chimiques ont été pensées pour offrir à moindre coût le moyen le plus sûr de redresser la balance militaire en faveur de leur détenteur face à l'ennemi le plus puissant qui soit », disait-il tout d'abord en ajoutant par la suite que « l'emploi d'armes de ce genre lors de la guerre Iran-Irak a donné lieu à un dangereux précédent » qui ne sera pas sans répercussion pour leur emploi futur. Voici le compte rendu intégral de son exposé devant le Congrès américain :

« La prolifération des armes chimiques ** est une des plus fâcheuses parties de la tendance au développement militaire accru dont font preuve aujourd'hui les pays du tiers monde. Actuellement, nous pensons que vingt pays au minimum sont en train d'acquérir des armes chimiques. Et nous pensons que cette tendance va aller en s'affirmant et ce en dépit des efforts en cours pour arrêter leur prolifération. Une des questions importantes que nous posons maintenant est : quelles ont été les leçons retirées de la guerre Iran-Irak, le premier conflit depuis la Première Guerre mondiale qui a vu l'usage quasi continu d'armes chimiques ? Après la Première Guerre mondiale, leur utilisation avait été prohibée par les signataires du protocole de Genève en 1925 (149 pays, *NdT*). Durant la Seconde Guerre mondiale, même lors des batailles les plus désespérées, les deux camps s'affrontant se sont toujours refusés à employer l'arme chimique, arme à laquelle Winston Churchill faisait allusion en parlant d'un “ poison infernal ”. La guerre Iran-Irak mit un terme à ce refus et du même coup inscrivit un dangereux précédent sur la déclaration à venir des guerres futures. La

* Voir annexes page 308.
** Voir annexes pages 286 et 287.

communauté du Renseignement possède la preuve que l'Irak a utilisé des armes chimiques contre l'Iran et contre des Kurdes irakiens également. L'Iran aussi a employé des armes chimiques contre des troupes irakiennes. Certaines personnes voient dans l'arme chimique la réplique du pays pauvre au pays riche, détenteur de l'arme nucléaire. Notre président ne s'est pas caché la face à propos de ce problème et je suis sûr que vous avez lu récemment pas mal d'articles sur l'utilisation et les effets des armes chimiques. Plusieurs pays sont en train de fabriquer du gaz moutarde, une arme terrible utilisée pour la première fois durant la Première Guerre mondiale. C'est un agent chimique favori du fait de plusieurs raisons dont sa fabrication relativement aisée, sa longue durée de conservation en stock et sur le champ de bataille et surtout son efficacité redoutable pour neutraliser ceux qui s'y trouvent exposés. Certaines autres nations sont, elles, en train de fabriquer des agents innervants. Ces agents, bien que plus difficiles à produire, peuvent causer la mort en quelques minutes en s'attaquant directement au cerveau et au système nerveux. D'autres encore utiliseraient des produits chimiques courants tels que le cyanide et le phosgène, l'un empêchant le sang de transporter l'oxygène alors que l'autre, le phosgène, largement employé dans la fabrication des matières plastiques, peut détruire les poumons. La prolifération des armes biologiques et des missiles balistiques va de pair avec celle des armes chimiques. Nous sommes conscients que la barrière morale qui contenait jusqu'à présent la menace biologique a été franchie. Dix pays au moins sont en train de produire des armes biologiques connues et d'en élaborer de nouvelles. Les agents de guerre biologique — y compris les toxines — sont potentiellement plus virulents que le plus mortel des agents de guerre chimique, et permettent la couverture de zone la plus large comparativement à n'importe quel autre système d'armement. Le matériel utilisé pour produire des agents de guerre biologique est en réalité un équipement qui peut servir à un tout autre usage et une autre finalité que celui-là. A l'aide d'une technologie courante, disponible partout, ces agents biologiques peuvent être produits à un tel coût que leur stockage n'est plus rendu nécessaire. Il n'y a pas besoin de posséder un équipement spécial et complexe pour les fabriquer. Actuellement, n'importe quelle nation disposant d'une industrie pharmaceutique quelconque, même modeste, peut se mettre à produire des agents biologiques si elle en a décidé ainsi.

« Finalement, en l'an 2000, quinze pays industrialisés au minimum seront en possession ou bien produiront eux-mêmes leurs propres missiles balistiques. Les missiles balistiques confèrent un statut militaire et politique important à ceux qui en acquièrent. Bon nombre de ces pays où ces missiles sont installés se situent au Moyen-Orient. Le programme de développement des missiles dans les pays du tiers monde repose, à un moment ou à un autre, sur un apport de technologie étrangère. Mais une bonne partie de cette technologie si précieuse, d'ores et déjà diffusée à travers le monde entier, peut être utilisée à d'autres fins ou facilement détournée. Les pays du tiers monde détenteurs de missiles n'hésitent pas à s'échanger leurs informations en matière de technologie et il existe une incroyable mise en commun de leur part en ce qui concerne les ressources et le savoir-faire technique. Face à l'augmentation de la présence de missiles balistiques dans les régions du tiers monde et découlant directement de celle-ci, la communauté du Renseignement doit être sur le qui-vive en raison des tentatives que ne manqueront pas d'effectuer ces pays d'équiper leurs missiles de têtes biologiques ou chimiques. Nous ne manquerons pas de continuer à fournir régulièrement aux responsables politiques américains des informations précises sur la possibilité que peuvent avoir ou ont déjà certains pays de développer ou de produire des missiles balistiques ainsi que des armes chimiques ou biologiques.

« Laissez-moi maintenant attirer votre attention sur la zone troublée du Moyen-Orient, le centre actuel de prolifération des armes chimiques.

« La prolifération de ces armes nuit aux tentatives de paix effectuées pour ramener la stabilité dans cette région. Et je pense particulièrement à l'Irak, la Syrie, l'Iran et la Libye, des nations qui ont soit utilisé des armes chimiques, soit participé à des activités terroristes. L'Irak a commencé à produire des agents de guerre chimique depuis le début des années 80, alors que la Syrie et l'Iran n'ont débuté leurs productions d'agents et de munitions chimiques que très peu de temps après. La Libye est sur le point de commencer à effectuer le même type de production mais sur une large échelle. L'Irak, la Syrie et l'Iran sont en train d'emmagasiner un éventail varié d'agents de guerre chimique utilisables pour différentes missions sur un champ de bataille. Un stock de ce type a une durée de vie de dix à vingt ans. Ces mêmes pays produisent et amassent tranquillement un arsenal divers de moyens susceptibles de délivrer des agents chimiques : bombes, artillerie, roquettes et, dans certains cas, des missiles de champ de bataille qui ont été remplis d'un quelconque cocktail chimique.

« Les programmes en matière d'armement chimique de l'Irak, de la Syrie et de la Libye ont en commun un certain nombre de points :

« — Tous ont reçu le label priorité urgente émanant des gouvernements respectifs et ont été soigneusement tenus secrets.

« — Les complexes de production bénéficient d'une sécurité maximum, à plusieurs reprises tout a été fait pour les camoufler et, en cas d'échec, pour les faire passer pour de banales et légales installations industrielles.

« — La présence d'une assistance de la part de leurs fournisseurs étrangers a été cruciale dans leur développement. Cette assistance — fournie par des entreprises qui étaient bien souvent pleinement conscientes des intentions de leurs clients moyen-orientaux — a représenté l'élément clé qui a permis à ces nations de produire en quelques années seulement des armes chimiques. Sans cette dernière, celles-ci auraient été incapables de les produire.

« L'assistance apportée par les étrangers a été des types suivants :

« — Connaissances techniques et pratiques.

« — Construction des installations de production.

« — Approvisionnement en composants chimiques.

« — Apport de l'équipement de production.

« — Fourniture partielle des munitions.

« — Formation du personnel.

« J'aimerais maintenant vous fournir quelques détails à propos des programmes de guerre chimique de l'Irak, de la Syrie, de l'Iran et de la Libye :

« * L'Irak :

« La guerre avec l'Iran l'a contraint à accélérer son programme de développement de son potentiel de guerre chimique. Le principal complexe de production de ce type d'armement est localisé à 70 kilomètres au nord-ouest de Bagdad près de Samarra, et un certain nombre d'autres installations ont déjà produit plusieurs tonnes d'agents chimiques. Depuis le début du programme, des entreprises et des personnes en Europe occidentale ont été responsables de l'approvisionnement en matériel, en produits chimiques et en compétence technique nécessaires à l'instauration et au fonctionnement du processus. Des Occidentaux sont restés à Samarra même après que la machine a été lancée. Mais, après plusieurs années d'expérience dans la production d'armes chimiques, les efforts bien placés de l'Irak ne rendent plus nécessaire la présence d'une assistance étrangère. A Samarra, le régime de Bagdad produit du gaz moutarde et d'autres agents innervants tels que le tabun ou le Sarin. Plusieurs types d'armes ont été aménagées pour recevoir ces agents dont des bombes, des roquettes et des obus d'artillerie. L'Irak a fait pour la première fois un usage militaire d'agents chimiques en 1983 et en 1984 lorsqu'il a utilisé ceux-ci contre des forces iraniennes. Par la suite Bagdad devait renouveler leur emploi en de nombreuses occasions durant cette guerre. Plus récemment, et après le cessez-le-feu avec l'Iran, l'Irak a utilisé des gaz mortels et non mortels contre des civils kurdes (17 mars 1988 : bombardement de Halabja, 5000 morts, *NdT*). En dépit du cessez-le-feu avec l'Iran, l'Irak continue de produire et de stocker des armes chimiques. Ce qui fait qu'il renforce sa capacité militaire chimique et va plus loin encore dans la voie de rendre son programme totalement indépendant de toute assistance étrangère.

« * La Syrie :

« La Syrie a commencé à produire des armes chimiques au milieu des années 80 et possède actuellement des installations de production d'agents chimiques. Elle détient des armes dont la charge mortelle est constituée d'agents innervants. Damas camoufle son programme — il est presque bouclé — et, comme bon nombre de ses voisins moyen-orientaux, semble vouloir continuer à accroître sa capacité militaire dans ce domaine. L'assistance étrangère fut d'une importance critique dans l'accession de la Syrie au développement d'une industrie d'armement chimique. Sans la fourniture des produits de base, de l'installation et de la technique, la Syrie n'aurait pas été en mesure de se doter de l'arme chimique.

« * L'Iran :

« Au milieu des années 80 — après de multiples attaques chimiques irakiennes —, l'Iran se décida à produire des agents chimiques, les utilisant après en représailles contre les troupes irakiennes. Les installations de production d'armement chimique iraniennes sont situées à proximité de Téhéran. L'Iran produit du gaz moutarde (cf. *supra*). Les attaques répétées de la part de l'Irak ont lancé Téhéran en quête de l'assistance étrangère voulue, à même de l'aider à mettre rapidement en place son propre programme de production d'armement chimique. A cet appel d'offres ont répondu des firmes occidentales et asiatiques. De même que l'Irak, l'Iran poursuit son programme de guerre chimique.

« * La Libye :

« Le souhait de la Libye de se doter d'une industrie de production d'armement chimique est sur le point d'être totalement exaucé. Un grand complexe a été construit dans ce but dans un endroit reculé à environ 80 kilomètres au sud-ouest de Tripoli, près de Rabta. Quand celui-ci sera achevé et pleinement opérationnel il constituera une des unités de production d'armement chimique les plus importantes du tiers monde. Mais l'Irak, en raison du nombre élevé de ses sites de fabrication, aura toujours une production qui excédera celle de la Libye. L'usine libyenne d'agents chimiques va bientôt commencer sa production à grande échelle de gaz moutarde et d'agents innervants, évaluée à des dizaines de tonnes par jour (38 000 tonnes de gaz moutarde/jour, *NdT*). Mais l'usine a déjà eu une fuite sérieuse de gaz chimiques toxiques et il semblerait que ce type de problème soit appelé à se renouveler. Une usine métallurgique adjacente équipée de matériels de précision fabrique les composants nécessaires à l'élaboration de bombes et de pièces d'artillerie. D'autres usines se chargent du stockage et de la pose de la charge chimique. Il aurait été virtuellement impossible à la Libye, sauf au prix d'efforts hors du commun, de mettre au point la technologie nécessaire à l'édification d'un tel complexe sans l'assistance des compagnies étrangères et d'un personnel originaire de plusieurs pays d'Europe occidentale et d'Asie. Une assistance ouest-allemande en majeure partie. Des entreprises de construction métallique du Japon (Tokyo, *NdT*) ont également participé à la réalisation du complexe. La possibilité ou non de poursuivre la production à grande échelle pour la Libye dépendra de la continuité de l'assistance étrangère. A court terme, Tripoli sera alors moins dépendante de la compétence technique étrangère mais, pour le futur immédiat, elle demeure dépendante de ses fournisseurs étrangers pour son approvisionnement en composants chimiques de base et en équipements divers.

« Estimer l'amplitude de la prolifération des armes chimiques est maintenant le problème auquel nous nous trouvons confrontés. Rendu d'autant plus difficile en raison du fait que la plupart des équipements utilisés pour fabriquer des agents chimiques peuvent être légalement utilisés aussi pour produire des produits chimiques d'emploi industriel, des médicaments et des pesticides. Une nation possédant une industrie chimique, si modeste soit-elle, peut s'en servir pour produire parallèlement à tout autre produit des agents de guerre chimique. Le dirigeant libyen Kadhafi, dans un discours qu'il fit en octobre, prétendit que l'usine de Rabta n'avait pour finalité que la fabrication de médicaments — pas d'agents de guerre chimique — et il proposa d'ouvrir le complexe en vue d'une inspection internationale. Mais il est certain que, en moins de vingt-quatre heures, il aurait été relativement aisé aux Libyens d'effacer toute trace et de faire apparaître le site aux yeux de l'inspection comme étant réellement une usine pharmaceutique. Cependant il est clair que la première raison d'être de l'installation de Rabta est la production d'armes chimiques de guerre. L'équipement spécialisé, le type de construction, les mesures excessives de sécurité ne vont pas de pair avec ce qui serait censé être une banale usine commerciale. »

Même constat dans plusieurs rapports confidentiels de la DGSE en 1989 et 1990. Ce qui incitera François Mitterrand à réclamer avant même la crise du Golfe une conférence pour un désarmement dans cette région.

Par le biais de stagiaires dans les entreprises européennes, l'Irak a également cherché à acquérir de nouvelles technologies, sans enfreindre les législations restrictives sur les exportations de produits sensibles. En France, les étudiants irakiens s'intéressaient aux systèmes électromagnétiques, à la balistique, à la biochimie microbienne, à la physique nucléaire et à un nouveau carburant liquide étudié pour la fusée Ariane, qui, décidément, intéressait beaucoup les Irakiens. *Le Canard enchaîné* du 26 septembre 1990, puis du 20 février 1991, a fait des révélations étonnantes sur les études des officiers et étudiants irakiens :

« Pendant un an, deux jeunes officiers irakiens ont travaillé comme chercheurs dans le laboratoire de physico-chimie minérale de l'université Claude-Bernard de Lyon. Leurs " études " — ou leur curiosité — portaient sur une étape du " procédé d'élaboration de la monométhylhydrazine ", nom barbare d'un carburant liquide, encore à l'étude, pour missiles et fusées (notamment Ariane 5). Assignés à résidence après l'invasion du Koweït, Al Falahi Hamid Abdullah et Hussein Ali Hamid ont été expulsés le 16 septembre en compagnie de vingt-sept de leurs collègues officiers, techniciens et agents de renseignement.

« Pourtant l'entrée de ces deux petits chimistes dans le laboratoire de recherches lyonnais avait été longuement préparée. On s'était beaucoup réuni et autant écrit entre gens de qualité.

« — Le 13 mars 1989, le Pr Cohen-Adad, patron du laboratoire, apposait sa signature au bas d'une lettre qui accompagnait le " projet d'étude " sur des " carburants liquides pour fusées ". Destinataire : la Direction des recherches études et technique (la Dret, un important service de la Délégation générale pour l'armement), qui lui avait réclamé ce texte. Et le professeur d'expliquer : " Conformément à votre souhait, l'étude proposée est très fondamentale et s'inscrit en amont des problèmes industriels de synthèse. " En clair, nos invités ne travaillaient pas sur du vent.

« — Le 13 juin suivant, le colonel Guillemier se rend à Lyon. C'est un expert du Groupe 7 (chimie-énergie-propulsion) de la Dret, un homme qui doit savoir comment les fusées décollent. Il s'entretient avec le Pr Cohen-Adad.

« — Une semaine plus tard, une note interne du Groupe 7 rend compte de cette réunion et précise " qu'aucune donnée classée DR (diffusion restreinte) ne pourrait être fournie aux stagiaires " et " qu'aucun transfert de technologies ne pourrait être envisagé ".

« — Le 19 juin, le Pr Cohen-Adad sollicite l'autorisation officielle d'accueillir les deux Irakiens. Enfin, le 20 juillet, l'ingénieur en chef de l'armement, Di Nicola, patron du Groupe 7, donne son feu vert.

« Un an plus tard, les amours franco-irakiennes sont contrariées, et le 31 août dernier, la Dret interdit par lettre l'accès au laboratoire des deux stagiaires. »

En attendant la formation de ses futurs cadres, chimistes, biologistes et atomistes, Saddam Hussein allait faire appel aux ingénieurs étrangers.

CHAPITRE VII

Les usines de mort

HUIT mois après la guerre des Six Jours de 1967, une quinzaine de jeunes officiers de l'armée irakienne étaient invités discrètement en Union soviétique à visiter des installations militaires et à suivre des cours devant les académies de l'Armée rouge. Saddam Hussein, jeune gradé de l'époque, faisait partie de la délégation irakienne. Il visita particulièrement le complexe de Shikany, où l'URSS fabriquait la plupart de ses armes chimiques. Le futur président irakien en ressortit très impressionné. Il gardera toujours en mémoire les confidences de ses interlocuteurs soviétiques affirmant que posséder un arsenal chimique est une force dissuasive et psychologique essentielle pour des pays ne possédant pas la capacité ni la technologie nucléaire. La visite avait d'ailleurs été organisée à Moscou parce que les Irakiens faisaient pression sur leurs alliés soviétiques pour obtenir des secrets nucléaires. En quelque sorte, Moscou, qui avait refusé de vendre des secrets atomiques à l'Irak, lui permettra ensuite de constituer un armement chimique, une sorte de troc. L'armée est-allemande fournira également de nombreux ingénieurs à Bagdad.

Selon un rapport occidental, l'Irak aurait investi près de 2,5 milliards de dollars dans la guerre chimique. Pour cela Bagdad avait fait appel en majorité aux entreprises occidentales et notamment aux Allemands de l'Ouest. C'est sous couvert de production d'engrais chimiques que des industriels de RFA ont fourni à l'Irak une grande partie des usines chimiques dont on parle tant à l'heure actuelle. Un récent document remis au gouvernement de Bonn fait état d'une cinquantaine d'entreprises qui auraient participé à la construction de cette force chimique irakienne. Une nouvelle affaire vient d'ailleurs d'éclater en Allemagne fédérale, avec l'interpellation d'un réseau qui s'apprêtait à livrer illégalement à l'Irak du matériel permettant la production de gaz. Plusieurs personnes ont été arrêtées à Hanovre, à Hambourg et à Darmstadt. Parmi elles, un agent des services d'espionnage ouest-allemands, un membre du service des exportations du groupe Preussag, ainsi que des employés de deux établissements industriels. Les experts occidentaux savent aujourd'hui que l'Irak a utilisé récemment les mêmes filières que la Libye pour se procurer des armes chimiques. C'est le même réseau qui fournissait le colonel Kadhafi pour son usine chimique de Rabta * qui fournissait également les Irakiens. Un Irakien s'est d'ailleurs spécialisé dans ce genre d'opérations ; et fait l'objet d'enquêtes des services de sécurité occidentaux. Il s'appelle Isham Barbouti, né en 1928 à Bagdad, a fait des études en Suisse et à Berlin. S'est installé ensuite au Liban, avant d'ouvrir un cabinet d'ingénierie à Abou Dhabi. Il s'installe à Londres en août 1978, démarre ses affaires avec la Libye en mars 1984 et s'intéresse au nucléaire, à la demande des Libyens, en 1986. Il utilise en même temps ses réseaux pour le compte de son pays. Il dirige alors deux sociétés-écrans installées à Francfort, et dispose d'antennes à Londres. Son nom apparaît dans la procédure judiciaire à la suite de la découverte de livraisons par l'usine ouest-allemande de produits chimiques à la Libye pour sa centrale d'armes chimiques de Rabta. L'un des associés de Barbouti s'appelle Hussein Moussa ; de nationalité irakienne, il a joué un très grand rôle dans ces détournements.

Il serait l'un de ceux qui ont mis au point le transfert de ces technologies sensibles ; ces derniers mois, en direction de Bagdad. Une autre société d'ingénierie ouest-allemande est depuis plusieurs semaines soupçonnée d'exporter vers Bagdad des éléments technologiques destinés à la fabrication de missiles susceptibles de transporter dans le futur des matières chimiques. Cette société, basée à Ahlen, près de Münster, est accusée d'avoir fait disparaître les mentions administratives d'interdiction à l'exportation sur du matériel servant à construire des propulseurs. Elle a déjà livré à l'Irak des corps creux métalliques sans soudure, normalement destinés à des jantes de voiture, en réalité pour des empennages de missiles. Cette affaire intervient au moment où une autre firme ouest-allemande fait l'objet d'une

* Voir annexes page 284.

investigation des douanes européennes pour les mêmes motifs, avec des ramifications à Salzbourg, en Autriche, en Suisse, en Italie, au Luxembourg et à Monaco. Cinquante-neuf autres entreprises de RFA sont soupçonnées d'avoir livré récemment à l'Irak des installations officiellement destinées à la production d'herbicides et pesticides et ayant servi à la production d'armes chimiques dans l'usine souterraine de Salman Pak, dans la banlieue sud-est de Bagdad. Des chercheurs ouest-allemands pourraient même être mêlés à ce trafic.

Le projet avait débuté en 1982 sous la couverture d'un organisme de production de pesticides. Les ingénieurs ayant participé aux travaux ne pouvaient ignorer la réalité.

Egmont Koch, un reporter allemand qui a réalisé un film-document pour la chaîne ZDF, a remonté la filière.

« ... La firme allemande Rhema-Labortechnik livre et installe deux chambres à gaz en 1984. L'une à Samarra et l'autre à El-Hazen. Le bon de commande de ces Gaskammer, ces “ chambres d'inhalation pour animaux ”, en verre de 8 mm d'épaisseur, précise qu'elles sont spécialement aménagées à la demande des Irakiens, plus grandes que la normale, prévues pour contenir chacune trois à six chiens beagle et livrées avec des sangles coulissantes pour attacher les bêtes. Comme cadeau accompagnant la signature du contrat, la société Rhema-Labortechnik offre trois chiens à l'Irak. »

Selon deux autres enquêteurs ouest-allemands, Gudrun Pott et Rudolf Lambrecht, la société Thyssen et d'autres entreprises allemandes ont aussi participé à la création de Salman Pak. Dans *Stern,* ils affirment :

« Avant le déclenchement de la guerre en Irak, Salman Pak était un but d'excursion très populaire parmi les habitants de Bagdad. Les familles s'installaient ici, à 30 km de Bagdad, sur un champ près d'un bois de pins clairs sur le bord du Tigre, pour un pique-nique avec leurs enfants. A proximité, on peut admirer un miracle de l'architecture : le Liwan de Ktesiphon, qui est, avec ses 30 m de hauteur, le plus grand arc de briques cantilever du monde. Une vue panoramique d'un tableau monumental de 110 m de longueur et de 15 m de hauteur représente la bataille glorieuse de Kadisija, où les Arabes musulmans vainquirent les Perses en 687.

« Aujourd'hui, Salman Pak est à nouveau le théâtre d'une guerre, et l'une des cibles principales pour les chasseurs bombardiers américains. Car à la périphérie sud de l'endroit se trouve le projet Diyala. Saddam Hussein ne faisait pas seulement développer sur ce terrain de 6 km^2 les gaz toxiques qui ont tué pendant la guerre contre l'Iran des milliers de Kurdes et des Iraniens et qui menacent aujourd'hui Israël et les troupes alliées. Avec le projet Diyala * — affirment les experts de la CIA et du Moassad —, il faisait aussi cultiver des substances de combat bactériologiques dans des abris souterrains : des virus du choléra, de la fièvre thyphoïde et du charbon.

« Tout commença de manière apparemment anodine : la société Thyssen Rheinstahl Technik (TRT) de Düsseldorf signa en 1980/1981 des contrats avec la Republic of Irak State Constructional Company concernant la construction d'un " laboratoire chimique Diyala " (coût : 11,9 millions de DM), d'une " maison d'hôtes " (7,4 millions de DM) et d'un " théâtre " (2,1 millions de DM). La Thyssen Rheinstahl engagea au moins huit autres entreprises allemandes comme sous-traitants.

« Tandis que le groupement de Düsseldorf croit se souvenir aujourd'hui qu'il se serait agi d' " un projet universitaire ", les Allemands employés là-bas affirment qu'il était visible dès le début que Diyala était un projet militaire.

« Les chantiers étaient entourés d'emplacements de tir et de missiles, de barbelés électriques doubles et de miradors. Tous les employés étaient surveillés en permanence pendant leur travail, et l'accès au chantier leur était parfois interdit, sans autre explication. L'accès aux laboratoires était contrôlé grâce à un système de cartes magnétiques fourni par la société Identa de la Forêt-Noire. »

Thyssen déclare aujourd'hui qu'elle aurait uniquement « fourni les équipements intérieurs d'un laboratoire, d'un grand centre de conférences ou théâtre, et d'une maison d'hôtes pour un gouvernement, mais pas d'appareils de laboratoire ni même de substances chimiques ». On ne pouvait « rien affirmer sur la destination du laboratoire ». Rien ne laissait supposer « à aucun moment » que le laboratoire serait utilisé plus tard comme installation de production de gaz toxiques.

« Le laboratoire paraît à première vue tout à fait ordinaire », dit le Dr Michael Braungart de Hambourg, chimiste diplômé, technicien des procédés et chef de l'Institut pour l'Environnement EPEA ; *Stern* a montré les documents de l'appel d'offres de Thyssen pour Diyala. Selon la commande, le laboratoire devrait

* Voir annexes page 283.

être adapté à traiter de l'acide chlorhydrique, de l'acide sulfurique et de l'acide nitrique. Ceci s'applique à presque tous les laboratoires.

Mais il est moins habituel qu'un laboratoire doive traiter du pentachloride de phosphore. Il s'agit ici d'une substance chimique de base des gaz de combat phosphororganiques. « Aucun laboratoire normal n'a besoin d'un dispositif pour traiter cette substance particulière », a déclaré M. Braungart à *Stern*.

« Les lampes d'avertissement auraient dû passer au rouge pour les experts concernés, dès le moment où on leur a parlé de pentachloride de phosphore (PC15). » Le Dr Dieter Meissner de Hanovre, chimiste diplômé et expert en gaz toxiques, confirme que le PC15 est « une substance de base pour des pesticides, mais aussi pour tous les gaz à action neurologique tels que tabun, Sarin, Soman et VX. On peut simplement fabriquer des gaz de combat par synthèse à partir du PC15 ».

Une autre société, Sigma Chemie, installée à Oberhaching, près de Munich, a vendu en 1987 à Bagdad 100 milligrammes de mycotoxine HT-2 et T-2 qui provoque la mort par simple contact cutané ou par inhalation. L'intermédiaire dans cette vente d'une valeur de 60 000 DM (204 378 FF) était M. Joseph Kuehn, propriétaire de la firme Plato-Kuehn, sise à Neustadt (Basse-Saxe).

M. Kuehn, soupçonné d'être un agent des services secrets irakiens, a été interpellé et emprisonné en septembre 1987 en RFA. Il a alors révélé le trafic aux services de renseignements ouest-allemands (Bundesnachrichtendienst, BND), et a été libéré en décembre 1987.

En septembre, s'ouvrira en Allemagne le procès des « exportateurs de la mort ». En août 1990, un certain Naza al-Khadi, irakien (se disant aussi agent des services secrets allemands), était impliqué dans la livraison de gaz toxiques pour l'usine de Samarra. Actionnaire d'une société de Hambourg, la Water Engineering Trading (WET), il travaillait avec la firme Karl Kolb et sa filiale, la Pilot Plant de Darmstadt. Le directeur de Karl Kobb fut remis en liberté contre une caution de 200 000 marks. Il affirmait que l'installation ne pouvait pas fabriquer des gaz de combat, mais un agent suisse, le doyen de l'École polytechnique de Zurich, a prouvé l'inverse.

Après la mort de cinq mille Kurdes gazés par les Irakiens en 1988, le directeur de la firme allemande fut protégé par les services secrets irakiens, le chef des Kurdes, Massoud el Barzani ayant lancé des menaces « pour complicité dans le génocide du peuple kurde ». Protégée aussi par les agents de Bagdad, une société de Westphalie spécialisée dans les machines-outils et qui aurait fourni une chaîne de montage de bombes à gaz.

Dans une enquête très détaillée *Le Nouvel Observateur* du 20 septembre 1990 a montré aussi qu'une société de Mulhouse, la Protech, avait participé indirectement à la fabrication d'armes chimiques.

En février 1989, la police italienne, agissant avec la police américaine et Interpol, a démantelé un vaste trafic de composants du gaz moutarde partant des États-Unis pour aboutir à l'Irak.

Un ressortissant néerlandais était arrêté à Milan. Il s'agit d'un certain Franz Nicolas Van Anraad, 47 ans, président d'une société d'import-export, la FCA Contractor, dont le siège est à Bisone, dans le canton du Tessin. Par l'intermédiaire de la société NU Kraft de New York, dont il était représentant pour l'Europe, il achetait du thiodiglycol à la société américaine Alcolac de Baltimore pour l'expédier — sous le couvert de faux bulletins d'envoi portant d'autres destinations comme la Belgique, la Suisse ou Singapour — en Jordanie.

La filière belge : l'Irak n'est pas un désert. L'activité agricole y est florissante. Conséquence : pour se suffire à lui-même, l'Irak avait un besoin vital des technologies de l'agrochimie (pesticides, insecticides, engrais). Sans elles, aucune agriculture moderne ne peut survivre. Or, précisément, ce sont ces industries-là (plus encore que la pharmacie) qui consomment les précurseurs chimiques en énormes quantités. Interdire leur vente reviendrait donc, en pratique, à interdire la fabrication d'engrais. Cette dernière hypothèse ne peut se concevoir qu'en temps de guerre. Le premier complexe agrochimique a été fourni clés en main à l'Irak par les Belges en 1983, aux termes d'un contrat signé le 21 janvier 1976 entre la société Sybetra et le ministère irakien de l'Industrie. Il s'agissait d'exploiter la mine de phosphates d'Akastat, située près de la frontière syrienne. D'où la construction, à 150 km de là, du gigantesque complexe d'Alkaim (bombardé par les Américains durant les premiers jours du conflit). Située au bord de l'Euphrate, l'usine chimique d'Alkaim a nécessité pour ses travaux la présence de 1 500 expatriés européens durant six ans. Un détail, toutefois, aurait dû attirer l'attention des exportateurs belges : dans son article 29, alinéa 8, le contrat interdisait expressément aux signataires de Sybetra de donner « sous quelque forme que ce soit des informations concernant les travaux ou les installations ». Mieux encore, ce chantier une fois terminé, une seconde entreprise belge, Copée Lavalin, signait en 1989 un contrat pour une usine d'acide phosphorique sur ce même site d'Alkaim. On sait maintenant que ce site était — dès l'origine — destiné à produire un redoutable gaz de combat : le phosgène.

Juin 1982 : Six Construct (aussi dénommée Sixco) signe un contrat de 380 millions de dollars pour la construction en deux tranches de huit bases aériennes hyper-protégées. Nom de code : Projet 505.

Autre contrat mettant en cause les Belges : la livraison en juin 1983 de thiodoglycol, produit précurseur du gaz ypérite, par la Philips Petroleum, filiale belge du groupe multinational dirigé par Armand Hammer (ami de Brejnev et de Kadhafi, décédé en décembre 1990).

L'Irak avait commencé également à travailler sur les armes biologiques. Le 28 septembre 1990, le président de la Commission des Forces armées à la Chambre des représentants, M. Lee Aspin, se basant sur des rapports confidentiels des services de renseignements occidentaux, pas seulement américains, estimait que l'Irak avait réussi à concevoir un début d'armement biologique et qu'il détiendrait un stock de volume « convenable ». De son côté, William Webster, le directeur de la CIA, indiquait que la mise au point de ces armes par l'Irak pourrait devenir menaçante à la fin de 1991. Selon l'étude de la Commission des Forces armées, ces armes biologiques pourraient éventuellement être lancées à partir de missiles à courte portée, de bombes mais aussi de missiles Scud. Un programme spécial avait été mis au point dans la banlieue de Bagdad par une équipe d'ingénieurs est-allemands travaillant avec les Irakiens. Pourtant, en avril 1990, recevant une délégation de sénateurs américains, conduits par Bob Dole, Saddam Hussein leur avait révélé : « Nous ne possédons pas encore d'armes biologiques mais par contre, nous avons maîtrisé les armes chimiques. » Selon les services de renseignements la principale usine d'armes biologiques irakiennes se trouverait aussi à Salman Pak, au sud-est de Bagdad. On y travaillait à la mise au point d'un microbe appelé bactéride charbonneuse. Une autre équipe de chercheurs irakiens qui avait séjourné pendant plusieurs mois à la cité des sciences en URSS à Akdengorodok travaillait sur des toxines botuliques. En pleine guerre du Golfe, une société suisse, la Chemap, succursale du groupe suédois Alfa-Vadal, reconnaissait avoir livré à Bagdad une installation de fermentation qui pourrait théoriquement servir à la reproduction d'armes bactériologiques. La société suisse, dont le siège est situé dans le canton de Zurich, confirmait que le Conseil fédéral lui avait interdit en 1989 de livrer une telle installation de fermentation tout en reconnaissant qu'un tel matériel avait, les années précédentes, été acheminé vers l'Irak. La décision du gouvernement suisse avait été motivée par le fait que les scientifiques irakiens étaient en réalité des spécialistes des maladies dangereuses et non des nutritionnistes. Un rapport des services secrets américains avait alerté le Conseil fédéral.

Par ailleurs selon le député SPD Wilfrid Penner, dans un rapport du 19 janvier 1989 de la Commission parlementaire de contrôle des services secrets, des chercheurs ouest-allemands étaient mêlés à un projet de fabrication d'armes bactériologiques en Irak. Selon le parlementaire, Cuba et la République démocratique allemande étaient également impliqués dans cette affaire. Le centre de contrôle des maladies contagieuses d'Atlanta, en Géorgie, reconnaîtra que c'est par erreur qu'il avait envoyé en 1985 trois stocks de virus à l'Irak. Officiellement Bagdad avait demandé des autorisations d'exportations des agents biologiques qualifiés de produits à double usage, pour un montant de plus de 700 millions de dollars. Les commandes étaient destinées officiellement à la production de vaccins, mais les experts ont estimé que ces germes pouvaient être manipulés et transformés en agent pathogène. En tout cas, les ingénieurs du Centre de biologie de Salman Pak étaient tout à fait capables d'opérer de telles manipulations. D'autres unités de production d'agents biologiques, souvent camouflées en usines de produits pharmaceutiques ou de pesticides, avaient été créées en Irak, particulièrement à Tuwaita, avec la complicité de l'Institut de biochimie de Dresde en Allemagne de l'Est, mais aussi de centres de recherches en Hongrie. Des ingénieurs bulgares avaient également travaillé avec des chercheurs irakiens sur un poison extrêmement redoutable : la ricine, une protéine hautement toxique contenue dans les graines de ricin. C'est cette substance qui avait servi à empoisonner le Bulgare Georgi Markov à Londres en 1978 lors de la fameuse affaire de l'assassinat au parapluie.

De son côté, la DIA (services secrets du Pentagone) avait à plusieurs reprises rédigé des rapports sur les risques de prolifération d'armes biologiques dans le tiers monde.

Le 25 janvier 1989, le sénateur américain républicain de

l'Arizona, John Mac Cain, terminait un rapport dans lequel il affirmait que l'Irak se préparait à la guerre bactériologique, en agissant sur trois agents pathogènes, l'anthrax, la tuléramie, l'encéphalite chevaline. La tuléramie est une bactérie presque dix fois plus dangereuse que le germe de l'anthrax. Les services secrets irakiens auraient réussi, à l'époque, à se procurer des souches actives de tuléramie aux États-Unis mêmes (à la TCC de Rockville, Maryland). La tuléramie provoque chez la victime une violente poussée de fièvre qui peut être mortelle dans un tiers des cas. Selon les enquêtes réalisées par les services de renseignements, les Irakiens étaient en train de militariser cette bactérie sous la forme d'un aérosol susceptible d'être largué par avion sur les zones à « nettoyer ».

A la même date, la firme Plato-Kuehn, mise en cause pour avoir aidé l'Irak à effectuer des recherches sur les armes biologiques, reconnaissait qu'elle avait livré des toxines de champignons à l'Irak. Le propriétaire de la firme, M. Josef Kuehn, a indiqué qu'il avait obtenu les autorisations nécessaires de l'administration des douanes et que la livraison avait été effectuée avec l'assurance que les substances devaient être utilisées uniquement pour des travaux d'analyse et de laboratoire.

Un dossier retrouvé dans les archives de la STASI (ex-police secrète d'Allemagne de l'Est) montrait que l'armée nationale populaire avait construit en Irak un terrain de manœuvre pour les armes chimiques, biologiques et... nucléaires.

⁂

Nucléaire irakien : les dossiers secrets.

20 janvier 1991 : quelques jours après le déclenchement de la guerre, le général Schwarzkopf, commandant en chef des Forces alliées de la coalition anti-irakienne, envoie le message secret suivant à Washington : « Confirmons que le cœur atomique de l'Irak s'est arrêté. » Les bombardements alliés intensifs des deux derniers jours ont endommagé pour de nombreuses années les centrales nucléaires irakiennes. Depuis des mois, les services secrets occidentaux et le Mossad israélien cherchaient à connaître avec précision l'état d'avancement de l'arme nucléaire de Bagdad. Les estimations variaient contre l'obtention d'une arme atomique opérationnelle, en 1995 pour les services français,

britanniques et américains, en 1992 pour les services israéliens. Depuis des mois, les services secrets de Bagdad avaient tissé une véritable toile d'araignée composée de dizaines de sociétés-écrans avec des responsables de programme ne se connaissant pas les uns les autres. Seuls, à Bagdad, quelques scientifiques de très haut niveau, membres du parti Baas, détenaient la clé du projet top secret de la future bombe atomique irakienne.

Début 1990, les informations affluaient dans les capitales occidentales : les services irakiens essayaient de recruter des ingénieurs moyennant de fortes sommes d'argent et prenaient contact avec des Indiens et des Pakistanais. La Chine avait été approchée par Bagdad. Avant le conflit dans le Golfe, l'Irak voulait se procurer des composants technologiques et les centrifugeuses qui servent à la production de l'uranium enrichi. En effet, les chercheurs irakiens utilisaient dans leur recherche, en plus de la filière plutonium, la filière de l'ultracentrifugation. C'est pourquoi les agents irakiens voulaient désormais se procurer certains types d'éléments pour la centrifugeuse ainsi que des thermomètres à infrarouge de centrale nucléaire. Les avantages de l'ultracentrifugation sont réels pour Bagdad : une faible consommation d'énergie et une grande souplesse des installations qui produisent en fonction des besoins. Il y a bien sûr quelques inconvénients techniques ; selon les scientifiques, il faut plusieurs milliers de centrifugeuses pour atteindre une capacité d'enrichissement.

C'est pourquoi Bagdad cherchait en Europe à se procurer des éléments électroniques et électromagnétiques. Par ailleurs, l'Irak avait tenté d'obtenir aux États-Unis, en Grande-Bretagne et en Allemagne fédérale des inverseurs de hautes fréquences. Les services secrets irakiens avaient monté un réseau chargé aux États-Unis et en Grande-Bretagne d'acheter des Krytons, un système de mise à feu pour déclencher l'explosion nucléaire. Dans le cadre de cette affaire les douaniers britanniques avaient interpellé en mars à l'aéroport londonien d'Heathrow cinq membres d'un réseau irakien qui tentaient de faire parvenir à Bagdad six éclateurs d'origine américaine, véritables dispositifs pyrotechniques servant à la mise à feu des armes nucléaires. Un autre rapport faisait état d'agents irakiens ayant séjourné en Argentine et au Chili, pour se procurer des oscilloscopes capables de mesurer les effets d'une explosion nucléaire. Ce matériel devait rester en attente pour des applications futures, quand l'Irak aurait pu reconstituer un trésor de guerre financier suffisant pour mettre au point les derniers détails d'une bombe atomique opérationnelle.

Les services secrets alliés s'étaient intéressés, en août 1989, à une terrible déflagration ayant pulvérisé le dépôt de munitions d'Al Quaquaa, en Irak. Il ne s'agissait pas d'une explosion nucléaire mais l'onde de choc fut si forte qu'elle fut ressentie à des centaines de kilomètres. Un journaliste britannique, Farzad Bazoft, déguisé en médecin, réussira à se rendre sur les lieux et à découvrir la vérité. Il sera arrêté et, en dépit de plaintes occidentales, le trop curieux reporter sera pendu après un jugement sommaire. En réalité, les services secrets savent aujourd'hui que ce dépôt de munitions était le lieu de production et d'expérimentation d'un explosif dénommé HMX — « High Melting Point Explosif » — qui en 1989 avait accidentellement provoqué la mort de plusieurs personnes, une douzaine de scientifiques irakiens et même étrangers ainsi que des experts en munitions. Un accident dû au fait que le contrôle de la détonation de cet explosif nécessitait la présence d'interrupteurs électroniques de basse inductance et de condensateurs pour la haute tension que l'Irak ne possédait pas encore. Après de rapides réparations, le centre fut à nouveau en mesure de produire du HMX ainsi qu'un autre type d'explosif, le RDX — « Rapid Detonation Explosif » — sans pour autant disposer de ces détonateurs sophistiqués agissant au millionième de seconde. Le HMX et le RDX sont généralement utilisés dans le processus de réaction et d'explosion de l'uranium 235 provoquant l'explosion nucléaire. Depuis des mois, les services irakiens avaient reçu l'ordre d'acheter illégalement les détonateurs et les condensateurs. Le contre-espionnage britannique « M.I.5 » avait réussi à infiltrer plusieurs informateurs dans une société d'import-export, Technology Amb. Development Group, installée dans un immeuble d'un quartier résidentiel de l'Ouest londonien. Une société irakienne, Al Arabi-Trading, avait pris le contrôle de cette firme anglaise en 1987. Elle était dirigée depuis par le Dr Safal-Amadji, un des responsables de la délégation irakienne à l'armement. Ce réseau avait déjà permis à Bagdad de se procurer par des voies détournées une découpeuse par ordinateur de feuilles d'aluminium, ainsi que de l'oxyde d'uranium. Début août, juste avant l'invasion du Koweït, les douaniers allemands saisissaient sur l'aéroport de Francfort des caisses en transit vers l'Irak. A l'intérieur, 260 pots à denter fabriqués dans un acier spécial. Ces pièces usinées par une société suisse du

Tessin pouvaient servir de butoir aux axes centrifugeuses utilisées pour l'enrichissement de l'uranium. Précisément, Bagdad avait commandé trois mois auparavant une machine-outil susceptible d'affiner ces matériaux. Une autre société-écran, installée par les Irakiens, avait permis à Bagdad de faire tomber dans le piège de nombreux industriels européens, notamment allemands. Ainsi, les services secrets savent aujourd'hui qu'une entreprise a vendu en 1988 des fours à très haute température utilisés généralement pour éliminer les impuretés dans les métaux. Un autre industriel allemand a vendu un tour permettant l'usinage de pièces de centrifugeuses ou de cônes de rentrée dans les missiles. Une autre firme ouest-allemande était fortement soupçonnée d'avoir aidé l'Irak dans ses efforts pour produire une bombe atomique. Elle avait signé, en 1989, un contrat avec la firme irakienne UPC, responsable des achats de technologie nucléaire. Une vingtaine d'ingénieurs irakiens auraient été formés ensuite par l'Allemagne de l'Ouest. Cette société, Interatome, avait également fourni des machines et des équipements susceptibles d'être utilisés dans le domaine nucléaire. Les discrètes pressions des services secrets ouest-allemands avaient interrompu les transactions. Les dirigeants d'Interatome avaient fait valoir de leur côté qu'ils étaient de bonne foi car les contrats qu'ils avaient signés étaient destinés à la construction d'une usine de tubes pour l'industrie pétrochimique et pharmaceutique irakienne. Le Brésil reconnaissait avoir fourni des informations importantes sur les armes nucléaires à l'Irak. Le 27 septembre, le président brésilien, Fernando Collor, informait George Bush que son pays avait effectivement aidé l'Irak dans ses projets nucléaires. M. Collor regrettait que le Brésil ait eu des relations clandestines avec Bagdad aboutissant à la vente d'informations sur la technologie nucléaire. Il informait également Washington qu'il allait présenter un projet de loi visant à interdire aux membres de l'ancien gouvernement brésilien de marchander avec l'Irak les secrets nucléaires après leur retour à la vie privée. Signataire du traité de non-prolifération nucléaire depuis 1969, l'Irak s'était engagé comme tout le monde à laisser contrôler un nombre précis de ses installations nucléaires. Fin novembre, en pleine crise du Golfe, l'Agence internationale pour l'énergie atomique (AEIA) exerçait son contrôle sur le stock d'uranium enrichi dont disposait l'Irak. Les deux inspecteurs, un Soviétique et un Nigérian, avaient passé quatre jours sur invitation de l'Irak dans une installation près de Bagdad où ils avaient pu tout à loisir effectuer les vérifications d'usage. Selon le porte-parole de l'AEIA, les deux techniciens avaient trouvé les 12,5 kilos d'uranium enrichi récupérés du réacteur d'Osirak là où ils devaient être mais pas un gramme ne manquait. Cependant, selon une note du Département d'État américain, les renseignements publiés ne se rapportaient qu'aux matériaux nucléaires irakiens placés sous la responsabilité de l'AEIA. Or, les services de renseignements savaient que l'Irak disposait d'autres stocks de matériaux nucléaires que l'AEIA ne contrôlait pas. En effet, selon un rapport secret du Pentagone, outre les réacteurs de recherche français et soviétiques installés à Tuwaita, dans la banlieue de Bagdad, d'autres installations plus secrètes avaient été construites, notamment dans le nord de l'Irak près de la ville d'Erbil et de Mossoul. Les Irakiens avaient installé dans cette région une unité d'enrichissement de l'uranium par ultracentrifugation. Ils exploitaient aussi à la frontière kurde un gisement d'uranium à ciel ouvert, dans le massif montagneux de Chiya Gara. Les ingénieurs brésiliens avaient également cherché à installer une unité d'ultracentrifugation dans la région d'Abu-Chakir, dans le sud de Bagdad. D'autres renseignements faisaient état à Al Qaul, dans l'ouest du désert de Rabta, d'une usine de production de concept d'uranium à partir de phosphate uranifère. Des techniciens belges auraient participé à cette exploitation. Une certitude dans un rapport remis fin novembre à l'Agence internationale pour l'énergie atomique par les deux experts de cette organisation : les dégâts qui avaient été causés en 1981 par l'aviation israélienne sur le réacteur Osirak vendu par la France n'avaient pas été réparés et rien n'avait été reconstitué pour remettre en état l'installation qui n'avait jamais reçu son combustible.

Tammouz 1 a fait couler beaucoup d'encre. Invité de *7 sur 7*, le 28 octobre 1990 sur TF 1, l'ancien Premier ministre, Raymond Barre, évoquant la crise du Golfe, et plus particulièrement l'armement irakien, avait relancé le débat en repoussant une nouvelle fois les critiques de ceux qui accusaient la France d'avoir aidé l'Irak dans le domaine de l'armement nucléaire. « De 1976 à 1981, affirmait l'ancien Premier ministre, j'ai travaillé personnellement à ce que l'agence de Vienne puisse procéder à des inspections à Osirak. » Jacques Chirac, souvent également au centre de cette polémique, a toujours assuré que les modalités de réalisation de l'accord et, notamment, la fourniture du réacteur Osirak et du combustible avaient été examinées à Paris avec une extrême prudence et la volonté de ne pas prendre de risques. Ce que laisse entendre un document confidentiel du Quai d'Orsay sur l'accord franco-irakien du 18 novembre 1975 confirmant les garanties par des engagements spécifiques de Bagdad vis-à-vis de la France. Ces clauses de l'accord n'avaient pas convaincu le gouvernement israélien.

Ainsi, le 7 juin, l'armée de l'air israélienne bombardait et détruisait en partie le « réacteur de recherche nucléaire » irakien Osirak... Un ingénieur français était tué et la réprobation générale telle, qu'à la suite de la condamnation officielle par la France du raid israélien, M. Begin, Premier ministre israélien, expliquera :

« Les condamnations injustes sont aussi condamnables. »

Cette opération militaire israélienne attirait en tout cas l'attention internationale sur la future bombe irakienne...

L'histoire de l'atome irakien ressemblait depuis longtemps à un véritable roman d'espionnage.

En novembre 1980, alors qu'il s'apprêtait à quitter la Maison-Blanche, le président Jimmy Carter fit parvenir à M. Begin un rapport secret sur les dangers de l'atome irakien... Ce rapport mentionnait la volonté de Bagdad de fabriquer le plus tôt possible la bombe atomique. Le Mossad (les services secrets israéliens) était d'autant plus préoccupé que les Irakiens s'efforçaient d'acheter de l'uranium dans le monde entier : 180 tonnes au Portugal, 200 tonnes en Libye, au Brésil et en Chine populaire.

Par ailleurs, le rapport indiquait que des savants nucléaires irakiens travaillaient étroitement avec les physiciens pakistanais...

Dès cet instant, le gouvernement israélien décidait l'attaque sur le réacteur de Tammouz. Nom de code de l'opération : « BABYLONE » (comme le projet de supercanon de Bull).

Au moment du raid, le réacteur Osirak était vide de combustible, « assurent les Israéliens »... :

« Depuis le déclenchement de la guerre entre l'Iran et l'Irak, en septembre 1980, les 13 kilos d'uranium étaient confinés dans une crypte en béton à l'épreuve des bombardements. »

Commandé à Paris en 1975, ce réacteur Osirak avait commencé à fonctionner quelques jours seulement avant le début des combats entre Bagdad et Téhéran.

Après le raid « BABYLONE », le gouvernement israélien plaidait la « légitime défense ».

Meir Rosenne, alors ambassadeur d'Israël à Paris, expliquait : « L'Irak était capable de monter des missiles nucléaires d'une portée de 3000 kilomètres. »

A Paris, c'est la consternation : le Quai d'Orsay s'apprêtait justement à entreprendre auprès de l'Irak des démarches pour définir les obligations et les limites qu'il fallait, dans l'avenir, respecter au sujet de la collaboration nucléaire « franco-irakienne »...

Le Secrétariat général du Quai d'Orsay, dirigé alors par M. Bruno de Leusse, adressait des télex confidentiels aux ministres français concernés par l'attaque du réacteur irakien, notamment le ministre de l'Industrie, Pierre Dreyfus.

Un télex lui était adressé par l'intermédiaire d'un haut fonctionnaire, Bruno Delaye (devenu par la suite conseiller de Claude Cheysson).

Nous présentons ce télex en exclusivité, car il éclaire mieux la réalité des faits sur les potentialités d'Osirak...

CQ ministère de l'Industrie (à l'attention de M. Delaye)
CQ Commissariat à l'énergie atomique
Objet : Osirak argumentaire.

Le département vous communique, à toutes fins utiles, les éléments de réponse suivants aux principaux arguments avancés pour tenter de justifier l'attaque israélienne sur Tammouz (ou Osirak).

1. L'Irak a indiqué qu'il se proposait de produire des armes nucléaires.

En l'absence de références à des déclarations officielles précises de l'Irak, il est difficile d'argumenter.

Au demeurant, l'Irak est partie au TNP. Il a donc pris un engagement international de ne pas acquérir, produire, ou détenir d'armes nucléaires. Il a en outre donné à la France, par des accords passés en 1975 et 1976 et rendus publics en leur temps, des engagements précis et formels dans le même sens.

2. Le réacteur Tammouz avait pour objet de produire des explosifs nucléaires.

Tammouz est un réacteur exclusivement conçu pour la recherche scientifique. Toute tentative de l'utiliser pour produire du plutonium à des fins militaires, ce qui suppose l'irradiation massive d'uranium naturel pour obtenir ensuite du plutonium par retraitement, obligerait à modifier profondément l'installation et à manipuler des quantités de matières dangereusement irradiées de l'ordre de plusieurs tonnes ; elle serait immédiatement repérée.

Sur un plan technique, il serait absurde pour un pays qui voudrait fabriquer une bombe nucléaire de construire un réacteur tel que Tammouz pour y produire du plutonium. Il existe des voies infiniment plus économiques et plus discrètes pour arriver à cette fin : fabrication ou achat de centrifugeuses pour enrichissement d'uranium, ou construction de réacteurs plutonigènes à uranium naturel, par exemple.

3. Le combustible de Tammouz est de l'uranium hautement enrichi, directement utilisable pour la fabrication de bombes.

Le même raisonnement vaut pour des dizaines de réacteurs de recherche mais le monde et les contrôles de l'AIEA ont précisément pour objet de vérifier le non-détournement de ces combustibles. En outre, dès que ces combustibles ont commencé d'être irradiés dans un cœur de réacteurs, l'uranium très enrichi qu'ils contiennent devient impropre à la fabrication d'explosifs sans retraitement préalable. Au demeurant, le combustible d'un cœur de Tammouz contient moins de la moitié de la quantité d'uranium très enrichi nécessaire pour faire une bombe, selon les critères de contrôle de l'AIEA (25 kg).

4. Les contrôles de l'AIEA sont inefficaces.

Cet argument est avancé sans aucune démonstration et constitue une attaque gratuite contre l'AIEA, dont Israël est membre à ce jour. Il est certain qu'aucun engin nucléaire n'a explosé dans le monde, qui aurait été fabriqué à partir de matières placées sous contrôles d'utilisation pacifique de l'AIEA.

5. L'Irak s'est dérobé aux contrôles de l'AIEA.

Faux. L'Irak s'est prêté aux deux inspections demandées jusqu'à présent par l'AIEA, la seconde a simplement été retardée en raison du conflit entre l'Irak et l'Iran et notamment de la première attaque aérienne dont ce réacteur a été l'objet le 30 septembre 1980.

Le directeur général de l'AIEA vient d'ailleurs de déclarer à Vienne que les contrôles exercés sur Tammouz avaient donné des résultats entièrement satisfaisants.

6. L'Irak, une fois les réacteurs mis en fonctionnement,

pourrait renvoyer les techniciens étrangers et se libérer ainsi des contrôles internationaux.

Une telle action, pour le moins peu vraisemblable avant longtemps en raison des besoins en techniciens pour le service d'un tel réacteur (un accord de coopération de dix ans à cet effet a d'ailleurs été passé entre le CEA et son homologue irakien), n'aurait pas interrompu les contrôles de l'AIEA. Elle aurait été perçue par l'opinion et les pays intéressés comme un signal sans équivoque des intentions de son auteur (le même argument vaut pour une dénonciation éventuelle du TNP).

En outre, toute rupture des engagements pris par l'Irak aurait entraîné une interruption de l'approvisionnement du réacteur et donc son arrêt à court terme.

Enfin, il est pour le moins étrange de voir un État tenter de justifier le bombardement d'une installation nucléaire soumise à contrôles d'utilisation pacifique, sous prétexte qu'elle pourrait un jour ne plus l'être, alors qu'il soustrait une partie de ses propres installations à de tels contrôles.

7. Il a été construit sur le site de Tammouz un bunker enterré où devaient se fabriquer clandestinement des bombes.

La seule installation que pourrait viser cette accusation fantaisiste est le bâtiment des guides à neutrons destiné à des expériences scientifiques portant sur la physique des solides. Ces équipements ne présentent aucun intérêt militaire. Il existe une installation identique auprès du réacteur Orphée de Saclay.

8. Israël a attaqué sans attendre pour éviter le grave accident nucléaire qu'aurait provoqué la destruction d'un réacteur chargé en combustible.

En fait, Israël a pris le 7 juin un très grand risque de provoquer un tel accident, puisqu'une charge de 11,5 kg d'uranium très enrichi et déjà irradié se trouve sur place depuis juin 1980. Israël ne pouvait l'ignorer ; c'est en effet la présence de cette charge qui a motivé les deux inspections de l'AIEA.

9. Israël n'a pas ménagé ses efforts diplomatiques auprès des pays fournisseurs. Ses efforts étant demeurés vains, seule restait l'option militaire.

Le dernier contact diplomatique entre la France et Israël à ce sujet date du 28 juillet 1980. Depuis, aucune démarche n'était venue souligner les inquiétudes du gouvernement israélien en cette affaire.

L'inquiétude de l'opinion israélienne n'était cependant pas ignorée du gouvernement français. Celui-ci, soucieux de ne donner aucune prise à des soupçons, même injustifiés, venait tout récemment d'insister sur la nécessité de s'assurer qu'aucune mesure ne serait négligée pour garantir l'utilisation du combustible et du réacteur à des fins exclusivement pacifiques.

10. Israël a agi en état de légitime défense.

La construction et l'utilisation sous garanties internationales d'un réacteur à buts scientifiques ne peut en aucune façon être considérée comme une agression à l'égard d'Israël. Parler de « légitime défense » en pareil cas est un abus de langage. Pour s'en convaincre, il suffit d'imaginer quelle serait la réaction d'Israël si pareille argumentation était utilisée à l'encontre de ses propres réacteurs (dont l'un, pourtant, n'est pas placé sous contrôles internationaux).

Bien au contraire, Israël, par son attaque, a porté atteinte à des principes fondamentaux des relations internationales (non-usage de la force, règlement pacifique des différends...). Pour se limiter au domaine nucléaire, elle a porté un coup très dur au principe même d'une coopération nucléaire de non-prolifération (à suivre).

Signé LEUSSE.

De ce document, on retiendra la conviction des experts du Quai d'Orsay que l'Irak n'était pas en mesure de construire une bombe, que les contrôles de l'agence de Vienne étaient efficaces et que, contrairement à ce que laissait entendre la diplomatie israélienne, une charge de 11,5 kg d'uranium, très enrichi et déjà irradié se trouvait à Tammouz depuis juin 1980, ce qui aurait pu provoquer une catastrophe nucléaire...

Cependant, comme on le verra plus loin, cette version du Quai est contestée par des savants français, notamment...

En tout cas, l'attaque d'Osirak par Israël doit se replacer dans un contexte général de guerre secrète. En avril 1979, un attentat non revendiqué avait déjà détruit aux chantiers de La Seyne, près de Toulon, des éléments destinés au réacteur de Tammouz. Un an plus tard, en juin 1980, un autre attentat tue à Paris un ingénieur nucléaire égyptien travaillant au réacteur Osirak.

Le 5 avril 1979, un commando bien renseigné, formé par des professionnels, pénètre à La Seyne-sur-Mer (Var), dans un atelier de 400 mètres où est entreposé Osirak... Ce laboratoire appartient à la CNIM (Constructions navales industrielles de la Méditerranée) qui travaille avec Technicatome. Le commando fera exploser huit charges à retardement qui endommageront le système de refroidissement du réacteur.

A ce jour, les auteurs de l'attentat n'ont pas été retrouvés. Plusieurs journaux ont attribué l'explosion au Mossad.

Selon une thèse répandue par les services britanniques, le commando avait, en fait, pour mission de s'emparer des parties techniques essentielles du cœur d'Osirak et de les mettre sur un bateau qui attendait à Marseille. Mais le temps manqua au commando.

Juin 1980. Yahia el Meshad, 48 ans, de nationalité égyptienne, séjourne à Paris. Il a rendez-vous avec des experts du Commissariat à l'énergie atomique. El Meshad, physicien nucléaire, travaille depuis plusieurs mois pour le régime de Bagdad... et à ce titre il se trouve alors en France.

Samedi 14 juin, 14 h 50, son cadavre est découvert par une femme de chambre au neuvième étage de l'hôtel *Méridien*... Son visage est couvert d'hématomes et il porte une très profonde blessure à la tête. Un témoin est entendu : une jeune femme, Marie-Claude Magai, qui avait proposé ses « services » au physicien. Quelques jours plus tard, la jeune femme est écrasée boulevard Saint-Germain. Le rapport de police concluait « qu'elle était alors en état d'ébriété »... Quant au rapport d'autopsie du savant égyptien, il concluait à une fracture du crâne provoquée par un instrument contondant.

« Ce n'est pas du travail de professionnels », disait-on à la PJ. Ce qui semblait innocenter les services israéliens... ou écarter l'hypothèse de toute opération d'agents spéciaux.

Une autre piste était, dans le même temps, explorée par le contre-espionnage français, celle d'un règlement de comptes inter-irakien. En effet, el Meshad était très lié avec l'ancien directeur de la Commission nucléaire irakienne, le Dr Hussein Sharistani, condamné en Irak à dix ans de prison « pour menées contre-révolutionnaires ». Le 18 septembre 1979, la 5e branche de la Sécurité nationale irakienne emprisonnait pour complot le Dr Hussein Sharistani, propre conseiller scientifique de Saddam Hussein, le chef de l'État irakien. Il était tout simplement soupçonné d'avoir participé, comme complice, à la « fameuse opération de sabotage des ateliers de La Seyne-sur-Mer ». On lui reprochait d'avoir fourni des renseignements confidentiels sur le réacteur Osirak.

Le 21 décembre 1980, cinq Irakiens chiites étaient également arrêtés sur le site même de la centrale nucléaire d'Al-Tawit, près de Bagdad. Le général Barazan Ibrahim, patron du contre-espionnage irakien, fit un rapport dans lequel, selon lui, les cinq hommes étaient chargés de tuer les ingénieurs français de la centrale. Cette histoire n'a jamais été révélée...

Toute cette guerre ouverte, assortie d'opérations secrètes, de meurtres mystérieux, ne contribue pas à répondre à une simple question : l'aide française à l'Irak peut-elle aboutir réellement à la production d'une bombe atomique ? Pour les Israéliens, bien sûr, la réponse est positive.

Afin de cerner la vérité, il est essentiel de remonter en octobre 1974 lorsqu'une mission irakienne est venue à Paris pour s'enquérir des possibilités d'achat d'une centrale nucléaire.

Cette mission précédait d'un mois la visite du Premier ministre de l'époque, Jacques Chirac. Ce dernier, en voyage officiel en Irak, jetait les bases d'une coopération nucléaire à des fins pacifiques. Michel d'Ornano, alors ministre de l'Industrie du président Giscard d'Estaing, suivit alors, pour l'essentiel les différentes opérations. Et c'est en octobre 1976 que Raymond Barre, alors Premier ministre, devait donner son accord pour l'opération et les fournitures.

Nous publions ici, pour la première fois, des extraits du document de synthèse du Quai d'Orsay *, tel qu'il figure dans les archives « officielles » non publiques. Ce document retrace l'histoire réel de la négociation entre Paris et Bagdad. Avec ses clauses de sauvegarde.

« ... En conséquence un projet d'accord-cadre fut soumis aux Irakiens, complété par un échange de lettres secret, signé le 10 septembre 1975 entre MM. d'Ornano et El Hamdani, et établissant le programme de coopération suivant à mettre en application après la signature de l'Accord gouvernemental. Ce programme prévoyait deux phases :

1re phase

1. Formation en France des techniciens irakiens d'une centrale électrique du type PWR ;
2. Mission d'experts français au Centre de recherche

* Voir annexes pages 266 à 278

nucléaire de Bagdad pour l'installation d'un réacteur de recherche, dérivé du modèle Osiris, avec garantie de fourniture de combustible durant quinze ans ;

3. Construction d'une centrale électrique à eau légère pressurisée, d'une puissance de 600 à 900 MWe, du type construit en France par Framatome, et qui devrait être opérable au plus tard en 1983 ;

4. Fourniture de la première charge de combustible, et des recharges jusqu'en 1990 pour cette centrale ;

5. Retraitement des combustibles irradiés par la centrale dans des installations françaises, le plutonium devant être stocké en France et utilisé à des fins pacifiques, sur un programme à fixer en commun par les deux Gouvernements ;

6. Durant cette première phase, les mesures nécessaires seront prises pour préparer la seconde phase, y compris l'initiation à la technologie des Surrégénérateurs.

2e phase

Réalisation d'une centrale à neutrons rapides, dont les caractéristiques seront définies en commun — le programme de cette seconde phase sera établi en prenant en considération les quantités de matières fissiles disponibles et l'expérience acquise par les techniciens irakiens au cours de la première phase. Les conditions de fourniture et de retraitement du combustible du réacteur seront alors établies en commun.

L'engagement conditionnel envisagé à la seconde phase de ce programme avait été pour les Irakiens la condition sine qua non de leur acceptation d'achat de la centrale PWR.

Le projet d'accord-cadre, entériné le 2 octobre 1975 par la Commission de l'Euratom, fut signé le 18 novembre 1975 à Bagdad par MM. d'Ornano et El Hamdani.

Nous avions toutefois prévu qu'il devrait être complété par un accord trilatéral de contrôle avec l'AIEA. Les Irakiens n'ont pas partagé ce point de vue, arguant qu'étant partie du TNP ils avaient signé, le 29 février 1972, un accord plaçant tout leur cycle nucléaire sous le contrôle de l'agence de Vienne. Ils nous proposaient dans ces conditions de procéder avec nous à un échange de lettres, selon lequel ils s'engageraient à conclure avec nous et l'AIEA un accord trilatéral au cas où le TNP cesserait d'être applicable (notamment en cas de dénonciation de leur part).

Finalement, après de nombreuses péripéties, dues essentiellement aux difficultés de la mise en forme des contrats prévus en application de l'Accord, un échange de lettres reprenant la formule irakienne fut signé le 11 septembre 1976 et complété à la même date par un échange de lettres sur les mesures de protection physique des installations et du combustible. »

Aujourd'hui, après les bombardements de la coalition, les deux réacteurs de recherche, l'un soviétique, l'autre français, dont disposait l'Irak, sont détruits pour de longues années. Le général Colin Powell, chef d'état-major interarmés des Forces alliées dans le Golfe, après l'analyse des photos aériennes, a confirmé que ces deux installations avaient subi suffisamment de dégâts matériels pour qu'il soit difficile, sinon impossible de les reconstruire. Les services secrets israéliens laissent percer encore quelques inquiétudes. Ils estiment que si l'Irak n'apparaît plus en mesure de mettre au point une véritable force opérationnelle nucléaire, il pourrait disposer encore des moyens de fabriquer une ou deux bombes atomiques de type artisanal. Le Mossad estime qu'on n'a aucun renseignement précis sur les combustibles nucléaires stockés dans des complexes et des bunkers prévus pour résister à des attaques nucléaires et même à des bombes à impulsions électromagnétiques. Les experts israéliens n'excluent pas que soit encore intacte la quinzaine de kilos d'uranium enrichi soviétique, de la douzaine d'origine française qui se trouvaient dans le site de Tuwaita, qui avaient été contrôlés par les experts de l'Agence internationale pour l'énergie atomique. Peut-être même, selon le Mossad, Saddam Hussein avait fait transborder les réserves d'uranium dans un bunker souterrain secret qui n'aurait pas été repéré par l'aviation alliée. La psychose de la bombe nucléaire irakienne continue à inquiéter les services secrets israéliens.

CHAPITRE VIII

Tel-Aviv-Téhéran-Moscou

ENTRE le rêve nécessaire de voir casser la machine militaire irakienne et la crainte que ce conflit ne se transforme pour eux en une véritable épreuve de force avec l'ensemble du monde arabe, les Israéliens ont choisi la retenue et la prudence *. Mais dans le même temps l'État hébreu préparait des cartes secrètes au cas où sa survie aurait été au centre du conflit. Par exemple, en cas d'attaques non conventionnelles de la part de l'armée de Saddam Hussein. Dès le début des hostilités, la diplomatie iraélienne et les services de renseignements ont voulu couper court à toute idée d'amalgame entre la situation dans les territoires occupés et l'annexion du Koweït par l'Irak. Cette guerre psychologique, Israël l'a menée d'emblée en lançant diverses opérations à travers ses relais habituels pour contrer la propagande irakienne. Ainsi, des notes diplomatiques prescrivaient aux ambassadeurs d'Israël dans le monde d'occuper le terrain des médias pour bien expliquer qu'il n'y avait pas d'analogie entre l'invasion irakienne du Koweït et d'administration par Israël de la Judée — Samarie et Gaza. La note d'orientation du ministère israélien des Affaires étrangères était claire à ce sujet :

« Saddam Hussein a envahi le Koweït dans une guerre d'agression sans provocation de la part de l'agressé. En 1967, la Judée-Samarie et Gaza sont passées sous contrôle israélien dans une guerre de légitime défense.

« L'Irak a banni le gouvernement légitime du Koweït et vide systématiquement le Koweït de tous ses citoyens. Saddam

* Voir annexes page 307.

Hussein est en train de transférer l'infrastructure et les biens koweïtiens en Irak. Israël administre la Judée-Samarie et Gaza conformément au droit international et a fait en sorte d'améliorer le niveau de vie des Palestiniens.

« Saddam Hussein a annexé un pays souverain — le Koweït — et l'a désigné comme province irakienne. Israël n'a pas annexé les territoires bien que leur statut n'ait jamais été déterminé en droit international. Israël a déclaré que leur statut final serait déterminé au cours de négociations de paix.

« La situation d'Israël ressemble à celle du Koweït et non à celle de l'Irak. Israël a sensiblement les mêmes dimensions que le Koweït et Saddam Hussein l'a menacé de destruction par armes chimiques.

« On ne gagne rien à créer un lien entre l'invasion irakienne et le conflit israélo-arabe. Obliger Israël à faire des concessions dans le but d'obtenir l'évacuation du Koweït par l'Irak équivaudrait à récompenser l'agression irakienne. Les régimes modérés de la région seraient fragilisés et déstabilisés et l'agression de Saddam Hussein trouverait une justification et une légitimation dans le monde arabe.

« Le danger d'une agression irakienne dans l'avenir ne peut être écarté que par une position ferme contre l'agression actuelle. On ne peut se permettre d'accorder à Saddam Hussein des bénéfices diplomatiques ou territoriaux de par son invasion.

« Compenser l'évacuation du Koweït en acceptant un lien artificiel avec le conflit israélo-arabe ne fera qu'encourager Saddam Hussein à de futures initiatives aussi dangereuses, sinon pires.

« L'intention de Saddam Hussein lorsqu'il a établi un lien entre l'agression irakienne et le conflit israélo-arabe n'est qu'une tentative de diversion pour affaiblir le consensus international contre lui.

« Reconnaître ce lien, c'est permettre au dictateur irakien d'arriver à ses fins. »

L'armée israélienne était prête également à la riposte. Les plans d'une attaque sur la partie occidentale de l'Irak avaient été préparés par l'état-major. Une opération pour éliminer les bases mobiles de lancement des Scud avait été planifiée, notamment par le général Ehud Barak, chef d'état-major adjoint des armées et futur grand patron de l'armée israélienne. Les services des renseignements militaires israéliens dirigés par le général Amnon Shahak avaient mis au point un plan de destruction de la région frontalière de la Jordanie, où ils soupçonnaient les Irakiens d'avoir placé leurs rampes de missiles Scud mobiles.

Une autre option devait consister à créer dans cette région une sorte de zone tampon pour empêcher les incursions irakiennes en Jordanie et l'installation de missiles le long de la frontière. Des agents du Mossad avaient également recruté depuis des mois (bien avant l'invasion du Koweït par l'Irak) en Jordanie dans certains milieux palestiniens. Ils cherchaient à obtenir des renseignements sur les liens militaires qui pouvaient exister entre Bagdad et Amman. Dans le domaine de l'aviation, des échanges de pilotes entre les deux pays avaient semblé suspects aux renseignements militaires israéliens depuis le début de l'année 1990. Une opération, style Entebbe, sur Bagdad avait également été programmée. Sept scénarios mis au point par les experts du commando d'élite de l'état-major Sayurat Maktal...

Tous ces plans s'appuyaient également sur un projet d'études d'action-commando pour détruire au sol des avions de chasse irakiens réfugiés en Iran, mais aussi en Libye, au Soudan, au Yémen ou en Mauritanie. Les Israéliens ont toujours soupçonné et soupçonnent encore Saddam Hussein d'avoir mis, avant le conflit, un certain nombre d'avions à l'abri dans des pays n'ayant pas participé à la guerre du Golfe.

Depuis le début de la crise, le Mossad n'a pas voulu utiliser tous les agents secrets qu'il possède sous de fausses identités, notamment en Irak. Le Mossad y a recruté depuis de nombreuses années des Kurdes et des Juifs d'origine irakienne. Objectif : préparer les infiltrations des commandos israéliens à travers la frontière turco-iranienne avec, pour objectifs, les quartiers généraux de l'armée, les sites stratégiques et une opération spéciale sur le bunker de Saddam Hussein. Tous ces plans étaient soigneusement répertoriés bien avant l'invasion du Koweït par l'Irak. Ils ont simplement été affinés en raison de la menace nouvelle depuis le début de la guerre du Golfe.

Disposant de peu d'agents en Irak, le Mossad leur a donné comme consignes de ne prendre aucun risque et de ne pas « se brûler ». Les services israéliens préfèrent qu'ils restent en situation clandestine comme les illégaux soviétiques, qui parfois mènent une vie normale d'agent secret dans un pays pendant quinze à vingt ans, avant d'être réactivés. Dès le début de la guerre, Israël avait transmis également à ses alliés occidentaux un message ultra-secret : « En cas d'agression de Bagdad par des armes chimiques et bactériologiques, l'État hébreu enverrait sur

Bagdad une bombe atomique d'une puissance égale au 1/5ᵉ de la bombe de Hiroshima. » Dans le même temps une rampe de lancement de missiles sol-sol Jéricho était disposée en Cisjordanie.

Sur le plan de la guerre psychologique, le Mossad, en laissant entendre clairement pour la première fois à la BBC qu'il était bien derrière l'assassinat à Bruxelles, le 22 mars dernier, de l'ingénieur Gerald Bull, l'inventeur du supercanon irakien (qui avait participé à la machine de guerre technologique de l'Irak), a voulu lancer un avertissement à tous les ingénieurs qui seraient tentés de continuer à travailler avec Bagdad. Pendant toute la durée du conflit, un homme fort est apparu en Israël, le général Barak, un ancien chef des services de renseignements de l'unité d'élite Sayeret Matkl qui avait participé en 1976 à l'opération Entebbe. Ce général israélien, qui a également fait des stages à l'École des commandos de l'armée française, est un spécialiste des opérations d'infiltration et de renseignements. Diplômé de physique et de mathématiques, il s'était, en 1973, déguisé en jeune femme blonde pour aller avec un commando du renseignement militaire exécuter dans leurs caches à Beyrouth des responsables palestiniens, qui préparaient des opérations terroristes contre Israël. Ce partisan de l'équilibre de la terreur et de la fermeté donnera certainement le feu vert à un plan secret mis au point depuis une dizaine d'années par les ingénieurs du ministère de la Défense israélien : la création d'un missile de croisière qui pourrait être lancé à partir d'un sous-marin. Israël, qui possède trois submersibles de construction britannique, est en négociation pour l'achat de deux nouveaux sous-marins avec l'Allemagne fédérale. D'ici là Israël participera aux négociations concernant le désarmement nucléaire, biologique, chimique et balistique dans la région. Mais en gardant constamment à l'esprit que sa sécurité compte avant toute autre considération...

Iran : un jeu subtil.

Double jeu iranien, rideau de fumée, parapluie persan ? Comment définir, pour un analyste du Quai d'Orsay, la politique de Téhéran durant la guerre secrète du Golfe ?

Ce fonctionnaire nous répond : « C'est simple, très simple. L'Iran préfère le golfe Persique au golfe Arabique. Depuis l'invasion du Koweït, l'Iran en tout cas à tout fait pour vendre chèrement sa neutralité aux Occidentaux. Depuis le début, l'on savait à Washington, Londres et Paris que Téhéran n'avait aucun intérêt à aider réellement Saddam Hussein. Simplement le président Hachemi Rafsandjani, soumis à des pression intérieures de la part des députés radicaux, avec à leur tête Ali Akbar Mohtachemi, l'ancien ministre de l'Intérieur, a joué serré tout au long du conflit d'autant que la situation sociale est très critique et que des manifestations de rues se sont multipliées depuis des mois, pour protester contre le manque de produits de première nécessité dans plusieurs villes iraniennes. Un accroissement de la tension avec Bagdad n'aurait pu que renforcer les extrémistes qui guettent la moindre ouverture politique à l'Occident du président iranien. »

L'Irak cherchait de son côté à se réconcilier avec son adversaire d'hier. Saddam Hussein ne voulait pas se battre sur deux fronts, contre l'Iran au nord, contre la coalition au sud.

Le 2 avril 1990, Saddam Hussein écrit à Rafsandjani pour lui proposer une rencontre au sommet, à La Mecque.

« Les grands, écrit Saddam Hussein, qui tirent les ficelles n'auraient-ils pas pu mettre un terme à cette guerre entre nous qui a durée huit ans ? Ils ont préféré laisser l'Irak et l'Iran s'entre-déchirer durant de longues années. Les combats ont fait rage sur un sol qui renferme 65 % des réserves mondiales de pétrole. Qu'importe, les canons pouvaient tonner, et les carnages s'éterniser, du moment que pour eux, il n'y avait pas de problèmes. Les Iraniens allaient découvrir un certain nombre de réalités. Ils en ont déjà découvert quelques-unes fort amères, ils en découvriront bien plus quant au degré de manipulation dont ils ont été l'objet durant cette guerre. »

Cependant le président iranien refusera la rencontre en Arabie Saoudite. Il ne veut pas se rendre dans la ville sainte et propose par contre le Pakistan. L'OLP jouera alors un rôle d'intermédiaire entre les deux chefs d'État. Un conseiller de Yasser Arafat, Abou Khaled Al Lahm, portera lui-même les correspondances à Téhéran et à Bagdad.

La conférence était prévue en août, elle fut précédée début juillet d'une conversation à Genève entre Tarek Aziz, ministre irakien des Affaires étrangères, et son homologue iranien Ali Akbar Velayati.

Ils discutent même du prix du pétrole et s'entendent pour imposer une hausse de référence du brut à l'occasion de la prochaine conférence de l'OPEP. Mais l'invasion du Koweït, le

2 août, perturbe les milieux politiques dirigeants iraniens. Téhéran se replace dans le droit-fil de la communauté internationale en suivant les recommandations de fermeté de l'ONU.

Le journal des « faucons » iraniens *Khyan* écrit même à propos de Saddam Hussein : « Le Frankenstein de Bagdad s'est retourné en fait contre ses créateurs. » Saddam Hussein, qui a besoin de l'appui de Téhéran, lance des appels à la guerre sainte et donne pleinement satisfaction à Téhéran : retrait des troupes irakiennes du territoire iranien, libération des prisonniers de guerre et surtout reconnaissance des accords frontaliers de 1975 sur le Chatt Al Arab.

Le 9 septembre, un Boeing 727 de la compagnie irakienne baptisé Saladin, du nom du sultan qui avait écrasé les croisés chrétiens et s'était emparé de Jérusalem en 1187, atterrissait sur l'aéroport de Téhéran, avec, à son bord, le ministre irakien des Affaires étrangères, l'homme à tout faire, Tarek Aziz.

Lors de cette rencontre fut notamment décidé un accord secret de relations bilatérales constantes sur la crise du Golfe entre un vice-ministre iranien des Affaires étrangères, M. Manouchef Mottaki, et un haut fonctionnaire du ministère irakien des Affaires étrangères, M. Wissam Zaaoui.

Pendant des mois, ces deux diplomates ont échangé des messages secrets sur l'évolution du conflit.

L'Iran, tout en acceptant de contribuer à l'embargo imposé par la communauté internationale, le viola de mille et une façons pour accroître notamment ses ventes de produits alimentaires.

Lorsque le samedi 26 janvier, les avions « fugueurs » de l'aviation irakienne demandent à l'Iran l'autorisation d'effectuer des atterrissages d'urgence sur son territoire, le rideau de fumée s'épaissit dans les diplomaties occidentales à propos du jeu subtil entre Téhéran et Bagdad. Les experts font remarquer que tous les avions qui cherchent à se poser sont parmi les plus performants du parc aérien militaire irakien : des Mig 29, des Mirage F1, des avions Sukhoi 24, des avions ravitailleurs et même des appareils de reconnaissance comme les Iliouchine 76 El Adnan, une sorte d'Awacs, en moins perfectionné.

Plus de 130 avions iront chercher ainsi le parapluie persan et d'emblée Téhéran, par l'intermédiaire de la diplomatie genevoise, fera savoir à Washington que ces appareils resteront bloqués en Iran jusqu'à la fin du conflit.

L'ambassadeur iranien à l'ONU, M. Kamal Kharrazi,

enverra même une lettre au secrétaire général de l'ONU pour protester contre l'atterrissage illégal de ces avions.

Plusieurs thèses sont encore en opposition sur l'affaire de ces avions irakiens réfugiés en Iran. Les services secrets occidentaux savent aujourd'hui que dans une ville iranienne, à Saguez, des négociations avaient bien eu lieu pour obtenir l'autorisation iranienne que des avions civils irakiens se réfugient dans des bases aériennes du Khouzistan. Il n'était pas question à cette réunion d'avions militaires, mais les négociations devaient reprendre plus tard à ce sujet. Aujourd'hui, selon les services secrets occidentaux, il apparaît qu'une grande partie des pilotes irakiens ont bien déserté, certains ont même demandé le statut de réfugiés politiques à Téhéran. Certains pilotes chiites ont même rejoint l'opposition irakienne en exil à Téhéran, le parti Al Dawa.

Désertion ou repli tactique, cette affaire fit couler beaucoup d'encre au sein des états-majors alliés. Ainsi le commandant des opérations navales américaines, le vice-amiral Stanley Arthur, s'inquiétait. Il pensait que les Mirage F1, les hélicoptères Frelon irakiens qui avaient trouvé refuge en Iran pouvaient, en longeant les vallées iraniennes, parvenir jusqu'au Golfe sans être détectés et ne le seraient en tout cas qu'à un peu plus de 65 km de distance, alors que s'ils venaient d'Irak, leur présence serait détectée à plus de 320 km. Les navires de la coalition ne pourraient alors disposer que d'un bref délai d'alerte avant d'être attaqués par surprise. A cette époque l'on craignait des opérations-suicides. Le vice-amiral, dans un rapport remis au Pentagone, estimait que ces appareils figuraient une plus grande menace que ceux se trouvant en Irak. Il ne souscrivait pas en tout cas à la thèse selon laquelle ces avions étaient partis en Iran pour y rester. Il mettait en doute les déclarations iraniennes sur la neutralité de Téhéran et fut le premier à poser cette question qui reste encore aujourd'hui un mystère : Où sont les hélicoptères irakiens, que font-ils ?

Les services britanniques avaient leur version ; selon eux l'Iran avait passé un accord avec l'Irak bien avant le conflit pour accepter de recevoir non seulement des avions civils, mais des avions militaires, à une seule condition : qu'ils ne soient pas utilisés contre les Saoudiens et les Occidentaux, mais seulement contre les Israéliens.

Dans les états-majors de la coalition, certains services de renseignements s'inquiétaient également de la possibilité de raids-suicides de ces avions avec bombes chimiques, voire des missions-kamikazes d'appareils civils qui pourraient être bourrés d'explosifs.

Pendant que les Occidentaux réfléchissaient à haute voix, les services secrets syriens prenaient contact avec leurs homologues iraniens. Ils proposaient la formation des pilotes iraniens au maniement des avions soviétiques réfugiés en Iran. Téhéran, dont l'aviation est équipée uniquement d'avions américains, a pu profiter de la présence discrète sur ses bases militaires aériennes d'instructeurs syriens, qui ont commencé à former les pilotes iraniens...

Par ailleurs Téhéran aurait accepté des équipes de maintenance venues de Damas pour entraîner des mécaniciens iraniens. En contrepartie de cet échange, les Syriens avaient réclamé l'autorisation de pouvoir examiner l'avion radar irakien Iliouchine baptisé El Adnan.

Quelques jours après cette demande, l'Iran, cherchant à se positionner confortablement pour les négociations d'une guerre perdue d'avance pour l'Irak, proposait une rencontre secrète à des envoyés du roi Fahd d'Arabie Saoudite en Suisse. La négociation eut lieu effectivement en présence du ministre iranien des Affaires étrangères, qui avait été accompagné pour la circonstance par M. Ali Ahani, l'ambassadeur d'Iran en France.

La roulette russe.

« La grandeur de la Russie exige qu'elle parle la première chaque fois qu'il s'agit du destin de l'Orient. »

Ce conseil éclairé du chancelier Nesselrod au grand tsar Nicolas Iᵉʳ a servi de ligne de conduite à la diplomatie soviétique pendant toute la crise du Golfe. Tout en poursuivant sa normalisation avec Israël, en établissant des relations diplomatiques avec l'Arabie Saoudite, en acceptant des prêts des institutions financières saoudiennes et koweïtiennes, l'URSS a maintenu des contacts privilégiés avec la Syrie et a essayé de sauver Saddam Hussein jusqu'à la dernière minute. Le 21 février, devant la commission des Affaires étrangères du Sénat, le ministre des Relations extérieures, Roland Dumas, donnera son sentiment sur la politique soviétique conduite pendant la crise du Golfe.

« Les plans de paix de Gorbatchev, dira le ministre, étaient en réalité destinés à ménager son opposition au sein du parti communiste et de l'armée qui lui reprochait depuis des mois de trop s'aligner sur les États-Unis. Il ne tenait pas à sauver Saddam Hussein, mais plutôt à sauver l'Irak. »

Déjà la diplomatie américaine s'était rendu compte des efforts faits par le numéro un soviétique pour choisir le camp du droit. Mais avec certaines nuances, du fait des rivalités à Moscou entre conservateurs, Boris Eltsine, l'Armée rouge et Gorbatchev.

Le 9 septembre à Helsinki, la réunion entre M. Gorbatchev et G. Bush s'était très bien passée. A cette occasion, le Département d'État américain avait découvert que l'URSS avait des négociateurs de talent pour les problèmes du Moyen-Orient notamment Sergeï Tarassenko, l'homme qui conseilla Chevardnadzé pour le monde arabe.

Mais surtout l'homme fort de la diplomatie soviétique pendant la durée de la guerre du Golfe fut Evgueni Primakov. On parlait d'ailleurs de lui pour succéder à E. Chevardnadzé au ministère des Affaires étrangères, quand ce dernier a démissionné.

Né en 1927 à Kiev, il a suivi les cours de l'Institut d'orientalisme en 1983. Il entre à l'université de Moscou où il rencontrera M. Gorbatchev. Ensuite, à partir de 1962, il devient commentateur sur les affaires d'Afrique et d'Asie à la *Pravda,* puis correspondant au Moyen-Orient.

De 1970 à 1977, il est directeur adjoint de l'Institut de l'économie mondiale et des relations internationales qui a formé de nombreux responsables de la diplomatie soviétique. Cet organisme travaillait également avec le département international du parti communiste soviétique, pour les opérations de propagande, voire de désinformation dans les relations internationales. C'est en tant que correspondant de la *Pravda* au Moyen-Orient qu'il rencontre pour la première fois Saddam Hussein à Bagdad en 1969. A cette époque, le président irakien est l'un des hommes qui compte et qui monte dans son pays. Il sera tout de suite remarqué par l'expert soviétique. Primakov, émissaire de Moscou dans la guerre du Golfe, dressera dans *Time,* fin février 1991, un portrait du dictateur de Bagdad : « Il faisait preuve d'une fermeté tournant souvent à la cruauté, d'une volonté de fer frisant souvent l'entêtement, d'un désir profond d'atteindre son but et cela sans souci des obstacles rencontrés, ni du prix à payer. Une idée exagérée de certains concepts comme l'honneur et la dignité. Saddam Hussein était un homme relativement rationnel, mais il avait tendance à faire des volte-face imprévisibles. »

L'orientaliste du Kremlin, pendant les trois derniers mois de la crise, aurait, selon des sources diplomatiques occidentales, suggéré à M. Gorbatchev de pousser en avant Tarek Aziz, le ministre irakien des Affaires étrangères. Un homme que connaissent bien les Soviétiques depuis sa première rencontre avec Leonid Brejnev...

Les cartes secrètes de la politique soviétique dans le Golfe étaient-elles truquées ? Des mystères subsistent en effet encore aujourd'hui à propos de la position soviétique. Quelques exemples : l'URSS était-elle au courant de l'invasion du Koweït par l'Irak ? Un article curieux paraîtra à ce sujet dans le journal *Rabotchaia Tribuna* du 15 octobre.

Cet article affirmait que les services de renseignements militaires soviétiques, le « GRU », avaient averti deux semaines à l'avance le ministre de la Défense des préparatifs d'invasion irakienne du Koweït. Le rapport envoyé à Moscou n'aurait cependant pas laissé prévoir l'annexion totale de l'émirat, mais seulement une occupation de la zone frontalière contestée par l'Irak. C'est ce qui aurait amené le ministère de la Défense à ne voir là qu'un rapport incomplet conçu par les officiers du Gru uniquement pour se couvrir. Le rapport n'aurait pas été digne d'être transmis à M. Gorbatchev.

Ce dernier, selon le journal soviétique, aurait ensuite rudement reproché au ministre de la Défense, le général Iazov, de n'avoir pas prévu l'invasion militaire.

Aujourd'hui les services de renseignements occidentaux se demandent si ces informations sont exactes ou si elles n'ont pas pour seul but d'expliquer comment l'URSS, malgré la présence en Irak de ses conseillers militaires, a pu ignorer ce qui se préparait.

En effet, les conseillers militaires soviétiques à Bagdad, qui étaient dirigés par le général Anatoli Bannikov, étaient depuis plus d'un an déployés à l'échelon du régiment au sein des forces armées irakiennes avec une forte présence des officiers du GRU, sans compter des officiers des renseignements du KGB.

Les services spéciaux irakiens avaient d'ailleurs été réorganisés récemment par la centrale soviétique.

L'article était-il une manœuvre de désinformation pour dédouaner M. Gorbatchev ? Autre explication : une possible manœuvre du KGB dirigée par Vladimir Krioutchov, jaloux des conversations constantes entre le GRU et des officiers du Pentagone avec échange d'informations pendant la crise du Golfe.

Le général Vladen Mikhailov, le chef du GRU, venait par ailleurs d'être nommé par M. Gorbatchev général de corps d'armée, le plus haut rang de l'armée soviétique en dessous du chef d'état-major.

Cette distinction qui place le patron du GRU au-dessus de ses dix collègues de l'état-major avait été mal appréciée par la direction du KGB.

Le 12 février, le journal *Libération* révélait que depuis quarante-huit heures les alliés avaient intercepté des conversations en langue russe sur les fréquences militaires irakiennes. Le quotidien du matin ajoutait : « Les services de renseignements n'excluent nullement qu'elles soient le fait de conseillers soviétiques restés sur place. » Selon cette source, les communications étaient d'ordre militaire. Elles émanaient des Soviétiques présents au sein des forces irakiennes et conversant entre eux. La teneur de ces communications ainsi que la nature des réseaux radio utilisés laissaient en outre supposer qu'il s'agissait de personnels de rangs élevés.

Information non confirmée par le Pentagone. Mais officieusement, des officiers de l'état-major allié reconnaissent aujourd'hui que ces interceptions étaient bien le fait de militaires soviétiques. Mais il n'était pas question de mettre Gorbatchev en porte à faux vis-à-vis de l'Armée rouge qui commençait à donner des signes de nervosité quant à la durée du conflit dans le Golfe.

Dans le même temps, les services de renseignements français interceptaient des conversations en langue russe sur les fréquences utilisées par les Irakiens. Elles étaient le fait de pilotes de combat formés en Union soviétique selon le Centre d'exploitation du renseignement militaire. Mais l'on s'interrogeait également sur des interceptions en langue russe, qui provenaient cette fois non point d'Irak mais d'Iran. Les conversations avaient lieu entre pilotes s'entraînant sur des avions MIG avec des moniteurs s'exprimant en langue russe. Un mystère de plus puisque les Iraniens ne possèdent pas d'avions soviétiques. Quelque temps plus tard, après la défection ou repli stratégique de plus de cent avions de la chasse irakienne en Iran, des sources affirmèrent au ministère français de la Défense, que certains MIG irakiens réfugiés à Téhéran étaient partis sur une base soviétique en Afghanistan pour être révisés.

Les services des renseignements occidentaux n'excluent pas en effet que les experts soviétiques soient restés sur le champ de bataille et tout autour pour récupérer le maximum d'informations et de matériels occidentaux sophistiqués risquant de tomber aux mains de l'Irak. On rappelle que déjà les Soviétiques à la fin du règne du shah d'Iran avaient transféré en URSS un avion F14 TOMCCAT de l'US Navy avec ses missiles sophistiqués de type Sparrow. Dès l'invasion du Koweït par l'Irak, des experts soviétiques s'étaient rendus secrètement à Koweït City pour examiner des missiles américains de type HAWKS tombés entre les mains de la Garde républicaine. Par ailleurs des experts soviétiques avaient aidé des soldats de l'armée irakienne à transporter des radars de type Tiger S qui étaient en position à Koweït City.

Ces radars furent transportés à Bagdad où des ingénieurs soviétiques et irakiens devaient les adapter sur les avions gros porteurs Iliouchine, afin de les transformer en avions de reconnaissance électronique du type Awacs.

Autre mystère : l'Irak dispose-t-il de missiles SS 12 soviétiques qui n'auraient pas été utilisés ? Il s'agit de missiles sol-sol d'une portée de 900 km de distance et capables d'atteindre des cibles en Israël et en Arabie Saoudite.

Selon des informations des services de renseignements britanniques, ce missile qui peut transporter une tête classique chimique ou nucléaire est un missile de portée intermédiaire, qui dans le cadre des négociations américano-soviétiques en 1987 de destruction de ce type d'armes, aurait dû être éliminé par Moscou de son arsenal militaire. D'où la question que se posent les services britanniques : les Soviétiques avant l'invasion du Koweït ont-ils mis au repos ces missiles en Irak pour tourner l'accord de désarmement ? Avec une clause secrète : interdiction à Saddam Hussein de s'en servir en cas de conflit ?

L'URSS avait été sollicitée en 1986 par les Irakiens pour leur fournir ce genre de missiles, mais Moscou avait refusé et avait proposé de livrer à Bagdad les fameux Scud B. Les fournitures de Scud avaient commencé en décembre 1986. D'autres informations font état aujourd'hui de la livraison, en 1984, de cinq rampes de lancement de missiles SS 12 par la Libye qui en possédait à l'Irak. Les militaires de la coalition anti-irakienne ont fait également le black-out sur l'arraisonnement par les marines alliées de plusieurs navires soviétiques se rendant à Aqaba et transportant du matériel, notamment des pièces de rechange pour les Mig irakiens, en violation totale des règles de l'embargo.

Tout au long du conflit, l'Armée rouge soviétique a en fait exprimé de grandes réserves. Ainsi dans un éditorial du 19 janvier consacré à la guerre, le quotidien de l'Armée rouge soulignait que « les coups massifs de l'aviation de la coalition anti-irakienne avaient montré que l'emploi d'armement conventionnel pouvait avoir une force destructrice même comparé aux armes nucléaires ». Un sous-entendu compris par les attachés militaires occidentaux à Moscou. Les militaires se demandaient s'il fallait continuer à négocier la réduction des armements conventionnels dans l'Armée rouge.

La veille, dans les *Izvestia,* un général chef adjoint du Centre de recherche stratégique de l'Armée rouge, Gueorgui Givtza, se demandait si les armes à hautes capacités électroniques ne dépassaient pas incontestablement les armes datant d'hier notamment soviétiques, dont dispose l'Irak. Sans aucun doute, concluait-il.

Quant au maréchal Sergueï Akhromeyev, le conseiller militaire de M. Gorbatchev, il déclara à plusieurs reprises que « les États-Unis n'ont pas laissé aux sanctions le temps de produire leurs effets ».

En fait l'abandon de l'Irak n'a jamais été admis par l'Armée rouge. Un pacte de coopération de défense unissait Moscou et Bagdad depuis 1975. Des milliers d'instructeurs soviétiques avaient assisté l'armée irakienne en lui enseignant, non seulement le maniement des armes modernes fournies par l'URSS, mais en lui donnant des conseils de stratégie et d'utilisation du terrain.

Les généraux irakiens avaient tous reçu l'ouvrage soviétique intitulé *Éléments fondamentaux de commandement et de contrôle* *. Les auteurs en étaient les généraux Ivanov Savelev et Schemanski.

Cet ouvrage est tiré du cours pour officiers d'état-major de l'académie militaire de Frounze en Union soviétique, où la quasi-totalité des généraux irakiens ont été formés.

Il est intéressant de noter que les préceptes de ce traité ont été appliqués à la lettre pour l'invasion du Koweït le 2 août.

Depuis, les bonnes leçons prodiguées par les officiers russes semblent avoir été oubliées. Il faut dire que Saddam Hussein

* Voir annexes page 289.

n'avait pas non plus très envie de laisser une quelconque initiative à ses propres militaires sur le terrain... D'où également un certain mécontentement des militaires devant des informations distillées assurant que l'URSS aurait fourni aux Américains des renseignements sur l'armement livré à l'Irak. Cela aurait constitué une rupture dans une vieille amitié, s'insurgeait M. Moisseyev, le chef d'état-major des armées.

Pendant toute la durée du conflit les généraux se sont succédé à Moscou pour mettre en garde contre une rupture des relations avec l'armée irakienne.

Ainsi le général Gherman Starodubov, chef d'état-major adjoint, qui écrira plusieurs articles, pour dire que les Américains croyaient qu'après les premiers bombardements Saddam Hussein capitulerait. C'était mal connaître un homme qui a fait la guerre pendant huit ans.

De son côté, le général Sergueï Bahdanov, chef du centre de recherches opérationnelles des forces armées, écrivait dans un bulletin intérieur : « La victoire des alliés n'est pas évidente malgré la supériorité numérique. L'arsenal irakien est encore assez important pour infliger des pertes significatives à l'ennemi » ; et il concluait : « Il n'y a aucune raison de prétendre que la technologie de pointe occidentale est supérieure à la nôtre. L'Amérique et la Grande-Bretagne utilisent leurs armes les plus récentes, la technologie soviétique dont dispose l'Irak est plus ancienne mais elle tient parfaitement tête à ses ennemis. »

Pour sa part, le général Stanislas Petrov, commandant des unités chimiques des forces soviétiques qui avait inspecté à plusieurs reprises le potentiel chimique livré aux Irakiens, écrivait dans les *Izvestia* : « L'Irak a entre 2000 et 4000 tonnes de matières toxiques entreposées dans dix silos. Saddam Hussein possède en outre des bombes contenant des virus de choléra, d'anthrax, et des toxines botuliques. »

Parfois même des généraux proféreront des menaces à peine déguisés.

Ainsi le général Bogdanov : « Pour le moment la concentration des forces américaines ne constitue pas un danger direct pour l'URSS mais l'affrontement qui se déroule à quelques centaines de kilomètres de nos frontières peut dégénérer. Il faut être d'autant plus vigilants que les Américains disposent d'un millier de têtes nucléaires tactiques dans la région, et qu'ils n'hésiteront pas à s'en servir si l'Irak recourt à l'arme chimique. »

Un général soviétique fort connu à Moscou, le commandant de la région militaire de Volga Oural, ira même jusqu'à suggérer secrètement à l'état-major soviétique de faire pression sur M. Gorbatchev « pour qu'il mette l'Armée rouge en état d'alerte ». Un moyen de pression sur la diplomatie américaine, mais également une manière d'obliger le numéro un soviétique à avoir une position plus dure.

Au cours d'un colloque qui se tenait à Moscou, en présence d'un ambassadeur d'Irak, un général, Victor Filalov, avait ironisé sur la position soviétique la plus nulle de tout l'empire russe et de l'Union soviétique. Ce général, directeur de la revue d'histoire militaire à Moscou, se rendra même à Bagdad. Il rédigera ensuite un compte rendu de son voyage, affirmant que la ville était bombardée aujourd'hui comme Leningrad à l'époque du blocus pendant la Deuxième Guerre mondiale et d'insister : « Des Irakiens ayant fait leurs études chez nous à Leningrad confirment mes premières impressions, en paraphrasant de célèbres paroles — *Sans la volonté d'Allah nous ne donnerons pas une parcelle de notre territoire.* » Une allusion au culte de Staline en vigueur au moment du blocus de Leningrad et Filalov concluait : « On croit ici beaucoup en l'Union soviétique. »

Même son de cloche chez le Pr Ivan Koroliev, le responsable de l'institut militaire du ministère de la Défense : « L'URSS renie l'engagement pris dans le traité d'amitié avec l'Irak, de combattre toute forme d'impérialisme ou de sionisme. »

Un général soviétique, Igor Ievstafiev, expert en matière d'armes chimiques et bactériologiques auprès des Nations unies, ira même plus loin. Il accusera Washington de chercher délibérément à provoquer l'Irak à utiliser des armes chimiques de manière à justifier une attaque nucléaire contre Bagdad. Il écrira le 8 février dans *Sovietskaia Rossia* qu'il était alarmé par les attaques américaines contre les installations chimiques irakiennes. « On mène ainsi, écrivait-il, non seulement une guerre contre les populations civiles, en violation des conventions de Genève, mais on commence de fait la guerre chimique. Les alliés le font peut-être exprès pour pousser les Irakiens à attaquer des villes avec des armes chimiques, donnant ainsi aux États-Unis un prétexte à l'emploi d'armes nucléaires. »

Enfin, on pouvait lire dans plusieurs publications soviétiques, comme dans le quotidien *Komsomolskai Pravda,* les confidences d'experts politiques qui avaient travaillé en Irak.

Le commandant Sergueï Bezlioudny raconte ainsi son histoire :

« Je suis arrivé en Irak en avril 1987 au titre de conseiller militaire. Je devais entraîner des pilotes irakiens au maniement des MIG 29, dont la production commençait à peine en URSS. »

Le commandant soviétique s'efforçait aussi dans l'article de détruire le mythe occidental d'une interpénétration trop forte entre les modèles irakiens et soviétiques. « Les pilotes, écrivait-il, étaient formés en France, la tactique du combat aérien était directement inspirée de leur modèle, donc très éloignée de la nôtre. » Il estimait également que Saddam Hussein était un homme très religieux contrairement à ce que dit la presse. Face à cette avalanche de critiques et au problème dans les Républiques baltes, le numéro un soviétique n'avait d'autre choix, sur un plan diplomatique, que de donner le change en essayant de sauver Saddam Hussein du désastre militaire.

Notons qu'une autre menace se faisait jour, celle de l'onde de choc sur les musulmans d'URSS. Dix mille citoyens soviétiques des Républiques musulmanes d'URSS ont écrit pendant le conflit à l'ambassade d'Irak à Moscou pour demander officiellement à partir se battre dans le Golfe aux côtés des soldats de Saddam Hussein. Enfin, dernier mystère et non des moindres, les militaires soviétiques ont-ils fourni à Bagdad l'heure à laquelle les satellites d'observation occidentaux survolaient le Moyen-Orient, ainsi que des informations sur les capacités techniques des caméras installées dans ces satellites ? Cela aurait permis aux troupes de Saddam Hussein de mieux dissimuler leurs rampes de lancement Scud. De nombreux experts militaires occidentaux sont en effet persuadés que les Soviétiques avaient repositionné certains de leurs satellites sur le Golfe et avaient ainsi transmis à Bagdad une partie des renseignements pendant le premier mois du conflit. Par contre, au moment de l'attaque finale terrestre, les Soviétiques qui disposaient d'informations satellites montrant la stratégie de contournement par l'ouest des forces armées irakiennes, notamment de la Garde républicaine, à Bassora, n'ont pas donné à leurs alliés irakiens les photos qui leur auraient permis de déjouer le stratagème du commandement allié...

Pendant toute la durée de la crise du Golfe, l'US Soviet Hotline (le circuit téléphonique d'urgence américano-soviétique) a bien fonctionné. Une sorte de téléphone rouge ultra-sophistiqué.

Le système s'est perfectionné début 1990, autorisant la possibilité d'un dialogue permanent non seulement entre George Bush et Mikhaïl Gorbatchev, mais aussi entre les responsables du haut commandement militaire soviétique et ceux du Pentagone. Les messages secrets échangés pendant la crise du Golfe transitaient par un centre de transmissions protégées du Pentagone qui les codait. Ils étaient ensuite adressés à une station motrice située dans le Maryland qui les expédiait par satellite au centre de réception de l'Armée rouge à Lvev. De là, ils étaient retransmis par câble au siège du renseignement militaire soviétique, le GRU, près de Moscou qui les acheminait enfin au Kremlin. La durée totale de ces transmissions codées était moins d'une minute. Cette ligne spéciale permettant le dialogue entre Moscou et Washington a été doublée pendant la crise par des circuits destinés aux spécialistes militaires. Un accord avait été signé le 15 septembre 1987 dans la capitale américaine, prévoyant la création de centres de réduction des risques. Ces centres situés à Washington et à Moscou sont en liaison permanente pour se communiquer en temps réel des notifications relatives, par exemple, à des tirs accidentels ou à la trajectoire déviante de missiles balistiques ou nucléaires. Des mesures qui permettent au plus haut niveau hiérarchique des forces de frappe respectives d'éviter toute méprise susceptible de conduire à une réaction d'escalade, comme l'aurait imaginé Stanley Kubrick dans le *Docteur Folamour.* Cet accord secret a permis aux Soviétiques et aux Américains de correspondre aux plus forts moments de la crise du Golfe. Le mode de fonctionnement secret de ce circuit rouge avait été précisé par des protocoles signés en marge de l'accord de septembre 1987, aux termes du second protocole : « Les équipements de protection de l'information seront des microprocesseurs qui combineront le message numérique avec des données aléatoires lues sur des disquettes normalisées 5 pouces 1/4. Chacune des parties fournira à l'autre, par l'intermédiaire de son ambassade, les éléments de mise à la clé indispensables. » Les satellites du système sont, du côté américain, un Intelsat et, du côté soviétique, un Molnya. Les télécopieurs utilisés appartiennent au groupe 3 et fonctionnent à la vitesse de 4800 bauds (unité de rapidité de modulation valant une impulsion par seconde). Les télécopies ainsi transmises de Moscou à Washington sont en russe, de Washington à Moscou, elles sont en anglais, mais l'ensemble du matériel, y compris celui installé à Moscou, est, curieusement, de fabrication américaine, comme si dans un domaine aussi sensible que le déclenchement accidentel d'une guerre nucléaire, les Soviétiques ne faisaient pas entièrement confiance à leur propre technologie.

Dans un souci de précaution, les deux systèmes sont testés toutes les heures si bien que l'on voit cette logistique hyper-sophistiquée véhiculer sans cesse des messages des plus curieux, mais aussi des plus anodins et des plus pacifiques. Les Américains expédient souvent des recettes, tandis que les Soviétiques préfèrent envoyer sur les ondes des pages entières de *Guerre et Paix* de Tolstoï ou du livre de Gorbatchev sur la Perestroïka !

Cette ligne rouge fonctionnera à plein le 21 février. Ce jour-là, le haut commandement soviétique laissera filtrer l'information suivante : « Les Forces soviétiques aériennes de défense ont reçu des ordres au cas où des avions de la coalition alliée pénétreraient dans l'espace aérien soviétique du Caucase * pour suivre des appareils irakiens. » Les instructions devaient être données au général Vladimir Litvinov. Intox ou réalité ?

* Voir annexe p. 318.

CHAPITRE IX

La nébuleuse terroriste

LE 31 août 1990, dans *Le Figaro* les menaces de Tarek Aziz, le ministre irakien des Affaires étrangères, n'excluant pas l'utilisation du terrorisme par Bagdad, n'ont pas surpris les experts en terrorisme du groupe « Kilowatt » (il s'agit du nom de code donné depuis 1986 aux experts d'une vingtaine de pays coordonnant leurs politiques antiterroristes).

En France, la DGSE avait affiné pour le gouvernement « certaines menaces potentielles ou périphériques » en relation avec la crise dans le Golfe. Des analyses sur cette « stratégie de contournement » de l'Irak qui ont été appréciées par l'Élysée et à Matignon. Tandis que la DST et les RG répertoriaient sur les ordinateurs et les réseaux de logistique les lieux et les communautés où le recrutement était susceptible de s'opérer. Enfin les cibles potentielles étaient imaginées.

En effet, l'Irak a un passé « présomptif » lourd en matière de support aux groupes terroristes. Un spécialiste des affaires irakiennes et du terrorisme étatique explique : « On garde en mémoire l'implacable détermination et le mépris total des vies humaines ouvertement affiché par les terroristes irakiens, malgré leur qualité de diplomates qui, lors d'une prise d'otage à l'ambassade d'Irak à Paris en juillet 1978, n'hésitèrent pas à tirer sur les policiers qui venaient d'arrêter l'auteur de cette opération. L'affaire s'inscrivait alors dans le cadre d'actions opposant le Fath à l'Irak.

« Le terrorisme étatique irakien n'a plus, depuis, affecté la France tandis qu'en Europe occidentale ses deux seules manifestations, à Vienne et à Berlin, en 1980, se sont traduites par des échecs, à savoir l'expulsion de deux diplomates qui avaient fourni à des agents des explosifs devant servir à commettre des attentats visant respectivement un congrès des nationalistes kurdes dans l'ex-capitale allemande et l'ambassade d'Iran en Autriche. »

On a constaté aussi que les cibles avaient changé ces dernières années et se trouvaient dirigées à la fois contre l'ennemi extérieur, l'Iran, et l'ennemi intérieur, notamment les Kurdes.

Mais en réalité, certains services spéciaux irakiens, comme le Moukabarat (services spéciaux militarisés), ont maintenu « un contact préventif » avec différents chefs terroristes : Carlos depuis son appartement de Damas (près de l'aéroport) utilise parfois un passeport irakien (au nom de Mahmoud Al Bakr).

Dans un entretien accordé le 20 décembre 1990 au journal vénézuélien *El Nacional,* le père de Carlos, de son vrai nom Ramirez Sanchez, d'origine vénézuélienne, affirmait que son fils avait quitté la Syrie et se trouvait en Irak...

Tous les terroristes croyant en l'étoile de Saddam affluaient à Bagdad. A la recherche d'argent et d'instructions.

L'Irak a été longtemps le pays d'accueil et l'un des supports les plus actifs des groupes terroristes palestiniens échappant à la tutelle de l'OLP. C'est dans cette première période que l'Irak a notamment accueilli sur son sol l'organisation d'Abou Nidal dite « Juin noir » qui a été responsable d'un très grand nombre d'opérations terroristes hors du Moyen-Orient. La liquidation de plusieurs responsables de l'OLP — celle d'El Kallak à Paris par exemple — a été le fait de cette organisation. Il en est résulté, en contrepartie, des actions de représailles de l'OLP contre l'Irak, l'affaire de l'ambassade d'Irak à Paris le 31 juillet 1978 en étant l'illustration.

Depuis 1979, l'Irak avait entamé un « processus de séduction » à l'égard des pays occidentaux et avait retiré son soutien, au moins apparent, aux groupes terroristes nuisant à sa réputation... Abou Nidal, par exemple, s'était alors replié sur Damas puis Tripoli en Libye. En apparence, car contrairement à ce que l'on pense, le Fatah-Conseil révolutionnaire d'Abou Nidal a toujours conservé une antenne à Bagdad. Mieux, cette organisation avait placé son argent dans une entreprise commerciale d'import-export installée en Irak. Particulièrement l'élevage de poulets tandis que certaines commandes de l'Irak à des producteurs bretons transitaient en fait par une société-écran irakienne où Abou Nidal conservait des intérêts !

Depuis avril dernier, Abou Nidal disposait officiellement de deux bureaux dans le centre ville. Un retour négocié par Oudaï Hussein, le fils de Saddam Hussein. Écarté du pouvoir en 1988 après avoir tué l'un des gardes du corps de son père, il aurait « repris du service » à la tête d'une section spéciale des services de renseignements. Après la scission du groupe Abou Nidal, en octobre 1989, et le départ pour Alger et Tunis de dirigeants de l'organisation en rupture avec leur chef (notamment d'Atef Aboubakr et d'Abdel Rahman Issa), Saddam Hussein avait envoyé plusieurs émissaires en Libye pour récupérer la tendance dure en lui promettant une aide financière substantielle...

Aujourd'hui, les commandos d'Abou Nidal sont regroupés dans un camp secret appartenant à l'organisation près du quartier de Ramadi, dans la banlieue ouest de Bagdad. Depuis plusieurs semaines, le Fatah-CR encadré d'officiers irakiens recrute au Liban à Al Ramada Centre, à Halana, dans la plaine de la Bekaa. Plus inquiétant encore, des unités spéciales ont été entraînées avec des membres du Fatah-CR au terrorisme chimique et biologique. Ces unités spécialisées avaient été formées, il y a plusieurs mois, par des experts de l'Allemagne de l'Est du temps de Honecker. Le camp se situait à Abou Ali en plein désert à 200 kilomètres de Bagdad.

Certaines unités du groupe Abou Nidal avaient déjà participé à des opérations chimiques et de gaz de combat contre les forces d'Hissène Habré au Tchad il y a quelques années. Les troupes françaises avaient alors reçu des équipements spéciaux.

Enfin, le groupe Abou Nidal, s'il était utilisé par Bagdad, serait dangereux en raison de sa facilité de recrutement pour déstabiliser l'Égypte, le Maroc, ou l'Arabie Saoudite, des réseaux dont il dispose aux Philippines, en Thaïlande, et de ses structures clandestines en Suède, en Norvège et au Danemark. Sans compter quelques liens anciens avec la Fraction Armée rouge en Allemagne...

Autre chef terroriste implanté à Bagdad, Aboul Abbas, le chef du Front de libération de la Palestine *, auteur de l'opération contre le paquebot italien *Achille Lauro* en octobre 1985. Ce groupe a deux bases principales : une en Libye, dirigée par Abd Ghanem et l'autre à Bagdad, dirigée par Aboul Abbas lui-même. Bien qu'opposées ces tendances se rapprocheraient à l'initiative de Bagdad... Par ailleurs, Aboul Abbas est considéré comme l'initiateur de la tentative avortée de son groupe contre

* Voir annexes p. 294

une plage israélienne, début 1990. Le camp d'entraînement du FLP se trouve dans le quartier Alrabta à Bagdad, un bureau de recrutement a été ouvert à Hamman el Shat.

Le 7 septembre, le Département américain lançait un avertissement très ferme à l'Irak, l'informant que tout acte de terrrorisme d'inspiration irakienne serait considéré avec le plus grand sérieux. Dans un communiqué, publié à une heure tout à fait inhabituelle, le Département d'État soulignait que l'Irak avait accru ces dernières semaines son appui à différentes cellules terroristes. Des groupes soutenus par Bagdad pouvaient attaquer presque n'importe quand des Américains ou des intérêts américains en Europe ou au Proche-Orient, soulignait ce communiqué. Quatre jours auparavant, les satellites d'interception électroniques avaient capté de curieuses conversations en arabe dans différentes capitales européennes. Les surveillances de diplomates américains, britanniques, koweïtiens et saoudiens avaient été repérées dans plusieurs grandes capitales européennes par des agents de sécurité de ces ambassades. L'ensemble des diplomates et des hommes d'affaires américains voyageant en Europe avaient reçu des instructions sur la manière d'identifier les colis ou lettres piégés. Des informations très sérieuses, de source palestinienne, laissaient entendre qu'une campagne de ce type avait été programmée depuis Bagdad.

Aboul Abbas avait programmé une nouvelle opération de détournement de bateau en Méditerranée. Vivant à Bagdad des subsides de Saddam Hussein avec un budget de l'ordre d'un million de nouveaux francs par mois, il avait lancé, le 30 mai 1990, une opération terroriste en Israël. Si elle avait abouti, cette attaque aurait causé la mort de civils israéliens sur une plage publique de Tel-Aviv.

Une opération combinée à trois, réseau d'appui logistique libyen, financement irakien, et commando du FLP. Si cette opération avait réussi, Abboul Abbas s'était vu promettre par Saddam Hussein un pactole pour son organisation.

Des membres du FLP avaient commencé à s'entraîner pour une opération maritime dès octobre 1988. De la fin d'octobre 1988 jusqu'au lancement de l'attaque, des manœuvres d'entraînement et des travaux de préparation s'étaient déroulés dans divers sites de Libye, notamment dans une base navale. Le personnel de la marine libyenne avait participé directement à la formation et à la supervision générale des préparatifs.

La Libye avait construit sur son chantier naval de Benghazi

des vedettes du type utilisé dans le raid du FLP. Plusieurs de ces bateaux, qui mesurent plus de huit mètres de long et dont la vitesse peut atteindre trente-cinq nœuds, avaient été modifiés en Libye de façon qu'ils puissent s'équiper d'une mitrailleuse lourde et d'un lance-roquettes. Des vedettes de ce type se trouvaient dans plusieurs sites utilisés par le FLP. Deux de ces bateaux avaient été saisis lors de l'attaque.

La Star Navigation Company du Pirée (Grèce) avait acheté en avril 1990 un navire marchand qu'elle avait baptisé *Tiny Star.* Jadis dénommé *Inger M,* ce navire avait quitté Chypre le 10 avril à destination de Tripoli en Libye. Le *Tiny Star* devait être le navire mère chargé de transporter les vedettes d'assaut et les terroristes du FLP jusqu'au lieu de lancement de l'attaque.

Les mouvements inhabituels du *Tiny Star* dans les eaux libyennes entre la fin avril et la mi-juin avaient coïncidé avec les activités du FLP en vue de préparer l'attaque du 30 mai, puis avec les actions de démobilisation consécutives à l'échec de l'opération. *Tiny Star* avait été repéré au début de mai dans le port de Tripoli. Le navire s'était ensuite rendu dans une base navale libyenne située à l'est de Tripoli où, le 24 mai, on avait procédé à des opérations de chargement, notamment de six vedettes d'assaut utilisées lors du raid. Le bateau avait ensuite fait escale à Ras-el-Hilal, où il avait embarqué les membres du FLP qui devaient participer à l'attaque. Le 27 mai, à Ras-el-Hilal, au moins seize terroristes étaient montés à bord, après quoi le navire avait appareillé et mis le cap vers un point de largage situé à l'ouest d'Israël.

Après avoir largué les vedettes, le *Tiny Star* avait probablement mis le cap vers l'ouest-sud-ouest pour se mêler aux centaines de bateaux marchands en provenance et à destination du canal de Suez. Le bateau était arrivé à la mi-juin dans le port libyen de Tobrouk, avant de regagner Tripoli à la fin juin. Un mois plus tard, il quittait Tripoli pour retourner au Pirée en Grèce.

Bagdad avait applaudi cet exploit, fort heureusement raté.

Aujourd'hui, certains responsables palestiniens se demandent si cette opération inspirée par Bagdad, avec l'appui logistique de la Libye, n'avait pas pour but de casser le dialogue qui s'était instauré depuis des mois entre l'OLP et les États-Unis. Aboul Abbas, amateur de Shakespeare, est, par son second mariage, un parent proche d'un des principaux conseillers d'Arafat, Farouk Kaddhoumi.

Autre grand planificateur d'opérations terroristes, basé en Irak : le Groupe du 15-Mai. Son chef : Hussein Al Oumari dit Abou Ibrahim. En 1978, il a créé son groupe à la suite d'une scission du Front populaire de libération de la Palestine. Il y côtoyait des Libanais des Fractions armées révolutionnaires libanaises (FARL)... Cette organisation a formé de nombreux experts en valises piégées sophistiquées. L'un des spécialistes, Abou Hawari, a rétrocédé ou formé plusieurs terroristes installés en Libye, en Irak et en Syrie. Les bombes placées dans l'avion de la Pan Am et du CD 10 d'UTA ont été vendues ou fabriquées suivant les techniques de ce groupe... En 1985, c'est le Groupe du 15-Mai qui a utilisé un Tunisien pour faire sauter le magasin Marks and Spencer. Cette organisation recrute au Liban en relation avec le colonel Hanari.

Le 4 mars 1987, la DST avait interpellé rue de l'Assomption à Paris un réseau de cette organisation ainsi que 16 kilos d'explosifs Trotyl (variété de TNT). Mais un doute subsiste : ce groupe aurait caché d'autres armes et explosifs...

Aux côtés de ces grands opérateurs terroristes, Bagdad a resserré ses liens avec de petits groupes bien organisés : celui de Talat Yacub, un dissident du FLP, mort en 1988 mais dont l'organisation est financée par Bagdad dans la plaine de la Bekaa.

— Le Front populaire de libération de la Palestine-Commandement spécial, dirigé par Abou Mohammed et Zaki Hawilyu : il était basé au Sud-Yémen il y a quelques mois...

— Le Mouvement de libération populaire arabe installé à Bagdad et dirigé par Naji Alush.

Enfin le Front de libération arabe financé par le parti Baas irakien et animé par le général Abed El Rahim Ahmed et le Front pour la lutte populaire de Samir Ghusha, bien implanté en Afrique de l'Est, en Somalie et... à Djibouti. Les services occidentaux s'inquiètent de ce fait de possibles opérations depuis la Corne de l'Afrique, ou même d'autres régions du continent africain où l'Irak, depuis deux ans, a fait une percée insoupçonnée.

Les Français observaient aussi à la loupe des organisations-paravents très discrètement créées à Beyrouth, et en particulier le Mouvement révolutionnaire islamique mondial, appelant à des attentats anti-occidentaux. Une tactique qui rappelait celle du Hezbollah et de ses protecteurs iraniens à l'époque du Comité de solidarité avec les prisonniers politiques arabes.

La stratégie de ces éphémères mouvements était simple : on créait un pseudo-mouvement islamique qui servirait d'écran de fumée après toute opération terroriste. Alliant désinformation et terrorisme, ces équipes étaient destinées à brouiller les cartes en Europe. Ainsi, une autre mystérieuse et nouvelle organisation, les Frères d'Allah, avait envoyé à la plupart des ambassades occidentales — France, Grande-Bretagne, Italie, Suisse, États-Unis — des menaces très précises de guerre terroriste bactériologique et chimique « dès le lendemain d'une attaque contre l'Irak ».

Un autre mouvement spontané, baptisé Organisation islamique révolutionnaire pour la libération de la Terre sainte, venait d'annoncer qu'il s'en prendrait aux intérêts occidentaux.

Par contre, dès le mois d'août, les services secrets irakiens ont perdu un épisode de la guerre secrète du Golfe. En effet, Bagdad, qui voulait peser sur le sort des derniers otages occidentaux au Liban, avait monté une opération pour s'emparer des prisonniers chiites libanais incarcérés depuis mars 1984 au Koweït, à la suite des attentats contre les ambassades de France et des États-Unis.

Parmi eux, se trouvait en effet un certain Mustapha Badr Eldine. Sa femme est la sœur d'Imad Moughnié, un des principaux responsables du Hezbollah militaire au Liban. C'est lui qui détient plusieurs des derniers otages occidentaux, britanniques et américains. Moughnié avait toujours posé comme condition la libération de son beau-frère. Ce dernier, né en 1960 au Sud-Liban, est considéré comme un expert en explosifs. Le Hezbollah voulait le récupérer depuis plusieurs années et en faire un objet de marchandages avec les autorités koweïtiennes. En avril 1988, le détournement du Boeing 747 de Koweït Airways avait été opéré par le Hezbollah, précisément pour obtenir la libération des dix-sept membres du groupe détenus à Koweït City, parmi lesquels se trouvait également le cousin de Moughnié.

Dès l'invasion du Koweït, les services irakiens avaient pensé récupérer, comme on l'avait cru au début, ce groupe incarcéré à la prison centrale, pour le ramener à Bagdad et, ensuite, s'en servir, soit comme monnaie d'échange avec le Hezbollah, soit pour faire pression sur les otages occidentaux au Liban.

Or, cette manœuvre a échoué. Un des dix-sept prisonniers chiites, Abdel Aziz Karim, qui avait réussi à gagner Beyrouth, a raconté au journal libanais *Al Hayat* les conditions de sa fuite de prison en compagnie de ses camarades. Il a précisé qu'il avait pu quitter le Koweït grâce aux documents officiels fournis par l'ambassade du Liban et qu'ensuite il avait gagné son village au Sud-Liban.

Selon lui, le 2 août à 6 heures du matin, un gardien avait informé les prisonniers chiites que l'Irak avait envahi le Koweït et que la prison se trouvait dans la zone occupée. Le soir, des prisonniers de droit commun, 1600 en tout, auraient réussi à ouvrir un des portails de la prison. Les gardiens avaient tiré, et il y a eu plusieurs morts parmi les prisonniers. Après, certains d'entre eux auraient réussi à fabriquer des cocktails Molotov qu'ils utilisaient pour ouvrir un deuxième portail.

La plupart des prisonniers chiites que cherchaient des Irakiens réussirent à aller en Iran et au Liban en utilisant les ambassades de ces deux pays à Bahreïn et à Abou Dhabi.

En Égypte, depuis le début de la crise du Golfe, une dizaine de réseaux terroristes ont été démantelés par la sûreté égyptienne. Les membres de ces groupes disposaient de soutiens logistiques très importants en provenance de l'étranger, notamment de l'Irak. Certains terroristes bénéficiaient de complicités locales qui leur avaient fourni des armes et des munitions fabriquées en Égypte. La police a même saisi dans l'un des groupes la somme de 45000 dollars ainsi que des messages codés, des cartes et une liste comprenant les noms de plusieurs responsables égyptiens ainsi que les adresses des ambassades étrangères au Caire. Une dizaine de terroristes ont été déférés devant le parquet de la Sécurité d'État au Caire. En Égypte, fin septembre, un groupe terroriste composé de trois Irakiens était arrêté dans un immeuble de la capitale. Ils étaient en possession de passeports koweïtiens récupérés par l'Irak après l'invasion du Koweït.

Fin septembre un autre groupe était appréhendé, cette fois-ci, à Alexandrie, en possession d'armes et d'explosifs. Le commando avait gagné l'Égypte en provenance de Chypre. Ses membres ont avoué au contre-espionnage égyptien qu'ils avaient été envoyés par les services secrets irakiens en attendant des ordres très importants, sans doute l'assassinat d'une haute personnalité égyptienne.

Le 12 octobre, le président du parlement égyptien, M. Rifaah el-Majhoub, était assassiné. Depuis plusieurs mois, le contre-espionnage européen avait repéré les activités des services secrets irakiens.

Les groupes islamiques s'agitaient aussi dangereusement.

Le 17 septembre, à l'occasion d'une conférence de mouvements de différentes tendances arabes et islamiques à Amman, en Jordanie, où se trouvaient plus de trois mille délégués, les officiers de renseignements irakiens ont essayé de recruter des volontaires pour des opérations terroristes. Un délégué libyen, proche des Irakiens, Ibrahim Kharraz, lancera même des appels pour des opérations-suicides en rappelant les attaques contre les quartiers généraux des forces américaines et françaises en 1983 à Beyrouth. Plusieurs projets d'opérations-kamikazes avaient été mis au point par les services irakiens mais n'ont pas été exécutés. Il s'agissait d'utiliser un explosif figurant seulement dans la panoplie de certaines armées occidentales, l'armée israélienne, et, depuis peu, dans la dotation des troupes de choc soviétiques (Spetsnaz). Il s'agit d'un nouveau type de substance dite « explosif-aérosol ». Cet explosif est très difficile à manipuler. Selon les experts, il se présente sous forme de liquide et a un effet de souffle très puissant mais nécessite la mise en œuvre d'une chaîne pyrotechnique particulièrement sophistiquée qui n'est pas à la portée du premier venu. En résumé, une première explosion doit répartir les aérosols sous la forme d'un nuage homogène d'une vingtaine de mètres de diamètre, puis d'une deuxième explosion strictement chronométrée au centième de seconde près pour enflammer ce nuage. Surgit alors une boule de feu en forme de champignon qui ressemble à une mini-explosion nucléaire. L'effet physique se caractérise par des brûlures au 3e degré, dans un rayon de 500 mètres, particulièrement atroce. Un expert spécialiste d'opérations de guérillas navales dans le Golfe explique : « Contre les bateaux, une torpille ou un missile exocet sont certainement plus efficaces, mais les commandos-suicides irakiens embarqués sur des vedettes chargées de ce nouvel explosif auraient pu singulièrement faire des dégâts sans compter qu'une explosion de ce genre provoquerait un important tourbillon d'air chaud dans un périmètre de près d'un hectare, avec comme conséquence la perturbation du trafic radio dans toute la zone pendant plusieurs minutes, le temps qu'il faut pour qu'un missile irakien atteigne sa cible. » C'était peut-être là le but recherché. D'autres opérations avaient été programmées en se servant d'ULM et de planeurs à vol bourrés d'explosifs, mais les candidats au suicide étaient moins nombreux que ne le pensaient les services irakiens qui avaient pourtant cherché à recruter des kamikazes dans des camps palestiniens au Liban.

En Allemagne, le 5 janvier, les autorités avaient signalé que les menaces terroristes de la part de l'Irak devaient être prises « très au sérieux ». Cette sonnette d'alarme n'excluait pas l'éventualité selon laquelle des terroristes à la solde de Bagdad seraient déjà présents sur le territoire allemand. Selon le BKA, le FPLP-CG, auteur de nombreuses actions contre des intérêts américains, représente le plus grand danger. De fait, plusieurs perquisitions effectuées en janvier ont confirmé la présence d'agents dormants du FPLP-CG (Ahmed Jibril). Le BKA cherche à identifier une trentaine de ses agents dispersés dans les cinq Länder composant l'ex-RDA. De nombreux membres d'organisations palestiniennes extrémistes sont venus suivre un entraînement dans les centres de l'ex-STASI, ils étaient financés par l'ex-ambassadeur d'Irak en RDA. Depuis la réunification allemande, ils sont restés dans la clandestinité. Selon une note de Gerhard Boelden, secrétaire d'État à la sécurité, ils pourraient être entrés en relation avec les militants pro-arabes de la Fraction Armée rouge (RAF) et avoir préparé des attentats contre les forces américaines stationnées à Francfort. Trois entreprises commerciales : TDG, Stalco (Hambourg) et Aha (Hesse du Sud) ont été fermées. Elles abritaient des stocks d'armes ainsi que des agents irakiens.

Pour tromper les services de sécurité européens, les organisations terroristes avaient déplacé certains agents dormants d'Europe de l'Ouest vers l'Europe du Nord.

En Suède, des militants du groupe Abou Nidal ont épousé des femmes scandinaves dans le but de s'intégrer parfaitement. La SAPO — le contre-espionnage suédois — démantelait discrètement un réseau dont certains membres s'apprêtaient à passer en Hollande, en Belgique et en France. Les sociétés pétrolières norvégiennes ont alors annoncé un renforcement des dispositifs de sécurité autour des plates-formes de forage en mer du Nord et des sites de stockage à terre.

En novembre, la police grecque interpelle onze Irakiens et six Jordaniens qui ont avoué avoir reçu de l'argent de diplomates irakiens. Leur objectif : effectuer des sabotages en Grèce et en Turquie. L'ambassade d'Irak à Athènes hébergerait encore des commandos. A Chypre et à Limassol, des terroristes avaient entreposé des explosifs dans l'attente de les faire passer en Espagne et en France.

Le 16 décembre, un attentat était perpétré en Grèce à 21 h 30, heure locale, contre le bureau de la Communauté européenne à Athènes, situé dans le centre ville.

Le 14 février, la Renault Espace du censeur français du lycée franco-hellénique d'Athènes, dans la banlieue de la capitale, était complètement détruite après une forte explosion d'une bombe à retardement. A quelques minutes près, le censeur devait monter dans sa voiture. Quelques jours auparavant, c'était la résidence de l'attaché militaire de l'ambassade de France à Athènes qui était visée, toujours par la même organisation terroriste, celle du 17-Novembre. Une organisation considérée comme l'une des plus dangereuses du monde et dont aucun membre n'a jamais été arrêté par la police grecque. Cette organisation qui a déjà assassiné plusieurs diplomates américains avait programmé des plans d'assassinat de diplomates français à Athènes pendant la crise du Golfe. Des dispositions secrètes avaient été prises pour la protection rapprochée et le rapatriement de nos diplomates à la suite d'informations qui étaient parvenues aux services grecs. Depuis plusieurs mois, cette organisation faisait l'objet d'études de psychiatres européens s'intéressant à la notion d'agressivité du point de vue neurobiologique. Il leur avait semblé que le 17-Novembre laissait de nombreuses traces révélatrices de son état psychologique. Des psychiatres grecs, italiens, français et britanniques ont participé à des approches psychiques des mouvements terroristes et particulièrement de l'Organisation du 17-Novembre.

« D'un point de vue psychologique, l'Organisation du 17-Novembre fait preuve d'une intelligence innée et d'une bonne connaissance de l'économie, de l'histoire et de la sociologie. Les activités du groupe démontrent que ses membres ont reçu à la fois un endoctrinement marxiste d'un niveau universitaire et un entraînement militaire ou paramilitaire rudimentaire. C'est pourquoi, dans la réalité, les actions terroristes du groupe ainsi que ses déclarations relèvent plus d'un travail d'amateurs talentueux, si l'on peut dire, que de celui de professionnels bien entraînés. Alors que les membres de l'Organisation ont su démontrer une flexibilité tactique redoutable notamment en matière d'embuscades et de vols, ils semblent incapables de maîtriser les aspects tactiques et techniques du plasticage. La flexibilité tactique du groupe contraste dramatiquement avec l'extrême rigidité qui caractérise tous les autres aspects de son comportement. Cette rigidité quasi omniprésente est la principale raison de l'aliénation progressive et inéluctable du groupe des forces progressives actuellement à l'œuvre en Grèce ».

L'Organisation du 17-Novembre, Balzac, Nietzsche et Dostoïevski.

Les déclarations de l'Organisation du 17-Novembre font souvent référence à des œuvres de Balzac. Les dirigeants du groupe les ont probablement lues durant leur adolescence et ils ont été à la fois impressionnés par les commentaires sociaux de Balzac et par le héros/anti-héros de l'écrivain, Vautrin. Les terroristes ou les criminels s'identifient souvent à des éléments culturels reconnus (le groupe de Charles Manson trouvait la justification de ses meurtres dans des chansons des Beatles et les meurtriers qui expliquent leur meurtre avec une phrase tirée de la Bible sont légion...). Quoi qu'il en soit, l'Organisation du 17-Novembre, en choisissant un auteur dont l'œuvre a été récemment traduite en grec, a encore une fois démontré une tendance prononcée en faveur de l'élitisme. A nouveau le groupe a voulu jouer le rôle d'avant-garde, des chefs qui amènent de l'étranger la vérité aux « masses laborieuses ». Malgré le fait que l'Organisation du 17-Novembre prétende faire partie de *La Comédie humaine,* pour des raisons psychologiques ses membres seraient plus à leur place logiquement dans l'œuvre de Nietzsche ou dans *Crime et Châtiment* de Fiodor Dostoïevski.

L'alerte était aussi effective en Afrique noire : l'ambassadeur d'Arabie Saoudite au Sénégal avait été menacé, les intérêts français au Cameroun, au Nigéria et en Mauritanie aussi. A Nouakchott, les SR irakiens disposaient d'un centre de recrutement pour former leurs agents destinés à opérer en Afrique. Au Soudan, les diplomates britanniques étaient protégés depuis peu par des commandos spéciaux britanniques (les SAS) par crainte d'attentats éventuels. Abou Nidal avait un bureau à Khartoum et des unités armées installées dans la base militaire de Wadi Seidna. Les services spéciaux égyptiens « sont persuadés que ces hommes disposent d'armes chimiques ».

Djibouti est aussi un lieu à risque. Les troupes françaises avaient été mises en état d'alerte, car l'Irak disposait d'une très forte ambassade et d'un groupe bien implanté dans la zone (et en Somalie) en la personne de Samir Ghusheh et de son groupe, le Front pour la lutte populaire. On s'inquiétait de la livraison à

Djibouti par l'Irak de lance-grenades de fabrication soviétique commandés à une mystérieuse société-écran basée en Autriche, Scorpion Service. L'Irak aurait recruté aussi des Tchadiens sous Hissène Habré quand Bagdad livrait des armes à l'armée de ce dernier.

En Asie, Abou Nidal et le FPLP de Georges Habache ont eu des contacts avec l'Armée rouge japonaise (ARJ) de Fusako Shinegobu, le Front de libération Tamoul, la Nouvelle Armée populaire à Manille dirigée par Benito Tiamzon ainsi que les guérilleros thaïlandais. A la mi-décembre 1990, des responsables irakiens avaient rencontré des membres de la branche politique du parti communiste philippin (PCP), le Front national démocratique. Ses représentants sont tombés d'accord pour s'attaquer aux intérêts américains aux Philippines. Les attentats seraient effectués par la branche armée du PCP, la Nouvelle Armée du peuple.

Le chef de la police nationale thaïlandaise, Sawaeng Teerasawad, avait ordonné une surveillance policière vingt-quatre heures sur vingt-quatre des ambassades des pays engagés dans la coalition contre l'Irak. Ce qui permettra de démanteler un important réseau.

Le 19 janvier à Manille un Irakien était tué et son complice grièvement blessé en essayant de déposer une bombe contre des diplomates occidentaux. L'enquête a permis à la police thaïlandaise de remonter jusqu'à l'ambassade d'Irak à Bangkok. L'homme qui avait monté l'opération était l'attaché commercial adjoint irakien en Thaïlande. En octobre, il avait été expulsé des États-Unis. Il devait réceptionner un expert en explosifs du groupe Abou Nidal, Mahmoud al-Mohamad. Le financement était assuré par une société installée à Bangkok, la Babylon-Trading Company. Dans le jardin de cette société, les enquêteurs ont trouvé un certain nombre de documents montrant que d'autres opérations étaient prévues par ce groupe mais, cette fois, sur le continent africain. Par précaution, le gouvernement français reportera à une date ultérieure la réunion annuelle des ambassadeurs de France en Afrique qui devait se tenir à Paris le 24 janvier. Il fut conseillé aux ambassadeurs d'éviter de se déplacer trop souvent en avion jusqu'à nouvel ordre.

Ces risques étaient d'autant plus pris au sérieux que, selon des rapports secrets de l'OTAN, plusieurs ambassades d'Irak en Europe auraient été pourvues de caches d'armes et d'explosifs. D'étranges sociétés commerciales créées depuis peu avec des fonds irakiens auraient pu servir de couverture à ces groupes terroristes.

Un rapport secret (partiellement reproduit dans la revue *Défense, Armement international* de janvier 1991) faisait état de cinq centres principaux : Athènes, Berlin, Genève, Vienne et Varsovie. Le rapport précisait qu'Athènes était le centre des activités, non seulement pour la Syrie mais aussi pour Chypre. Une des plus grandes centrales en Europe, avec des hommes clés comme Abdul Sattn Yassin Thaor et Walid Assim Mohammed, tous deux à l'ambassade d'Irak.

A Berlin, le DGI a toujours été actif dans le recrutement d'agents et l'organisation d'actions terroristes en s'appuyant sur la masse pauvre des communautés arabes. Ces opérations sont dirigées par Haitham Al-Ami, attaché culturel à l'ambassade d'Irak à Berlin-Est, qui fut impliqué dans l'affaire des pièces de réacteur nucléaire italien, dérobées par l'Irak en 1982/1983 et qui continue à être impliqué dans « l'approvisionnement ». Il est également le responsable irakien pour la liaison avec les services de renseignements libyens en Europe (Amm al-Jamahiriya).

A Vienne, un important centre commercial et d'approvisionnement pour l'Irak, qu'on suppose être dirigé par Saad Majid, un Irakien travaillant à l'ambassade. Il dirige aussi les opérations contre les dissidents irakiens en exil. Des membres de trois entreprises commerciales irakiennes à Vienne travaillant avec le Moukabarat ont été « liquidés » après qu'on eut découvert qu'ils détournaient des fonds à leur profit.

A Varsovie, une cellule de liaison avec les organisations terroristes palestiniennes qui ont opéré en Europe de l'Ouest. L'homme clé est Abdul Malik Al Ubaidy, premier secrétaire à l'ambassade d'Irak. Le 16 septembre, Paris expulsait discrètement un colonel irakien, Bassim al-Fatha. C'est lui qui alimentait le réseau logistique des faux-vrais étudiants irakiens installés en France. En fait, il manipulait un réseau dormant. La DST se demandait même s'il n'y avait pas d'armes et d'explosifs à l'intérieur de l'ambassade, rue de la Faisanderie.

Peu après l'invasion du Koweït, et le lancement de l'opération « Bouclier du Désert », l'ambassade d'Irak à Paris avait reçu des appels de militants proposant leurs services. Une liste de volontaires avait été dressée par les diplomates de l'ambassade qui se rendaient clandestinement en banlieue pour prendre les noms et adresses des militants islamiques ou arabes qui avaient téléphoné ou s'étaient présentés à l'ambassade.

Devant cette avalanche de réseaux disparates et livrés à eux-mêmes, les gouvernements occidentaux ont en fait gardé le secret sur ces activités terroristes pour ne pas affoler les populations. Mais des mesures exceptionnelles étaient prises.

Ainsi face à cette menace, la France déclenchait le 2 janvier le plan Vigipirate (Vigi pour vigilance), classé « confidentiel Défense ». Le Premier ministre, Michel Rocard, très attentif aux problèmes de sécurité, cherchait un moyen de frapper l'opinion publique et d'impliquer directement les services du Premier ministre, pour donner encore plus de solennité à ce plan. Il survenait, en effet, alors qu'un État, l'Irak en l'occurrence, menaçait de monter des opérations terroristes. Il fallait, disait-on à Matignon, répondre à la même hauteur. Un plan antiterroriste mis au point uniquement par un comité regroupant les différents services du ministère de l'Intérieur n'aurait pas eu le même impact politique et diplomatique. La naissance de ce plan Vigipirate a une histoire. Le 2 janvier, au cours du conseil de sécurité intérieure, le Premier ministre annonça qu'il entrerait en vigueur très prochainement. Ni le ministre de l'Intérieur, Pierre Joxe, ni le ministre de la Défense, Jean-Pierre Chevènement, n'étaient au courant. Leurs collaborateurs furent priés, dès la fin du conseil, de se renseigner. Comme ils n'osaient pas le faire auprès de Matignon, c'est un haut fonctionnaire de la Défense, le préfet Jean Riolacci, ancien conseiller de Valéry Giscard d'Estaing à la présidence de la République, chargé des problèmes de défense au ministère de l'Intérieur, qui retrouvera, par hasard, les textes du plan Vigipirate. Ces derniers dataient, en effet, de 1978, à l'époque où Raymond Barre était Premier ministre. Une circulaire 78-180 du 7 février 1978 avait été élaborée et jamais appliquée.

C'est le secrétaire général de la Défense nationale, le préfet Guy Fougier, à la demande du préfet Remy Pautrat, conseiller du Premier ministre pour les affaires de sécurité, qui avait retrouvé à l'origine la trace de ce plan. Par la même occasion, les experts du SGDN ressortaient les plans Piratair (contrôle des détournements d'avions), Piratox (contrôles des menaces chimiques) et Piratome (contre les risques nucléaires) *. Ce dispositif anti-attentats était entré tout d'abord dans sa première phase, protection accrue des bâtiments officiels, surveillance des aéroports, notamment des vols dits sensibles. Selon le degré de la

* Voir annexes p. 298.

montée du danger terroriste, Vigipirate est susceptible d'évoluer vers d'autres phases : contrôle très assidu aux frontières, présence policière accrue dans les gares, les métros, les lieux publics, et pouvant aller jusqu'à la réquisition des personnes et des biens et l'état d'urgence.

La phase renforcée prévoit également la surveillance accrue de plus de mille points sensibles du territoire : dépôts d'hydrocarbures, installations militaires, stocks alimentaires, transports, points d'eau, centrales nucléaires.

Vigipirate recoupait la quarantaine de plans qui avait été élaborée par une cellule de crise constituée au mois de septembre par le comité interministériel de lutte antiterroriste (Cilat) dirigé par le commissaire Dikran Tchividjian, un ancien de la brigade criminelle et l'un des meilleurs connaisseurs de la lutte antiterroriste.

Une vaste enquête, menée aussi bien par la DST que par les Renseignements généraux et les brigades des voies publiques, fut déclenchée pour découvrir l'activité réelle des réseaux irakiens.

L'expulsion hors de France, récemment, de dix-neuf Arabes de différentes nationalités en relation avec l'Irak n'est qu'une des opérations d'un programme destiné à éviter une sensibilisation à l'extrême des communautés arabes ou islamiques en France pouvant conduire à des actes de violence. Les expulsés, chargés de fomenter une agitation au sein des différentes communautés musulmanes, avaient créé un véritable réseau avec des points de ralliement dans les Hauts-de-Seine et différentes villes de la couronne de Paris : Neuilly, Courbevoie, Antony, Nanterre, Puteaux, Ivry et Asnières.

Un des expulsés, responsable des étudiants syriens en France opposés au régime du président Hafez-el-Assad, Alfian Aboul Rahman, avait pour mission d'organiser les opposants au régime de Damas proches de Bagdad. Dans cette tâche, il était en relation avec un autre opposant syrien, expulsé de France vers Bagdad en septembre, Ahmal Souleyman. Un autre de leur objectif, outre la mise en place d'une structure au sein des étudiants syriens, était de noyauter l'Union générale des étudiants palestiniens en France. Elmoujid, Mohamed Joujou et Mohamed el Kataoui, tous trois opposants syriens, aujourd'hui réfugiés à Bagdad, faisaient partie de ce réseau.

Un autre expulsé, de nationalité algérienne, Abdel Malek Koude, avait pour mission d'organiser la sensibilisation des communautés islamiques dans la région de Marseille et Provence-Côte-d'Azur. Il devait fabriquer des tracts et brochures appelant à la révolte et à la défense de Saddam Hussein. Il assurait une liaison constante avec Bagdad où il se trouvait du 10 au 13 janvier. Abdel Malek Koude est membre de la tendance dure du Front islamique du salut, dirigée par le vice-président de cette organisation, Abou Amine Ben Azouz.

Deux étudiants irakiens ont également été expulsés. L'un, Cshuki Mutar, avait loué un apartement à Asnières destiné à être un lieu de passage pour les Palestiniens d'organisations extrémistes désirant venir en France en agents dormants pour monter certaines opérations. Quant à son camarade, Mohammed Abosamor, inscrit à l'Institut des sciences politiques de Paris, il était en fait l'un des représentants en France de la Jeunesse du parti Baas. Il cherchait le contact avec différents étudiants palestiniens et travaillait en liaison avec le Front de libération arabe (FLA).

L'un des dirigeants en France de cette organisation, Abou Samoor, a effectué de nombreux déplacements entre Paris et Bagdad depuis le mois de septembre 1990. Il en serait revenu avec de fortes sommes d'argent supposées financer l'impression de tracts et de brochures de propagande pro-irakienne. Pour ces opérations, le FLA a recruté des agents dans les milieux des opposants libanais — y compris parmi les Fractions armées révolutionnaires libanaises (FARL) — dans les pays du Maghreb et en France. Ce sont eux qui ont confectionné de nombreux tracts appelant aux manifestations contre la politique française et américaine dans le Golfe en novembre, décembre et janvier derniers. A Bagdad, le Front de libération arabe, dirigé par le général Rahmameh, travaille dorénavant directement sous les instructions des services secrets irakiens. Il entretient des liens politiques avec Saddoum Chaker, l'ancien chef des services spéciaux irakiens qui ne fait plus partie du Conseil de la révolution irakienne mais reste très proche de Saddam Hussein. Saddoum Chaker a une connaissance parfaite de la vie politique française. Le Front de libération arabe a cherché à camoufler depuis plusieurs mois ses relations avec l'ambassade d'Irak à Paris. Les contacts ont eu lieu avec des émissaires irakiens, à Genève, à Tunis, à Alger, en Grèce et à Chypre.

Des agents d'influence irakiens avaient noué également des liens avec des sunnites nassériens, les Mourabitouns, et des Libanais membres des FARL, dont le leader, Georges Ibrahim

Abdallah, est toujours emprisonné en France. Une bonne occasion pour proposer aux Libanais membres de cette organisation de se servir de la crise actuelle dans le Golfe pour mener des opérations conjointes afin de demander la libération du leader des FARL. Des liens ont même eu lieu avec des Libanais membres des Forces libanaises de Samir Gagea, très proche de Bagdad ces derniers mois.

Samir Khari, un Tunisien expulsé, disposant de fortes sommes d'argent et menant grand train de vie, était directeur du journal *Kool al Arab*, un instrument de propagande irakienne. Il était chargé d'entrer en contact avec un certain nombre d'imprimeries pour relancer des journaux d'obédience irakienne qui avaient dû fermer et interrompre leur publication du fait de dettes importantes auprès de propriétaires des locaux installés à Pantin. Le tribunal de grande instance de Bobigny avait en effet condamné une imprimerie irakienne de Pantin à payer d'importants arriérés de loyer à la société ATIC, 53, rue Cartier-Bresson à Pantin. Cette décision judiciaire avait particulièrement gêné la propagande irakienne en France car, dans cette imprimerie, les agents d'influence irakiens pouvaient sortir d'autres journaux de propagande irakienne tels que : *Al Hiwar* (le dialogue), *Al Yassar, Al Rabi* (la gauche arabe), *Al Riwaq, El Jalia el Arabia.*

Parmi les autres expulsés, se trouve un Marocain, lui aussi membre du FIS, Mohamed Bouthi. Son rôle était de diffuser des cassettes et du matériel de propagande dans le sud-ouest de la France ainsi que d'installer une imprimerie clandestine à Bordeaux. Il avait créé des points de chute pour les agents irakiens à Limoges, à Tours, à Poitiers et à Angoulême.

En ce qui concerne le FIS, des cadres du Hezbollah libanais venus de Beyrouth ont fait leur apparition en Algérie où ils ont structuré l'appareil militaire du FIS. Cette arrivée de cadres libanais des services-action du Hezbollah est inquiétante parce que des comités de soutien à l'Irak, organisés par le FIS, auraient réussi à enrôler plus de 2500 combattants en Algérie et en Tunisie. Une série de cassettes diffusant la chanson du chanteur algérien Mohamed Mazouni furent interdites à la vente en France. Elles devaient être distribuées dans les organisations islamiques et musulmanes en France et dans le Maghreb. Le texte était évocateur :

« Fonce ô Saddam,
Où êtes-vous Arabes,

Où êtes-vous musulmans
Vous avez permis à Bush d'investir nos lieux saints
Fonce ô Saddam
Nous sommes avec toi dans l'offensive.

Tu as l'appui de tous les militants
d'Algérie, de la Libye et de la Jordanie.

George Bush joue les Django
Mitterrand se prend pour Ringo
L'Angleterre craint pour Shamir son complice
Ils se sont coalisés, les enfants du péché
Fonce ô Saddam...

Ils veulent la guerre, c'est clair
Nous sommes avec toi ô Saddam
D'autres Arabes hypnotisés par le dollar
Ont abandonné leurs frères pour se ranger
Au côté des infidèles et des mécréants.

Alors que les Américains, ces oppresseurs,
Ont transformé le désert en enfer
Fonce ô Saddam...

L'Europe a lâchement suivi
En installant des troupes
A l'œil rivé sur les réserves de gaz
Pour en surveiller la productivité
Ils ont coupé à l'Irak
La nourriture et les médicaments
Fonce ô Saddam...

Le pétrole grimpe, la bombe atomique
Se fabrique et terrorise Israël. »

L'application du plan Vigipirate eut un effet mobilisateur sur l'ensemble des secteurs touchant la vie économique, stratégique et militaire de la France. Des enquêtes de sécurité permirent de déceler de nombreux points de faiblesse et de remobiliser les énergies. La vulnérabilité de certains milieux scientifiques, militaires, industriels ou administratifs apparut à la lumière des dispositions qui venaient d'être prises. Cela a permis de renforcer la sécurité des points sensibles d'importance stratégique. Selon un haut fonctionnaire de la Défense, « le plan Vigipirate aura permis en peu de temps une appréciation plus objective et moins routinière des menaces ». Cependant, les responsables de la lutte antiterroriste demeurent prudents. Même avec la fin de la guerre du Golfe, les menaces sont toujours d'actualité. L'opinion publique qui craignait de grandes vagues terroristes, comme en 1986, à Paris, a relevé que les menaces proférées par Saddam Hussein sont restées sans suite. Plusieurs éléments secrets expliquent que la France n'ait pas connu la série d'attentats craints. L'Irak n'avait plus les moyens financiers. Or, les organisations terroristes sont rarement désintéressées. Par exemple, Abou Nidal est très gourmand financièrement. Quand il a senti que cela tournait mal pour Saddam Hussein, selon des sources palestiniennes, il a préféré se rapprocher de certains intermédiaires, d'hommes d'affaires, proches de responsables du golfe Persique... La guerre psychologique a joué aussi un grand rôle. Les Soviétiques avaient conseillé, à plusieurs reprises, à Saddam Hussein de ne pas faire de terrorisme mais plutôt de gagner les opinions publiques en jouant sur la sensibilité des opinions occidentales vis-à-vis des victimes civiles en Irak. Il était difficile pour Saddam Hussein de jouer sur les deux tableaux à la fois : montrer des images des victimes des bombardements et faire organiser par des groupes terroristes des opérations aveugles qui auraient pu toucher des objectifs civils en Europe. Saddam Hussein n'a pas donné le feu vert non plus pour des opérations terroristes qui, pourtant, étaient, pour la première fois, programmées aux États-Unis. Un certain nombre de messages très clairs qu'il a reçus lui laissaient entendre qu'en cas d'opérations terroristes contre des intérêts américains, et pire encore sur le sol américain, il serait déféré devant un tribunal international et que les États-Unis n'hésiteraient pas à monter une expédition punitive contre son bunker à Bagdad.

Les organisations terroristes classiques ne pouvaient pas compter non plus sur des bases de repli, comme dans le passé, dans les pays d'Europe centrale, en particulier l'Allemagne de l'Est, la Tchécoslovaquie, la Hongrie. Seuls quelques groupes disposent encore de moyens d'action en Bulgarie, où des diplomates américains ont d'ailleurs failli être assassinés, et en Yougoslavie. Des pays traditionnellement protecteurs des groupes terroristes, comme le Yémen ou la Syrie, ont pesé de tout leur poids sur les organisations installées sur leur sol pour qu'elles restent neutres. De toute façon, le Front populaire de libération de la Palestine, Commandement général d'Ahmed Djibril, avait passé des accords avec le gouvernement iranien. Quant au colonel Kadhafi, toujours traumatisé par le bombardement aérien qui avait failli le tuer quelques mois auparavant, en représailles de l'action de ses services secrets dans une opération terroriste ayant coûté la vie en Allemagne à des citoyens américains, il a joué un jeu opaque comme à son habitude. Tout en conseillant à Abou Nidal de ne pas se lancer dans des opérations terroristes à partir du territoire libyen, il mettait quand même un certain nombre de ses réseaux logistiques à la disposition de groupes discutant avec l'entourage de Saddam Hussein à Bagdad, même si, pour la forme, il avait demandé au leader du Front de libération de la Palestine, Aboul Abbas, de fermer momentanément son bureau à Tripoli. Vigipirate a joué manifestement son rôle. La police, en un mois et demi, a mené plus d'une centaine d'opérations antiterroristes, rien qu'en région parisienne. En application de la loi de septembre 1986 qui permet, sur autorisation du président du tribunal, de procéder à des perquisitions, tous les renseignements recueillis par les services ont débouché sur des fouilles à domicile et à des interpellations.

Mais l'heure n'est pas au relâchement de la vigilance. Le terrorisme est un plat qui se mange froid, avait coutume de dire Abou Iyad, l'ex-bras droit de Yasser Arafat assassiné par des tueurs d'Abou Nidal le 14 janvier dernier à Tunis, un acte vraisemblablement commandité par Bagdad, selon des sources palestiniennes.

Le drame de l'OLP.

De son vrai nom Salah Khalaf, Abou Iyad, né en 1933, appartenait comme les autres fondateurs du Fatah à la petite-bourgeoisie palestinienne et, avant d'entrer dans la résistance active, était instituteur au Koweït. Il possédait une résidence dans l'émirat qui fut d'ailleurs pillée par les soldats irakiens après l'invasion du 2 août dernier. En 1967, son rôle devient primordial au sein de l'OLP, puisqu'il prend en charge le contre-espionnage. Ses comptes bancaires et ses coffres ont même été vidés. Ce qui indisposait le plus le chef des services de renseignements de l'OLP, c'était l'exode de 200 000 Palestiniens du Koweït qui n'avaient pas été mieux traités que les Koweïtiens. De nombreux Palestiniens qui avaient refusé de s'engager aux côtés des troupes irakiennes avaient été emprisonnés, d'autres torturés. Leurs familles avaient fait appel à Abou Iyad qui s'en était plaint à plusieurs reprises à des dirigeants irakiens. Il avait même envisagé d'envoyer des hommes à lui au Koweït pour faire une enquête et protéger certaines familles. Cette initiative avait été fortement condamnée par Saddam Hussein lui-même. Le maître de Bagdad avait fait passer des messages très durs aux dirigeants de l'OLP leur indiquant que l'Irak ne se contenterait plus désormais du soutien verbal que lui apportait l'organisation mais exigeait des actes de guerre. Il fallait comprendre des actes de terrorisme. Le Conseil de la révolution irakienne avait pris des décisions en ce sens demandant fermement aux organisations palestiniennes de se préparer à toute éventualité. Il s'agissait d'organiser des attentats contre les pays engagés dans la coalition anti-irakienne, également contre des cibles israéliennes, en Europe ou aux États-Unis. Les services secrets de Bagdad avaient proposé une cinquantaine de cibles, y compris des hautes personnalités du monde arabe engagées dans la lutte contre la coalition en Arabie Saoudite, dans les émirats, en Égypte ou contre des personnalités du gouvernement koweïtien en exil, à titre d'exemple.

Une violente altercation avait opposé l'ex-numéro deux de l'OLP à Ibrahim Saboui Ibrahim al-Takriti, le chef des services de renseignements irakiens et demi-frère de Saddam Hussein. Il reprochait à Abou Iyad ses positions trop modérées dans la crise du Golfe. Une des grandes idées de Saddam Hussein était d'opérer une réconciliation entre l'OLP et Abou Nidal. Bagdad voulait maintenir l'unité des organisations palestiniennes tout au moins pendant la durée de la crise du Golfe. Des contacts avaient été pris par l'intermédiaire des services secrets irakiens mais Abou Iyad avait fermement rejeté toute rencontre avec le lader du Fatah-Conseil révolutionnaire. Quelques jours après cette fin de non-recevoir, Abou Iyad était assassiné à Tunis le 14 janvier, trois jours avant le déclenchement des hostilités dans le Golfe. Abou Iyad se trouvait dans une pièce au rez-de-chaussée de la villa qu'occupe à Carthage le responsable de la sécurité intérieure de l'OLP, Abou el-Houl. Avec eux, se trouvait un autre Palestinien, Fakri Oumari. Les trois hommes discutaient de la situation dans le Golfe. Abou el-Houl revenait de Bagdad. Il confirmait l'agacement des dirigeants irakiens vis-à-vis de la position trop molle d'Abou Iyad et d'autres dirigeants de l'OLP. A 22 h 50, prétextant un appel téléphonique et un message urgent à remettre à Abou el-Houl, l'un de ses gardes du corps, Hamza Abouzeid *, gardien de la villa, entre dans la pièce où se trouvent les trois dirigeants palestiniens et vide à bout portant la moitié de son chargeur sur Abou Iyad et Fakhri Oumari. Abou el-Houl se lève et essaie de saisir une arme, mais il est abattu lui aussi. Selon l'enquête de la police tunisienne mais aussi des services de sécurité de l'OLP, l'assassin avait reçu une formation terroriste en Syrie et en Yougoslavie, puis il avait rejoint le Fatah-Conseil révolutionnaire en Tunisie, en août 1984. Deux ans plus tard, il quitte l'OLP et part pour la Hongrie avec un passeport jordanien falsifié au nom d'Assef el-Mandi. Il séjourne également à Chypre avant de se rendre en Pologne pendant un an et demi. Abou Nidal possédait à cette époque une société commerciale, SAS, à Varsovie. Fin mai 1988, il arrive en Yougoslavie où il rencontre l'un des responsables des services de renseignements du Fatah-Conseil révolutionnaire d'Abou Nidal, Samir, qui lui propose d'infilter l'OLP et notamment son service de renseignements et de sécurité. Lorsqu'il revient en Tunisie, Abou el-Houl, pourtant très sourcilleux, le reprend comme garde du corps et l'installe même à l'intérieur de sa résidence privée. Quelques semaines avant l'attentat, le tueur d'Abou Iyad prétexte un voyage familial en Libye où il a un contact avec un dénommé Ragheb qui lui donnera le feu vert pour l'assassinat. Les dirigeants palestiniens sont persuadés aujourd'hui que cette opération n'a pu se faire qu'avec l'appui total des services irakiens et la neutralité bienveillante des services libyens. Pourquoi avoir choisi Abou Iyad comme cible ? Dans le but, tout d'abord, d'en faire porter la responsabilité sur le Mossad et de provoquer des réactions en cascades dans les territoires occupés, ensuite de se séparer d'un Palestinien sincère ayant une politique à long terme et reçu dans les cercles les plus fermés de la diplomatie, des services secrets des pays arabes modérés mais aussi occidentaux. Saddam Hussein lui reprochait d'avoir continué à chercher à démanteler les organisations palestiniennes extrémistes comme celle d'Abou Nidal. Depuis des mois, ce dernier s'était plaint, notamment auprès de l'Irak, qu'Abou Iyad ait réussi à infiltrer son mouvement et à récupérer à Tunis les principales têtes politiques du Fatah-Conseil révolutionnaire

* Voir annexes p. 297.

comme Abou Bakr, ancien conseiller politique d'Abou Nidal *. Ce Palestinien, poète à ses heures, avait rejoint l'OLP et le camp d'Abou Iyad. Il est aussi l'un de ceux qui connaît le mieux les secrets des relations tumultueuses, mais plus solides qu'on ne le pense, entre l'Irak et Abou Nidal. Lorsque je le rencontre cet hiver quelque part dans un pays du Maghreb, en compagnie de Dominique Nasplezes, le rédacteur en chef du *Journal du Parlement*, Abou Bakr est inquiet. « Abou Nidal peut encore causer un grand tort à la cause palestinienne. J'espère que les Irakiens ne vont pas le pousser à commettre des opérations qui se retourneraient contre nous. » Ancien porte-parole du leader du Fatah-Conseil révolutionnaire, Abou Bakr, qui avait fait ses études à l'université de Bagdad, avait rejoint Abou Nidal en 1985. Témoin privilégié, il voyait Abou Nidal plusieurs fois par jour ; il avait accepté de répondre à nos questions. Après la destruction du réacteur atomique en Irak, par les Israéliens, Saddam Hussein demande à Abou Nidal d'entreprendre des actions contre Israël, les intérêts occidentaux et les institutions juives en Europe. Une trentaine d'officiers des services de renseignements irakiens sont ainsi rattachés au Fatah-Conseil révolutionnaire, sous couverture palestinienne, et envoyés en Europe. Le représentant des services irakiens dans chaque ambassade d'Irak fournissait l'aide logistique à ces officiers. A Bagdad ce sont les services de renseignements irakiens Estikhabarat qui formeront les cadres supérieurs de l'organisation d'Abou Nidal ainsi que sa redoutable organisation. Pendant ce temps, Abou Nidal va toucher plus de 11 millions de dollars de la part de l'Irak. Une grande partie de cet argent a été placée sur des comptes dans les paradis fiscaux en Suisse, et recyclés dans des affaires immobilières ou de commerce d'armes. Avec un compte en banque en Suisse d'un montant estimé par les milieux palestiniens à 200 millions de dollars, un véritable trésor de guerre provenant de la vente d'armes, de trafics de drogue et d'extorsion de fonds, Abou Nidal est de loin, grâce à l'Irak, le terroriste le plus riche du monde. Il a tiré 400 millions de dollars d'une opération clandestine de vente d'armes conclue avec la Pologne vers le milieu des années 80. En vendant, des deux côtés, lors du conflit Iran-Irak, Abou Nidal finira par lasser Saddam Hussein. Il se tournera alors vers la Libye où il sera accueilli par les services secrets du colonel Kadhafi.

* Voir annexes p. 295.

L'été dernier, avant l'invasion du Koweït par l'Irak, le propre fils du président irakien, Oudaï Hussein, se rendra discrètement à Tripoli pour proposer un nouveau marché au leader du Fatah-Conseil révolutionnaire, notamment la réouverture de bureaux et de camps d'entraînement ainsi que des passeports irakiens fournis aux membres du groupe, des facilités logistiques dans les ambassades irakiennes. Dans le même temps, Abou Nidal, sur les conseils des services irakiens, obtiendra un bureau secret de représentation en Jordanie. C'est son neveu Abdel Karim el-Bana qui se rendra à Amman où il rencontrera le chef des services de renseignements jordaniens, Mustapha el-Kaissi.

En liant d'emblée d'une façon trop apparente le sort de l'OLP à celui de l'Irak, Yasser Arafat a-t-il pris des risques, comme le craignent certains dirigeants palestiniens ? Mais avait-il vraiment le choix ? Depuis leur expulsion de Beyrouth en 1982 après l'invasion israélienne du Liban, Saddam Hussein était apparu comme le meilleur soutien des Palestiniens. Très critiquée par la Syrie, la Centrale palestinienne s'était rapprochée de plus en plus de Bagdad, tout en conservant des liens avec les grandes monarchies du Golfe. Chaque année les États du Golfe versaient 115 millions de dollars à l'OLP, dont 87 millions par l'Arabie Saoudite. Mais Yasser Arafat maintiendra toujours un contact discret avec le roi Fahd d'Arabie Saoudite et certains dirigeants koweïtiens. Cependant, après l'invasion irakienne du Koweït, Farouk Kaddhoumi, ministre des Affaires étrangères de l'OLP, se trouvait au Caire où il présidait le conseil des ministres de la Ligue arabe. Il se démena tellement pour éviter que l'on condamne trop abruptement l'Irak que les représentants des pays membres du Conseil de coopération du Golfe essayèrent de se réunir séparément pour rédiger et faire adopter un projet de résolution qui provoqua la colère du délégué palestinien. « Aucun projet de résolution, lancera-t-il, ne passera au-dessus de nos têtes. » Cette position ambiguë de l'OLP rendait triste le prince héritier, Premier ministre du Koweït, Cheikh Saad. Il se souvenait du 25 septembre 1970 où il avait sauvé la vie de Yasser Arafat. A cette époque, Saad faisait partie d'une délégation arabe venue en Jordanie négocier avec le roi Hussein l'arrêt des opérations militaires qu'il avait déclenchées contre les Palestiniens. Coincé dans la capitale jordanienne, le leader de l'OLP avait réussi à se réfugier à la résidence de la délégation arabe chargée des négociations. A l'issue des entretiens entre le chef de l'OLP et les émissaires arabes, Yasser Arafat devait sortir de

Jordanie pour gagner l'Égypte. C'est le cheikh Saad qui enlèvera ses habits traditionnels et les donnera à Yasser Arafat. Revêtu de la tunique du prince héritier du Koweït, il pourra tromper la vigilance de ses gardiens et s'envoler pour Le Caire. Cette crise du Golfe, outre les problèmes politiques, posera également des cas de conscience personnels à Yasser Arafat. Tout comme Abou Iyad, il aimait beaucoup parler du Koweït. C'est en 1957 qu'il s'était installé à Koweït City. Le leader de l'OLP raconte à Charles Saint-Prot, un spécialiste du monde arabe : « Les sept années suivantes auraient pu faire de moi, à jamais, ce que les Américains, et bien des Européens, admirent le plus : ingénieur. Je dirigeais ma société de travaux publics. J'étais *a successful businessman* ; un homme d'affaires qui réussit. Je fis pourtant fortune au Koweït et j'aurais pu facilement y devenir plusieurs fois millionnaire, en dollars.

« Je travaillai deux ans pour le ministère des Travaux publics, puis, avec quelques associés, je montai ma propre entreprise de travaux publics. Khalil el-Wazir et Salem al-Zaanoum, partis avec moi, devinrent, le premier instituteur, l'autre avocat.

« J'eus quatre voitures — j'aimais la vitesse — et je m'offris des vacances en Grèce, en Italie, en Suisse, sur la Côte d'Azur, au Liban surtout, qui était alors un lieu de villégiature très couru. En somme, la belle vie.

« Rien, pourtant, ne put me faire abandonner le combat pour ma patrie : ni l'argent, auquel je n'ai jamais tenu, ni un métier qui me plaisait, que je pratiquais avec goût, ni la perspective de fonder un foyer.

« Bien au contraire, ce fut au cours de ces années de facilité apparente que ma résolution s'ancra. J'avais compris que notre combat devrait d'abord rester secret, qu'il serait long, ingrat, difficile. Je pressentais que ceux qui s'engageraient dans cette lutte devraient abandonner l'espoir de mener une vie normale et peut-être même sacrifier leur vie tout court. Combien de fois, par la suite, au cours des épreuves que j'ai dû affronter, au fil des attentats auxquels j'ai échappé, tout au long de la vie errante que j'ai dû mener, me suis-je félicité de n'avoir pas à imposer une telle existence à une femme et à des enfants. Cependant, le grand regret de ma vie, le seul peut-être, restera celui de n'avoir pas eu d'enfants ; c'est toujours avec émotion que je rencontre les filles ou les garçons de mes proches. »

Tiraillé entre les pays du Golfe et l'Irak, Yasser Arafat essuiera plusieurs camouflets. Une première fois à Abou Dhabi, les autorités, agacées de son attitude pro-irakienne, lui avaient interdit d'atterrir. Il fallut que le pilote invoque un manque de carburant pour que l'émir accepte que l'avion se pose mais à condition que les portes restent fermées. Mais le chef de l'OLP en a vu d'autres et apparaît toujours comme le représentant officiel des Palestiniens. Roland Dumas le confirmera officiellement dans une interview dans *Le Monde* du 11 mars. De son côté, James Baker, le secrétaire d'État américain, se rendait en Israël et les Palestiniens des territoires occupés voyaient « reconnaître » leur représentativité.

CHAPITRE X

Le système Saddam

Tous les services de renseignements alliés avaient fait appel à des psychologues pour étudier la personnalité de Saddam Hussein. Conclusion de l'une de ces études : « Aucune norme classique de rationalité ne peut lui être appliquée. » Une autre analyse lui attribue un tempérament « maffieux » guidé par le souci de préserver le clan tout en le diminuant si nécessaire. Le « génie » de Saddam Hussein s'est en fait révélé dans l'accaparement sans partage et sans pitié du pouvoir. Dans *Irak, la machine infernale,* un document paru aux éditions Lattès et écrit par un universitaire irakien, Samir al-Khalil, l'on perçoit bien comment le maître de Bagdad a commencé par éliminer de son régime toutes les institutions de l'Irak, avant d'étouffer la doctrine du Baas par son propre culte stalinien de la personnalité. Au Moyen-Orient, le pouvoir personnel, on ne doit jamais l'oublier, procède d'alliances familiales qui se font et se défont, et à Bagdad l'étoile d'el-Majid monte quand celle des al-Rachid descend. Tous ont cependant en commun d'être natifs de Takrit, une petite ville déshéritée du nord de l'Irak. Les hommes du président sont tous une poignée de fidèles, unis comme les doigts de la main, qui concentrent à eux seuls tous les pouvoirs de l'Irak. Leur cohésion complice a été forgée par de longues années de lutte commune autant que par les liens du sang. Saddam Hussein contrôle personnellement tous les postes clés du pouvoir. Il est, en effet, tout à la fois président de la République, secrétaire général du parti Baas, président du Conseil de commandement de la révolution, et également responsable en chef de l'ensemble des forces armées. Dans son entourage, ceux qui détiennent une parcelle du pouvoir occulte sont une dizaine. Ainsi : Taha Yassin Ramadan. Le véritable numéro deux du régime : sa fidélité à Saddam Hussein ira jusqu'à lui faire perdre quarante kilos (il est passé de 120 à 80 kg) à la suite d'un ultimatum de Saddam Hussein demandant aux officiers supérieurs de faire un régime alimentaire. Né à Mossoul en 1939, il ne parle presque jamais de ses origines kurdes. C'est un nationaliste arabe pur et dur, ancien caissier de la banque El-Rafidain ; aussi brutal que Saddam Hussein, il ne s'embarrasse pas de principes. Un jour, en Jordanie, un intégriste musulman lui demanda quelle était la position réelle du parti Baas irakien envers l'Islam : « Les musulmans peuvent prier autant qu'ils le veulent, aussi longtemps qu'ils le désirent, mais s'ils cherchent à nuire au parti Baas, alors nous leur briserons les vertèbres », répondit-il. Il est responsable des réseaux de l'armée nationale populaire. A ses côtés, Izzat Ibrahim, qui porte officiellement depuis onze ans le titre de vice-président du Conseil de la révolution. Souvent malade, cet ancien propriétaire de café a été plusieurs fois ministre. Il est devenu le beau-père du fils aîné du président, Oudaï, qui a épousé l'une de ses filles. A Bagdad, ses ennemis font courir l'histoire suivante : « Dans les rues de la capitale irakienne, fleurissent les portraits géants de Saddam Hussein, un privilège qui est strictement réservé au président irakien. Un soir, en famille, la femme d'Izzat Ibrahim lui recommanda d'imiter Saddam Hussein et de faire réaliser par un artiste un portrait aussi grand que celui de Saddam. L'effigie est livrée dans son bureau, quand, à l'improviste, arrive Saddam Hussein. Ce dernier apostrophe Izzat Ibrahim : “ Ne sais-tu pas qu'il est interdit d'avoir des portraits de cette taille ? — Si, répond-il. — C'est encore plus grave de le savoir, répond Saddam Hussein. Oh, ce n'est rien, réplique Izzat Ibrahim, juste une petite photo d'identité, d'ailleurs j'allais à l'état civil me faire faire un nouveau passeport. ” »

Le plus âgé, Saadoun Hamadi, 60 ans, natif de Karbala, la deuxième ville sainte du chiisme, a fait ses études à l'université américaine de Beyrouth, puis à celle du Wisconsin. Ancien ministre du Pétrole, il est responsable de la section économique du parti Baas. Plus modéré que tous les autres, il effectue souvent des missions de conciliation à l'étranger et entretient des relations confiantes avec le régime de Téhéran.

Autre diplomate dans tous les sens du terme, Tarek Aziz, le ministre des Affaires étrangères, de son vrai nom Mikail Yuhanna. Dès l'âge de 14 ans, il avait adhéré au commandement régional du parti Baas. Spécialiste de littérature anglaise, c'est le seul membre du Conseil de la révolution qui connaît bien l'Occident. De confession chrétienne dans un pays à majorité musulmane, il a toujours manifesté sa fidélité à Saddam Hussein. Il a d'ailleurs prénommé l'un de ses fils Saddam. Très apprécié des Soviétiques, il a cherché, après le cessez-le-feu au Koweït, à entraîner Saddam Hussein dans une « perestroïka politique » en lui recommandant d'instaurer le pluralisme politique, en élaborant une nouvelle constitution et un gouvernement d'unité nationale.

Moins connu, et dur parmi les durs, Latif Jassem, ministre de l'Information et de la Culture : tous les journalistes qui ont couvert la crise du Golfe à Bagdad le connaissent. Ancien responsable des questions d'agriculture au parti, c'est un homme sans nuance. Ainsi, le 22 février, critiquant la politique française, il dira de Roland Dumas : « Tu devrais être le dernier à parler d'une offensive terrestre ou autre étant donné que tu es un vil dépendant des Américains, tu n'as qu'à te taire, toi et tes semblables », avant de traiter le ministre français de « minus ».

L'homme clé, Hussein Kamel, gendre du président, occupe le poste stratégique de ministre de l'Industrialisation. C'est lui qui était responsable du programme militaire destiné à obtenir les armes nucléaires, bactériologiques et chimiques. Il détient aussi les cordons de la bourse en touchant pour le compte de Saddam Hussein les commissions des ventes d'armes à l'étranger.

Plusieurs hommes du président ont quitté discrètement la scène du pouvoir. En avril 1989, le ministre de la Défense, Adanane Khairallah, beau-frère du président, a péri dans un mystérieux accident d'hélicoptère. Emporté par la tempête du désert, dira Saddam Hussein, assassiné par ce dernier, affirment les opposants irakiens.

Mystère également autour du départ du Conseil de la révolution en août dernier de Saadoun Chaker. Cousin de Saddam Hussein, cet ancien ministre de l'Intérieur et ex-responsable des services spéciaux a démissionné pour « raisons de santé ». C'est lui qui avait contribué au rapprochement politique militaire et économique de la France et de l'Irak pendant des années. Il a de nombreuses relations en France dans les milieux de l'armement, et même avec d'anciens services de renseignements. Sa disgrâce a coïncidé avec la montée en puissance d'un des cousins du président, Ali Hassal el-Majid, gouverneur du Kurdistan, gouverneur du Koweït et nouveau ministre de l'Intérieur.

Tous les demi-frères de Saddam détiennent les postes clés du renseignement, dont Sabawi Ibrahim al-Takriti, patron de la direction générale du renseignement qui coiffe le renseignement civil intérieur et extérieur avec onze départements, notamment les opérations de manipulation, de contrôle des opposants, des affaires intérieures, des affaires politiques et les exécutions.

Chargé des renseignements extérieurs de la sécurité militaire, Waddam Ibrahim Takriti. Enfin Barzane al-Takriti, ambassadeur de l'Irak auprès des Nations unies à Genève, est lui aussi responsable des services de renseignement. Il serait toujours chargé des opérations spéciales pour l'Europe. Il gère également sous haute surveillance les affaires financières du clan dans la fédération helvétique.

Tout l'appareil de l'État est occupé à tous les échelons par les Takritis. Dans les ambassades d'Irak à l'étranger, un diplomate takriti est plus puissant que l'ambassadeur lui-même. Pour maintenir le système Saddam, une police politique dont l'effectif varie entre 100000 et 120000 militants. Ce sont les fonctionnaires les mieux payés du régime. Leur salaire oscille entre 5000 et 6000 mille francs par mois avec des primes et de nombreux avantages. En comparaison, ils gagnent le double du fonctionnaire moyen en Irak.

Quelques jours avant l'invasion du Koweït, le 2 août dernier, les services du ministère de l'Intérieur irakien étaient en train de passer d'énormes commandes en Suisse pour l'acquisition de nouveaux appareils couplés avec des ordinateurs, destinés à des centres d'écoutes téléphoniques. L'objectif était également de créer un système permettant des écoutes, non seulement à Bagdad, mais dans les autres grandes villes de l'Irak, à Mossoul, Kirkouk et Bassora.

Les dignitaires du parti Baas irakien ont été également les grands profiteurs de la politique de privatisation qui avait été mise en œuvre en 1987 en Irak. C'est ainsi qu'ils ont pu faire l'acquisition, à des prix très bas, d'actions de sociétés privatisées pour les revendre ensuite à des taux très élevés à des hommes d'affaires et à des industriels, touchant au passage de substantielles commissions.

Saddam Hussein encourage cette compétition à la corruption, ce qui lui permet de constituer des dossiers sur les uns et sur les autres (voir *L'Evénement du Jeudi* du 13 septembre 1990). Au cœur du système financier personnel, les sommes récupérées sur les grands contrats d'armement, des commissions qui vont de 10 à 15 %. Des hommes d'affaires libanais et palestiniens servent de couverture à toutes les opérations commerciales du clan. Une des sociétés-taxis est située à Paris, dans le huitième arrondissement, avec des ramifications à Genève, Zurich et Vaduz. Tous les hommes de paille qui sont placés dans les sociétés-écrans sont contrôlés régulièrement par le frère de Hussein Kamel, Saddam Kamel Majid. Chacun a son secteur. Ainsi, l'un des fils de Saddam Hussein, Oudaï, a le monopole de tout ce qui touche aux transactions sur l'alimentation, les boissons, l'eau, les meubles, les articles ménagers, les télévisions, les fax. Même sur les usines chimiques de l'argent a été récupéré. Par exemple, un Irakien, Adboul Monein Jebera, qui était propriétaire d'une petite entreprise d'import-export à Munich a touché pour le compte du clan, pendant la guerre Iran-Irak, plus de 4 millions de deutsche Mark en trois ans, rien que sur une négociation de transfert technologique à l'Irak, tous frais couverts. Un autre homme d'affaires irakien, en Allemagne, sert de paravent au gendre de Saddam Hussein : Ramzi al-Khatib. Les ventes de Scud à l'Irak ont rapporté des commissions fabuleuses au ministre de l'Industrialisation irakienne, près de 120 millions de dollars en trois ans.

Le clan Saddam aurait mis également la main sur la fortune, plus de 550 millions de dollars, de Khairallah al-Tulfah, l'oncle de Saddam Hussein. Nommé ministre de la Défense en 1980, il est mort aux commandes d'un hélicoptère au Kurdistan en juin 1989, dans des conditions plutôt mystérieuses. Il contrôlait une vingtaine de sociétés qui ont toutes été mises sous séquestre et leurs administrateurs incarcérés pour abus de confiance ou corruption. En fait, ce que cherchait le clan Saddam, c'était l'adresse des numéros de comptes à l'étranger. Des rumeurs circulent dans les milieux politiques irakiens, selon lesquelles Saddam Hussein aurait placé lui-même près de 5 milliards de dollars sur des comptes à numéros. Il aurait expliqué que cet argent devait lui servir, le cas échéant (l'exil ?) pour la reconquête du pouvoir. Selon les responsables de plusieurs banques arabes, deux jours avant que les troupes de Saddam Hussein envahissent le Koweït, la Banque centrale d'Irak demanda par télex à plusieurs établissements financiers du Moyen-Orient et d'Europe de transférer les avoir irakiens sur un compte de la Banque centrale de Jordanie. Ainsi, le 3 août, l'Arab Bank à Londres a reçu des instructions pour virer d'importantes sommes d'argent de la banque El-Rafidain de son compte détenu à la

Middle Bank vers la Banque centrale de Jordanie. Le 5 août, c'était la Banque arabe internationale de Bahreïn qui recevait les mêmes instructions pour déposer cette fois-ci de l'argent à l'Union des Banques suisses à Zurich. Toutes ces transactions ont été organisées pour le compte de Saddam Hussein par M. Tarek al-Tukmachi, ancien vice-président de la Banque Alubaf, et maintenant gouverneur de la Banque centrale d'Irak.

Nul ne sait à combien s'élève exactement le montant des sommes transférées lors de cette opération. Les estimations vont de 100 à 400 millions de dollars. Les analystes financiers considèrent que ceci fut une des étapes dans la stratégie de Saddam Hussein : amasser le plus de liquidités, d'or et d'argent pour permettre à sa machine de guerre et à l'économie civile de fonctionner malgré les sanctions internationales qui n'allaient pas manquer de frapper l'Irak. Tous les spécialistes sont d'accord pour reconnaître que cette manœuvre fut assez habile mais que toutefois elle n'empêchait pas l'économie irakienne de s'effondrer lentement.

L'étranglement financier de l'Irak après la guerre serait catastrophique pour Saddam et bien plus « déstabilisant » que les révoltes kurdes et chiites. Des sources arabes font état de tentatives répétées de la part de Saddam Hussein pour blanchir de l'argent irakien au travers de banques en Jordanie, en Libye ou au Liban voire même par certaines banques des pays du Golfe. La Libye aurait fait beaucoup de promesses et réalisé très peu. Par ailleurs, le dictateur irakien a émis des bons gouvernementaux, essayé d'extorquer de l'argent auprès de ses propres citoyens, et plaidé auprès de Yasser Arafat pour que l'OLP lui accorde une aide financière. Ayant dû abandonner ses espoirs de soutien du côté des pays du Golfe, l'OLP fait face actuellement à 360 millions de dollars de déficit, ce qui n'est pas pour la mettre dans une position où elle serait en mesure d'aider Saddam Hussein même si elle le désirait. Les fonds dont dispose le leader irakien ne sont pas suffisants. Il a réclamé 100 millions de dollars à l'Algérie qui n'a pas répondu.

L'Irak étant un État policier où le secret règne en maître, il est extrêmement difficile de se procurer des informations sur l'état financier exact du pays. Le Fonds monétaire international et la Banque mondiale reconnaissent quant à eux avoir cessé de publier toute statistique concernant l'Irak depuis plus d'une décennie. Des rumeurs au Moyen-Orient laissent entendre que Saddam Hussein aurait 4 milliards de dollars cash en sécurité dans une chambre forte enterrée sous le palais présidentiel, plus quelques millions de dollars issus de « commissions » bien à l'abri sur des comptes en Suisse. Le plus étonnant, dans toute cette histoire, est le fait que tous s'accordaient à dire en juin 1990 que l'Irak n'avait plus rien.

Avant d'envahir l'Iran, le président Saddam Hussein se vantait de disposer de 30 milliards de dollars en or et devises fortes. Après huit ans de guerre, ces réserves étaient envolées et l'Irak accusait une dette extérieure de 79 milliards de dollars. Quant aux sommes en liquide dont les troupes irakiennes se sont emparées dans les coffres-forts koweïtiens, leur montant varie, mais le plus souvent on l'estime, fonds nationaux et privés réunis, à 1,2 milliard de dollars.

Les conséquences de l'invasion du Koweït entraînèrent un gel des 4 milliards de dollars de capitaux irakiens placés à l'étranger, sans compter l'arrêt total des revenus issus de la vente de son pétrole, soit, selon les chiffres publiés par le Département d'État américain, une perte nette de 1,5 milliard de dollars par mois. Les banquiers arabes affirment qu'au lendemain de l'invasion, l'Irak a reçu une aide financière de la part de la Jordanie qui, falsifiant certaines lettres de crédit, s'arrangea pour fournir à son voisin suffisamment de liquidités pour qu'il puisse acheter des canons de fusils, des hottes de missiles, et diverses pièces détachées. Très vite cependant, eu égard à son économie ravagée, la Jordanie se devait de mettre fin à toute aide.

Depuis le 2 août, Saddam Hussein et toute sa famille vivent dans le bunker présidentiel. Sa femme Saghida, directrice d'école, ses deux fils, Oudaï et Kei, ses trois filles Raghd, Rana, Ala, ses gendres ainsi que ses petits-enfants. Obsédé par la sécurité, Saddam Hussein fait contrôler minutieusement même ses ministres. Tarek Aziz, Izzat Ibrahim, Yassin Ramadan et tous les membres du Conseil de la révolution auraient été systématiquement fouillés depuis le début de la guerre du Golfe en janvier. La sécurité présidentielle est dirigée par le redoutable Saddam Kamil al-Masid. Saddam Hussein est obsédé par les poisons dits de contact. Toute personne qui a un entretien avec lui en particulier doit déposer toutes ses affaires personnelles à l'entrée du bunker et se laver les mains. Saddam lui-même se nettoie les mains plusieurs fois par jour. Il redoute les empoisonnements et les transmissions de microbes. Ainsi, il a écarté de son service de sécurité son directeur adjoint Kalil Chaker, qui était connu dans Bagdad pour sa propension à utiliser un poison, le thalium, dont on avait détecté des traces sur de nombreux opposants et personnalités du régime ayant disparu. Méfiant, Saddam Hussein fait goûter chaque plat qu'il est susceptible de consommer, le serviteur chargé de cette mission hautement stratégique n'est autre que le fils de son cuisinier.

Harched Yassim, le pilote de l'hélicoptère présidentiel, est marié à la sœur de Saddam Hussein. Durant la crise du Golfe, Saddam Hussein utilisait parfois un sosie. Bien qu'ayant totalement confiance en son ami Evgueni Primakov, l'émissaire de Gorbatchev, lors de la dernière rencontre à Bagdad fin octobre, ce dernier avait d'abord été conduit dans une pièce du bunker avant d'être emmené sous bonne escorte au fond d'un restaurant du centre de Bagdad. « Soudain, raconte-t-il, j'ai vu Saddam Hussein apparaître avec des membres de sa direction. Il était vêtu d'un pardessus militaire. Il a posé sa ceinture avec un pistolet sur le sol, il avait perdu un peu de poids et semblait assez calme. » Saddam Hussein ne se sépare jamais de ses pistolets. Son préféré est un TT 33 Tokarev, 7,62 mm, d'origine soviétique. Passionné par les armes, il a une collection de fusils pour tireur d'élite, il s'entraîne lui-même avec un fusil Al Quadissiya, un dérivé du Dragounov soviétique fabriqué en Irak. Du temps du président roumain Ceausescu, Saddam Hussein allait souvent chasser en Roumanie. Depuis la mort du dictateur roumain, Saddam Hussein craint le syndrome Ceausescu à son égard : une révolution de palais, destinée à effacer toute trace de complicité. Le président irakien a essayé de gommer tout ce qui pouvait rappeler la révolution roumaine. Les images de cette révolution ont été soigneusement abolies à la télévision, et tous ceux qui se hasarderaient à parler de la Roumanie devant le Raïs de Bagdad connaissent le sort qui les attend.

Pendant la guerre du Golfe, Saddam Hussein aurait failli être tué le 11 février dans un bombardement allié. Les aviateurs de la coalition ne savaient pas que le président se trouvait dans un convoi d'une cinquantaine de véhicules.

Le 17 février, les services alliés avaient ensuite appris par l'intermédiaire d'opposants irakiens que Saddam Hussein était en fait dans une voiture qui n'avait pas été atteinte. Mais certains de ses ordonnances auraient été tués ou blessés. Lorsque les journaux ont laissé entendre que les satellites d'interception électroniques américains étaient capables de saisir des conversations entre Saddam Hussein et ses commandements militaires, opérations baptisées « Yamamoto » (du nom d'un pilote japonais abattu au-dessus du Pacifique pendant la Seconde Guerre mondiale), Saddam Hussein a interrompu les messages radio qu'il adressait à ses généraux. Effectivement, les ordinateurs sont capables de fixer une empreinte vocale et ensuite d'identifier la voix de la personne recherchée, mais Saddam ne saura jamais s'il s'agit d'une intoxication pour le faire sortir de son bunker ou de la réalité. Dans son bunker, durci pour résister même à une attaque atomique, Saddam Hussein disposerait d'une alimentation en eau et d'un puits relié à une nappe souterraine située à 400 mètres de profondeur. Le système de filtrage d'air est constamment contrôlé pour éviter toute attaque au gaz d'un commando venu éliminer le président irakien. Le bunker de Saddam *, qui a coûté 500 millions, a été conçu par plusieurs sociétés de travaux publics européennes. Un ingénieur électronicien français, M. Jean-Yves Leberre, raconte avoir supervisé de 1980 à 1985 l'ensemble des réseaux télématiques et informatiques du bunker présidentiel. Selon lui, ce dernier relèverait d'un immeuble de quinze à seize étages. On y accéderait par un ascenseur après avoir franchi une double porte très épaisse. Toutes les entrées sont protégées par des sas de sécurité qui ne s'ouvrent que par des codes chiffrés, des cartes magnétiques avec une surveillance caméra-vidéo vingt-quatre heures sur vingt-quatre. Craignant des opérations militaires contre ce bunker, notamment les missiles Tomawak, lancés depuis les sous-marins nucléaires américains, Saddam Hussein passait souvent la nuit dans des zones à forte densité civile, notamment dans les quartiers chiites de Kaddymia. Il aurait dormi dans des hôpitaux et dans des mosquées, se sentant ainsi à l'abri des bombardements aériens.

Homme au caractère d'une très grande complexité, Saddam Hussein serait habité par le goût du martyre. Pierre Mauroy, le Premier secrétaire du parti socialiste, rapporte un jugement de Yasser Arafat, le chef de l'OLP, sur le leader irakien : « Saddam Hussein est sans doute sensible à l'ivresse des parfums du paradis. » Charles de Chambrun, maire du Front national de Saint-Gilles dans le Gard, l'un des rares Français à tutoyer Saddam Hussein, avait rencontré ce dernier en pleine crise du Golfe. « Si je meurs, lui avait dit le maître de Bagdad, mon nom comme celui de tous mes enfants et de mes descendants sera ainsi honoré par tous les Arabes jusqu'à la fin des siècles. »

* Voir annexes p. 304 et 305.

A Koweït City, 19e province de l'Irak, les rescapés de l'invasion parlent aussi d' « éternité ».

« Même si la mer était faite d'encre, nous n'en aurions jamais assez pour vous écrire une lettre de remerciements » : c'est en répétant cette phrase éloquente que Fayçal Baluman, un chercheur koweïtien, accueillera les premiers soldats français et américains dans Koweït City libérée. Depuis le 27 février, les joies de la liberté reconquise s'entrechoquaient avec les traumatismes de l'occupation irakienne.

Un jour prochain, saurons-nous peut-être l'étendue des exactions commises au Koweït ? Une politique délibérée de violence et de terre brûlée. En fouillant le quartier général des forces irakiennes installé dans la résidence de l'émir Moubarak al-Sabah Yarmouk, les unités de renseignements alliés ont découvert de nombreux documents abandonnés, ou à moitié brûlés. Il s'agit d'ordres de mission aux chefs d'unités irakiennes, datés des 17, 18 et 19 janvier 1991, au commencement de la guerre. Ils ordonnaient « d'infliger un maximum de pertes et de détruire en priorité les champs pétroliers ». Ces ordres, abandonnés à la hâte par une armée en déroute, pèseront d'un grand poids le jour où l'ONU exigera des réparations de guerre.

François Mitterrand sur tous les fronts.

A Paris, François Mitterrand, pour sa vingt-deuxième intervention radiotélévisée depuis le début du conflit, lançait déjà des propositions pour tirer les leçons de la guerre. Un conflit qui aura permis au chef de l'État de rassembler l'opinion et de constater « l'excellente santé de notre dispositif militaire avec la nécessité de tirer de cette malheureuse expérience des leçons pour l'avenir de nos armes ».

Toutes les opérations militaires françaises avaient été planifiées depuis le Centre opérationnel des armées (« la cuve ») : 2 500 mètres carrés de bureaux dans les sous-sols du ministère de la Défense.

C'est de là que partaient les ordres donnés au général Michel Roquejeoffre, commandant sur place le dispositif Daguet. Dans ce centre de commandement, le chef d'état-major des armées, le général Maurice Schmitt, a coordonné toutes les opérations militaires en liaison avec le centre Jupiter installé dans les sous-sols de l'Élysée. Le chef de l'État a contrôlé de bout en bout toutes les opérations non seulement politiques mais militaires. C'est lui-même qui choisissait au jour le jour, en liaison avec l'état-major à Paris, et en Arabie Saoudite, les cibles qui étaient proposées pour les avions Jaguar. Le PC de communication du Centre opérationnel des armées s'appuie sur un réseau complexe de constructions de faisceaux à fibres optiques ou d'émetteurs à ondes hertziennes qui travaillent dans des plages de fréquence hautement réservées et protégées des tentatives de brouillage par des systèmes de contre-mesures électroniques. Les communications du haut état-major français sont passées également par le système de liaisons militaires par satellite Syracuse. Il s'agit d'un système de télécommunications militaires par satellite qui permet d'assurer des liaisons télégraphiques à faible ou grand débit, et des liaisons téléphoniques cryptées et protégées contre le brouillage entre les hautes autorités et les éléments des forces armées à terre ou embarquées, quelle que soit leur position dans la zone couverte par ces satellites.

Pendant toute la durée du conflit, le centre de transmission gouvernemental (CTG), installé dans l'immeuble du SGDN, a joué son rôle. Héritier du centre de transmission de l'état-major général de la Défense nationale, créé le 10 avril 1944 par une ordonnance du général de Gaulle, le CTG a été chargé de mettre en œuvre les moyens de transmission permettant d'assurer les liaisons téléphoniques entre le président de la République, le Premier ministre, les ministres et le secrétaire général de la Défense nationale, entre l'état-major des armées, les attachés des forces armées, les autorités françaises et les autorités de l'Alliance Atlantique. Il a en outre été chargé de l'installation du maintien en condition de la mise en œuvre des PC gouvernementaux (Taverny, Mont Verdun et les PC légers déplaçables). Chargé également de l'installation, de l'entretien et de l'exploitation des liaisons téléphoniques particulières établies entre l'Élysée et le Kremlin, la Maison-Blanche, la Chancellerie fédérale de Bonn, ou le 10 Downing Street à Londres.

Le CTG comprend 230 personnes des trois armées, et il a écoulé plus de 1 780 000 messages au cours de l'année 1990. A l'étranger, le président a constamment été en relation avec Bush. Ainsi, le 14 septembre 1990, François Mitterrand se trouvait dans la salle de conférences de l'hôtel *Forum* à Bratislava où il répondait aux questions de la presse sur ses récents entretiens avec le président tchèque Vaclav Havel. L'aide de camp de François Mitterrand lui glissa un message : George Bush cherchait à le joindre. Le président américain voulait condamner avec force la violation de la résidence de l'ambassade de France au Koweït par les troupes irakiennes.

François Mitterrand peut s'entretenir à n'importe quel moment, de n'importe quel point du globe, avec n'importe quel président. Il dispose pour cela de lignes téléphoniques mobiles codées dont s'occupe un spécialiste des transmissions militaires, le major général Trouillot. Le président utilise aussi des lignes fixes avec des circuits séparés et codés. Un dispositif spécial avait été aménagé pendant la durée de la crise pour que François Mitterrand et George Bush puissent se parler sans risque de violation du secret. Un matériel particulièrement sophistiqué avait été installé par des experts américains dans le secrétariat particulier du président de la République. Dans ce bureau, un téléphone était relié par ligne directe codée à l'ambassade des États-Unis à Paris, avenue Gabriel.

Chef des armées, pendant toute la durée de la crise, François Mitterrand a également joué le chef d'état-major. Tous les matins à 9 heures, le secrétaire général de l'Élysée, Jean-Louis Bianco, installait une carte d'état-major avec le colonel Mechain, de l'état-major particulier du président de la République. Autour d'une table, face à la carte, Gilles Ménage, directeur du président, chargé des relations avec les services de renseignements, Hubert Vedrine, porte-parole du président, Jean-Paul Huchon, directeur de cabinet de Michel Rocard, Christian Vigouroux, directeur de cabinet du ministre de l'Intérieur, François Nicollaud, directeur de cabinet de Pierre Joxe, Bernard Kesseddian, directeur de cabinet de Roland Dumas. Une seule femme, Anne Lauverjeon, secrétaire générale adjointe de l'Élysée. Sur cette carte, les objectifs des avions Jaguar français et les cibles atteintes par la coalition militaire contre les forces irakiennes.

Une synthèse d'état-major qui sera ensuite transmise au président de la République. Celui-ci l'étudiera dans la journée ainsi que tous les autres rapports secrets, y compris ceux parvenus de la Maison-Blanche et de Londres.

A 18 heures, le chef de l'État, dans le salon des Aides, près de la salle du conseil des ministres, présidait la réunion de stratégie quotidienne. Avec lui, le ministre de l'Intérieur, le ministre de la Défense, des Affaires étrangères, les chefs d'état-major des armées et, bien sûr, le Premier ministre accompagné du général Menu, son chef d'état-major particulier, ainsi que l'amiral

Jacques Lanxade, chef d'état-major particulier du président de la République et futur chef d'état-major des armées. Un cercle restreint opérationnel vingt-quatre heures sur vingt-quatre. Aussi le vendredi 22 février, à 20 heures, la plupart des collaborateurs du chef de l'État s'apprêtent à rentrer chez eux, mais ils savent qu'ils peuvent être dérangés à n'importe quelle heure de la nuit. Le permanencier, ce jour-là, s'appelle Michel Jau, directeur adjoint du cabinet de Gilles Ménage, directeur de cabinet du président de la République. Il s'installe dans l'appartement du permanencier. Dans la nuit, alors que le ministre irakien des Affaires étrangères se trouve à Moscou, le porte-parole de Mikhaïl Gorbatchev, M. Ignatenko, annonce devant les caméras qu'un accord de paix en huit points a été accepté par l'Irak. Michel Jau saute sur son téléphone et appelle le secrétaire général de l'Élysée, Jean-Louis Bianco. Ce dernier prévient Roland Dumas. L'on décide alors d'appeler François Mitterrand. Il est 5 heures du matin. A 5 h 30, une réunion a lieu à l'Élysée avec l'amiral Lanxade, Hubert Vedrine, Paul Morel, le conseiller diplomatique de François Mitterrand.

Le président ne regrette rien de ce qui s'est passé pour cette guerre du droit. « A aucun moment, dira-t-il à ses ministres, Saddam Hussein n'a cherché une véritable ouverture pour la paix. » A ses amis du parti socialiste, qui doutent, le président conseillera « la maîtrise de leurs émotions devant la réalité affreuse de la guerre, face à un Saddam Hussein dont on connaît, disait-il, les méthodes peu orthodoxes ».

Le 14 mars George Bush et François Mitterrand se rencontraient à la Martinique. Après les cartes secrètes de la guerre, il fallait tirer les cartes secrètes de la paix...

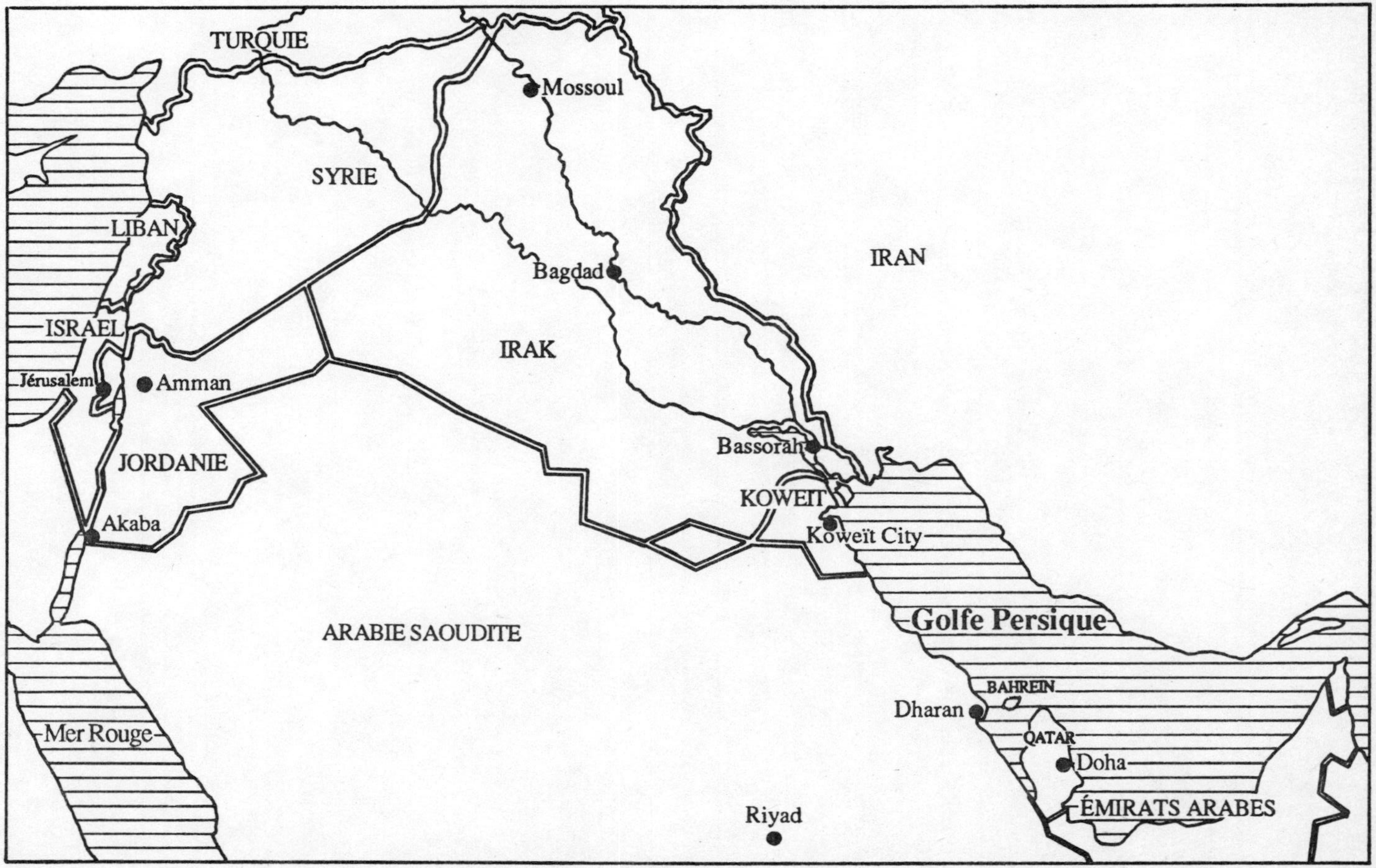
TURQUIE
Mossoul
SYRIE
LIBAN
IRAN
Bagdad
ISRAEL
IRAK
Jérusalem
Amman
JORDANIE
Bassorah
KOWEIT
Akaba
Koweït City
Golfe Persique
ARABIE SAOUDITE
BAHREIN
Dharan
QATAR
Doha
Mer Rouge
ÉMIRATS ARABES
Riyad

ANNEXES

INVITATION ADRESSÉE PAR LE ROI FAHD D'ARABIE SAOUDITE À L'ÉMIR JABER DU KOWEÏT POUR LE SOMMET ARABE DU 31 JUILLET, QUI A PRÉCÉDÉ DE DEUX JOURS L'INVASION DU KOWEÏT PAR L'IRAK.

المملكة العربية السعودية
ديوان رئاسة مجلس الوزراء

برقيه

صاحب السمو الأخ العزيز الشيخ جابر الأحمد الصباح
أمير دولة الكويت حفظه الله

أرجو لسمو الأخ دوام الصحة وموفور الهناء، وبعد
فانني أود أن أشير الى الاتصالات الأخوية التي جرت بين سموكم وفخامة الأخ الرئيس صدام حسين رئيس الجمهورية العراقية وبما تم التفاهم عليه بأن يجتمع سمو الأخ الشيخ سعد العبدالله الصباح ودولة الأخ عزت ابراهيم في بلدكم الثاني المملكة العربية السعودية
انه لمن دواعي سروري أن نرحب بسمو الأخ الشيخ سعد العبدالله في مدينة جدة يوم الثلاثاء التاسع من شهر محرم ١٤١١هـ الموافق للحادي والثلاثين من شهر يوليو (تموز) عام ١٩٩٠م وفقا لما تم التفاهم عليه. وفي الوقت الذي نتطلع فيه لهذا الاجتماع الأخوي فانني أثق كل الثقة بأن حكمة سموكم وثاقب بصيرتكم ستحقق بمشيئة الله كل ما نتطلع اليه ويتطلع اليه أشقاؤكم في البلاد العربية من تذليل كل الصعاب وتجاوز جميع العقبات وتأكيد المحبة والوئام بين البلدين الشقيقين
وفي الختام اغتنم هذه الفرصة لأعبر عن صادق مودتي وتقديري المقرونة بأخلص تمنياتي الأخوية لسمو الأخ بموفور الصحة والسعادة وللشعب الكويتي الشقيق بالمزيد من التقدم والرخاء والازدهار . والله يحفظكم ويرعاكم ...

أخوكم
خادم الحرمين الشريفين
فهد بن عبدالعزيز آل سعود
ملك المملكة العربية السعودية

En souhaitant à Son Altesse tous mes vœux de santé et de prospérité, je tiens à rappeler les contacts fraternels qui ont eu lieu entre Votre Altesse et Son Excellence Saddam Hussein, président de la République irakienne, à l'issue desquels il a été entendu que Son Altesse le cheikh Saad el-Abdallah el-Sabah et Son Excellence Izzat Ibrahim se rencontreraient sur le sol de votre deuxième pays, le royaume d'Arabie Saoudite. Je serai particulièrement heureux de souhaiter la bienvenue à Son Altesse le cheikh Saad el-Abdallah dans la ville de Djeddah, le mardi 9 du mois de Mouharram 1411 de l'Hégire, soit le 31 juillet 1990, conformément à ce qui a été entendu.

Tout en appelant de mes vœux cette réunion fraternelle, j'ai la pleine conviction que la sagesse et la clairvoyance de Votre Altesse permettront, si Dieu le veut, de parvenir aux résultats espérés et, comme y aspirent vos frères dans les pays arabes, à aplanir toutes les difficultés, à surmonter tous les obstacles et à affermir l'amitié et la concorde entre les deux pays frères.

Pour finir, je saisis cette occasion pour vous exprimer ma sincère amitié et toute mon estime, en y joignant mes souhaits fraternels, pour Votre Altesse, de santé et de bonheur, et pour le peuple koweïtien frère, de progrès, de prospérité et de bien-être.

Votre frère,

Le serviteur des Deux Mosquées
FAHD BEN ABDEL AZIZ AL-SAOUD
Roi du royaume d'Arabie Saoudite.

RÉPONSE ADRESSÉE PAR L'ÉMIR DU KOWEÏT AU ROI FAHD D'ARABIE SAOUDITE.

J'adresse à mon cher frère mes meilleures salutations, en priant Dieu, le Très-Haut, qu'il lui accorde à jamais santé et prospérité. J'ai reçu votre noble message contenant votre invitation fraternelle à rencontrer la partie irakienne sur le sol de notre deuxième pays, le royaume frère d'Arabie Saoudite, dans la ville de Djeddah, le mardi 9 du mois de Mouharram 1411 de l'Hégire, soit le 31 juillet 1990.

En remerciant mon noble frère pour cette invitation, j'ai le plaisir de lui indiquer que nous l'accueillons avec la plus grande faveur. Notre frère le cheikh Saad el-Abdallah se rendra à Djeddah pour participer à cette réunion au jour proposé.

À cette occasion, je tiens à exprimer à mon frère bien-aimé toute notre gratitude et lui dire combien nous apprécions ses efforts fraternels, sa sagesse et la profondeur de ses vues, convaincus que nous sommes qu'une réunion organisée par ses soins et sous son égide sera, si Dieu le Très-Haut le permet, couronnée de succès, permettra d'aplanir toutes les difficultés et de ramener la confiance et l'amitié dans les esprits.

Enfin, recevez, noble frère, mes vœux les plus sincères, pour vous, de succès et de bonheur, et pour le peuple saoudien frère, de progrès et de prospérité.

Votre frère,

JABER EL-AHMED EL-SABAH
Émir du Koweït.

RESOLUTIONS DU CONSEIL DE SECURITE DES NATIONS UNIES CONDAMNANT L'INVASION IRAKIENNE DU KOWEIT

RESOLUTION 660 (2 août 1990): *Condamne* l'invasion irakienne. Exige le retrait immédiat et inconditionnel des forces irakiennes du Koweit. *Appelle* l'Irak à negocier immédiatement.

RESOLUTION 661 (6 août) : *Affirme* le droit à l'auto- défense individuelle et collective en réponse à l'attaque irakienne. *Détermine* que l'invasion et l'occupation du Koweit par l'Irak doit prendre fin , et que la souveraineté, l'indépendance et l'intégrité territoriale du Koweit doivent être restaurées. *Décide* que tous les Etats Membres (1) *empêcheront* les importations de toutes marchandises et produits en provenance d'Irak et du Koweit occupé; (2) *interdiront* la promotion directe ou indirecte des exportations et expéditions de transit vers l'Irak et le Koweit, à l'exception de certains produits médicaux et humanitaires; (3) *bloqueront* le transfert de fonds au gouvernement irakien, et (4) *interdiront* la remise de fonds à toutes organisations ou individus sauf but strictement médicaux ou humanitaires. *Demande instamment* à tous les Etats de (1) prendre les mesures appropriées pour protéger les actifs du gouvernement légitime du Koweit et de ses agences et (2) de ne reconnaître aucun régime établi au Koweit par l'Irak.

RESOLUTION 662 (9 août): *Exprime* une "inquiétude grave" devant la revendication de l'Irak pour "une fusion complète et éternelle" avec le Koweit. Décide que l'annexion irakienne du Koweit sous quelque forme que se soit n'a aucune validité légale, et est nulle et non avenue. *Réitère* sa demande d'un retrait immédiat et inconditionnel de l'Irak. Exprime sa détermination de restaurer la souveraineté, l'indépendance et l'intégrité territoriale du Koweit, ainsi que le pouvoir du gouvernement légitime.

EXTRAITS DE LA NOTE REMISE PAR LE MINISTRE DES AFFAIRES ÉTRANGÈRES IRAKIEN, M. TAREK AZIZ, AU SECRÉTAIRE GÉNÉRAL DE LA LIGUE DES ÉTATS ARABES LE 16 JUILLET 1990, SOIT DIX-SEPT JOURS AVANT L'INVASION DU KOWEÏT.

... Les intérêts supérieurs de la Nation arabe ainsi que les calculs stratégiques essentiels à la sécurité nationale arabe doivent être toujours présents à l'esprit et doivent primer dans les relations interarabes.

C'est sur la base de ces principes nationalistes, fraternels, fidèles et sincères que l'Irak a établi ses relations avec le Koweït et ce, en dépit de la réalité comme des rapports passés et présents entre l'Irak et le Koweït.

. . . .

Bien que nous ayons toujours fait prévaloir des rapports de fraternité sincère et veillé à la poursuite du dialogue avec eux à tout moment, les responsables koweïtiens ont entrepris, méthodiquement et sciemment, de nuire à l'Irak, cherchant à l'affaiblir au moment où il sortait d'une terrible guerre de huit ans, durant laquelle, et de l'avis de tous les Arabes sincères, dirigeants, intellectuels et citoyens, y compris les chefs des États du Golfe, l'Irak a défendu la souveraineté de la Nation arabe tout entière, surtout celle des pays du Golfe et plus particulièrement celle du Koweït.

Le gouvernement koweïtien a donc poursuivi cette politique délibérée d'affaiblissement de l'Irak au moment où ce dernier était confronté à une campagne impérialiste-sioniste féroce en raison de ses positions nationalistes dans la défense des droits des Arabes. Le Koweït était animé en cela, hélas, par son égoïsme, l'étroitesse de ses vues mais aussi d'objectifs qui se révèlent être d'une très grande gravité et qui sont développés dans les pages qui suivent.

Durant les longues années de guerre et pendant que les vaillants fils de l'Irak versaient leur sang précieux sur le front pour défendre la terre arabe, y compris celle du Koweït, pour sauvegarder la souveraineté et la dignité arabes, y compris celles du Koweït, le gouvernement de ce pays en a profité — exploitant l'attachement de l'Irak à ses principes nationalistes authentiques et la noblesse de ses méthodes dans ses relations avec les frères et dans le traitement des questions arabes — pour mettre à exécution un plan de grignotage planifié et prémédité du territoire irakien et a entrepris d'édifier des installations militaires, des infrastructures pétrolières et des exploitations agricoles sur le sol irakien. Nous nous étions contentés d'y faire allusion, considérant que cela devait suffire, entre frères, à nous faire comprendre, dans le cadre des principes de fraternité auxquels nous pensions que tous étaient attachés. Mais la traîtrise a continué avec acharnement, ce qui en confirme le caractère prémédité et planifié.

. . . .

Le gouvernement koweïtien a adopté depuis quelques mois, précisément depuis que l'Irak a clamé haut et fort les droits du peuple palestinien et a mis en garde contre la présence américaine dans le Golfe, une politique injuste dont l'objectif est de porter atteinte à la Nation arabe et plus particulièrement à l'Irak. Le Koweït a ainsi mis au point, avec la complicité des Émirats arabes unis, un complot visant à inonder le marché du pétrole par un surplus de production hors du quota qui leur a été alloué par l'OPEP, invoquant en cela des prétextes sans fondements, irrationnels et injustes et qui n'ont été partagés par aucun autre pays frère producteur. Cette politique a abouti à un effondrement dangereux du prix du pétrole. En effet, après la chute enregistrée quelques années auparavant par rapport aux moyennes mondiales situées alors à 24,29 et 28 dollars, l'attitude des gouvernements du Koweït et des Émirats a provoqué l'effondrement des prix, les faisant passer du minimum — déjà modeste — consenti dans le cadre de l'OPEP et fixé à 18 dollars le baril, à un prix situé entre 11 et 13 dollars le baril. Une simple opération mathématique permet de calculer les pertes considérables subies alors par les pays arabes producteurs de pétrole.

. . . .

Le gouvernement du Koweït ne s'est pas contenté de ces atteintes. Il en a commis d'autres à l'encontre de l'Irak plus précisément. Il a en effet installé une infrastructure pétrolière sur la partie sud du champ irakien de Roumaylah et a commencé à en extraire du pétrole. Il s'est donc avéré qu'il inondait le marché mondial avec du pétrole dont une partie provient du champ de Roumaylah. L'Irak a donc subi, ainsi, un double préjudice : l'affaiblissement de son économie d'abord au moment où il avait le plus besoin de ses ressources et la spoliation de ses richesses ensuite. La valeur du pétrole extrait par le Koweït du champ de Roumaylah par le recours à cette méthode contraire aux règles de bon voisinage et sur la base des prix en cours entre 1980 et 1990 est estimée à 2 400 millions de dollars.

. . . .

Nous avions exposé les dangers de la politique suivie par le Koweït et les Émirats aux pays arabes producteurs à plusieurs reprises, y compris au Koweït et aux Émirats ; nous nous en étions plaints et les avions mis en garde. Au sommet de Bagdad, le président Saddam Hussein avait évoqué cette question devant les chefs d'États arabes et en présence des parties concernées avec franchise et dans un esprit fraternel.

. . . .

C'est pourquoi il ne nous reste plus qu'à tirer les conclusions des agissements koweïtiens et émirati. Il s'agit bien d'une politique préméditée aux visées sombres et il était évident que cette politique qui a abouti à l'effondrement des prix du brut allait en définitive porter atteinte à l'économie de ces pays eux-mêmes.

Pour ce qui est des intérêts suprêmes de la Nation arabe et du lien entre les richesses arabes et l'avenir de notre nation, nous présentons la proposition suivante :

Que l'ensemble des pays arabes, producteurs de pétrole ou pas, s'accordent, sur la base d'une solidarité politique forte, à hausser le prix du pétrole à 25 dollars, qu'ils créent ensuite un fonds d'aide et de développement arabe à l'instar de ce qui était prévu par le sommet d'Amman. Ce fonds serait approvisionné sur la base de chaque dollar supplémentaire par baril vendu par les pays producteurs à plus de 15 dollars et pourrait récolter ainsi la somme de 5 milliards de dollars annuels. Tandis que, dans le même temps, les pays producteurs verraient leurs revenus augmenter et pourraient se protéger de toutes tentatives d'affaiblissement de la Nation arabe à travers la diminution de ses revenus pétroliers.

....

La logique nationale et la logique de la sécurité régionale ne commandent-elles pas, au regard du précédent américain, que ces pays, non seulement annulent la dette de l'Irak, mais qu'ils préparent même un plan arabe, à l'instar du plan Marshall, pour compenser une partie des pertes irakiennes pendant la guerre ?

... Nous présentons ces vérités amères à la conscience de chaque Arabe sincère, et en premier lieu au peuple du Koweït frère afin qu'il puisse estimer notre douleur et le préjudice qui nous est causé.

TAREK AZIZ
Vice-Premier ministre,
ministre des Affaires Étrangères de la République d'Irak

Bagdad, le 15 juillet 1990.

EXTRAIT DE L'EXEMPLAIRE IRAKIEN RETRAÇANT LES CONVERSATIONS DIPLOMATIQUES À BAGDAD ENTRE SADDAM HUSSEIN ET APRIL GLASPIE, AMBASSADEUR DES ÉTATS-UNIS EN IRAK, LE 27 JUILLET 1990, QUELQUES JOURS AVANT L'INVASION DU KOWEÏT.

قال لي الاخ مبارك ان الكويتيين خائفين ويقولون .
عسكر على بعد عشرين كيلو مترا " من خط الجامعة العربية
فقلت له بغض النظر عما يوجد سواء اكان الموجود شرطة
او جيش وكم عدد الموجود وماذا يفعل ، طمأن الكويتيين
.. ونحن من جانبنا لن يحصل اي شيء الى ان نلتقي
معهم .. وعندما نلتقي ونرى ان هنالك امل ، لن
يحصل شيء .. وعندما نعجز عن ايجاد مخرج ، فأمر
طبيعي ان لا يقبل العراق ان يموت .. ومع ذلك الحكمة
هي فوق كل شيء آخر .

TRACT DE LA PREMIÈRE RÉSISTANCE KOWEÏTIENNE.

الحق

نشرة خاصة تصدر عن لجنة التضامن التابعة للاتحاد
الوطني لطلبة الكويت - فرع فرنسا -

العدد الثالث ٩ صفر ١٤١١ - ٣٠ أغسطس ١٩٩٠

معاً لتحرير الكويت

SCHÉMA RÉALISÉ PAR LA RÉSISTANCE KOWEÏTIENNE MONTRANT UNE ATTAQUE-SUICIDE CONTRE DES OFFICIERS IRAKIENS À KOWEÏT CITY, LE 8 AOÛT 1990.

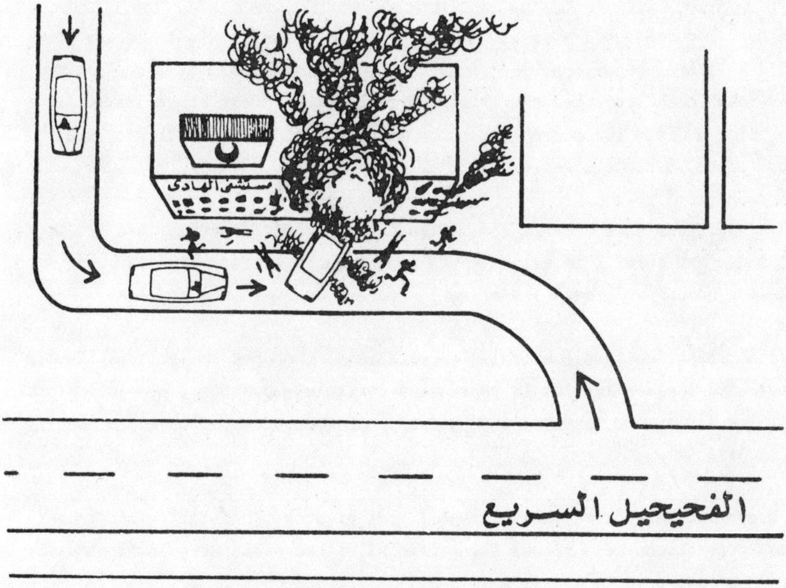

رسم يبين العملية الفدائية للمقاومة الكويتية

EXTRAIT DU PREMIER RAPPORT D'AMNESTY INTERNATIONAL SUR LES VIOLATIONS DES DROITS DE L'HOMME AU KOWEÏT PAR LES SOLDATS IRAKIENS.

Selon l'organisation, la brutalité des militaires irakiens au Koweït a choqué beaucoup de gens depuis quatre mois, mais ces exactions sont monnaie courante pour la population irakienne depuis plus de dix ans.

Amnesty International a salué la libération des ressortissants occidentaux, mais elle craint que soit désormais oublié le sort de milliers de victimes de violations flagrantes des droits de l'homme au Koweït et en Irak. L'organisation demande aux gouvernements de lancer un appel à l'Irak pour que ce pays mette un terme à ces violations.

La plupart des abus décrits dans le rapport ont été perpétrés dans les trois mois qui ont suivi l'invasion, à une époque où Koweïtiens et étrangers étaient nombreux à résister, et où la répression était impitoyable.

L'opposition, qui avait entraîné arrestations, tortures et meurtres, semble avoir été écrasée lors de la répression initiale ; pourtant, des informations sur les violations continuent de parvenir presque quotidiennement à Amnesty International.

L'organisation affirme avoir recueilli des preuves irréfutables confirmant les informations déjà reçues selon lesquelles des prématurés auraient été tués par des soldats irakiens.

Des rumeurs à ce sujet sont parvenues à l'organisation dès le mois d'août mais des informations circonstanciées sur l'étendue du massacre viennent d'arriver.

Une équipe d'enquêteurs d'Amnesty International a interrogé plusieurs médecins et infirmières qui travaillaient dans les hôpitaux où sont morts les nourrissons. Tous avaient vu les corps, et un médecin avait participé à l'inhumation de 72 d'entre eux dans un cimetière voisin. Certains hôpitaux ont effectué un décompte non confirmé des personnes décédées, y compris des bébés.

Le rapport d'Amnesty International, publié aujourd'hui, a été soumis à tous les membres du Conseil de sécurité des Nations Unies, lequel avait demandé des informations sur la situation des droits de l'homme au Koweït, ainsi qu'au gouvernement irakien.

NOTE DE L'AMBASSADE D'IRAK À LONDRES METTANT EN DOUTE LES ACCUSATIONS D'AMNESTY INTERNATIONAL CONCERNANT LES VIOLATIONS DES DROITS DE L'HOMME PAR LES SOLDATS IRAKIENS AU KOWEÏT.

EMBASSY OF THE
REPUBLIC OF IRAQ
21 QUEEN'S GATE,
LONDON SW7 5JG

STATEMENT BY THE IRAQI EMBASSY

Once more, Amnesty International has resorted to its unenviable lip-service in matters related to Iraq. Perhaps, what is most regrettable on this occasion is that the end product of its service concerns a country where the entire population is now the victim of illegal armed embargo on all necessities for their livelihood, including food and medicine with the intention of starving its people and exposing their children to diseases. But our past experince with the Amnesty shows that no humane motives towards Iraq could have galvanized Amnesty into action.

However, we find it regrettable that under the present circumstances in the concerned area any outsider would have the audacity to give credibility to todays so called report by Amnesty International.

Yet, on our part, we renew our advise to the Amnesty on the need to approach an official Iraqi representation and examine their so called " testimonies" as one-sided stories would only further expose the intentions of those involved in this lip-service by the Amnesty . The opportunity to witness the situation on the ground remains open for the Amnesty. Absence of representative officers of the Amnesty and lack of evidence to its reports on Iraq renders its recent report an embarassment to the practice of reporting, and Amnesty itself is in no better position in this regard.

LONDON, October 3, 1990

EXTRAIT DU DOSSIER REMIS PAR LE DÉPARTEMENT D'ÉTAT AMÉRICAIN AUX DIPLOMATES EN CAS DE PRISE D'OTAGE.

United States Department of State

Hostage Taking:

Preparation, Avoidance, and Survival

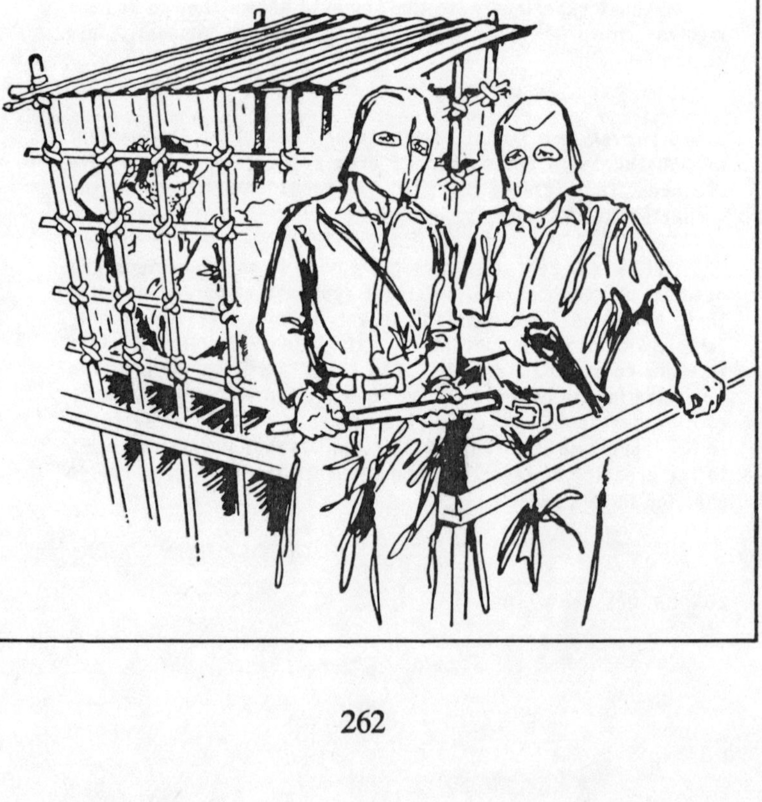

gain your release. Some organizations may even resort to attempts to convince you of the validity of their goals, they may threaten you, or they may try to intimidate you with their knowledge of your previous activities or lifestyle. Occasionally hostages are kept in an unsanitary environment, dehumanized by being called by a number or other designation other than their name, provided inadequate or no hygiene or bathroom facilities, deprived of sleep, and given poor or insufficient food.

The specific type of treatment can vary dramatically. What is typical is that your needs may go unrecognized, partly because of their determination not to recognize you as a human being and partly because of their animosity toward what you represent. While they may make life unpleasant for you, they are unlikely to do anything intentionally that is life threatening. Dead, you are worth nothing to them. As time goes on, you can certainly make use of this fact. You may never be treated in the way that you would like to, but you may be able to bring about some modification of their behavior.

During this phase you should continue with your efforts to regain control over your emotions and to maintain your sense of self-respect. You must also work toward improving your new environment and the behavior of your captors, and you have to concentrate on preserving your mental and physical health. Essential to this process is the understanding that you may not be released soon, particularly in kidnaping situations. Depending upon early release may prevent you from doing those things that are essential to your long-term survival, and it can cause you to lose all hope as time wears on.

Perform four main functions during this time:

- **Build human relations,**
- **Manage yourself,**
- **Manage your time, and**
- **Manage your environment.**

Building a relationship with your captors does not mean that you have to agree with their philosophy or their methods. It means simply working toward establishing a relationship that permits you to maintain your self-respect while demonstrating that you are a valuable, nonthreatening human being. Present yourself as a reasonable and intelligent person. Thoughtless displays of emotion, whether it be aggression or panic, can cause your captors to see you as a threat or as a person who is worthy only of contempt. If you are given orders,

« NE PACTISEZ PAS AVEC VOS RAVISSEURS. » (SYNDROME DE STOCKHOLM)

fully. You may, therefore, be asked to exit with your hands in the air or behind your head and to submit to a search and careful identification procedures. You should be prepared for the possibility of rough treatment until the situation has clarified itself. This is both for your protection and for the protection of the police. During this tense phase make no sudden moves that might be misinterpreted by the police.

Another possible termination is an assault. The techniques of assault vary depending on the training and experience of the assault force. When an assault begins, seek cover or concealment. Where no cover or concealment exists, lie flat on the floor, preferably away from doors and windows which may be used for an entrance. In an aircraft, where you may not be able to lie on the floor, put your head down and remain perfectly still. An assault team may shoot anyone who stands up or makes a sudden move which could be considered to be threatening. Once again, you should expect rough treatment in the early stages after an assault. Hostage takers have often tried to escape capture by hiding among the hostages. On many occasions the hostages have permitted the hostage takers to do this because of the emotional bond that sometimes forms between them due to the extended period of intense emotional contact. The assault force will, therefore, treat everyone as a suspect until all have been positively identified.

It is vitally important that you resist the temptation to come to the aid of your rescuers. Above all, do not try to disarm your captors. The assault team has very little time to decide whether or not to shoot. If you are found with a weapon in your hand, you could easily be killed before you have the opportunity to explain the situation.

It is usually during the termination that a relatively common phenomenon, popularly referred to as the Stockholm Syndrome or as the Hostage Identification Syndrome, takes on some importance. Many hostages become emotionally involved with their captors due partly to the extreme stress of the situation and partly to the complete dependence of the hostage upon his or her captor for survival. Occasionally, the positive feelings of the hostages are reciprocated by the hostage takers, possibly resulting in the eventual safe release of the hostages. For this reason negotiators generally consider the Stockholm Syndrome to be a positive force, but it has some negative aspects. There have been cases in which hostages who were released early were hesitant to provide any information that might be used against the hostage takers by the police or provided false information. In other cases, during an assault, hostages have instinctively followed the instructions of the hostage takers rather than their rescuers and jeopardized their own lives as a result. There have even been

LES CARTES SECRÈTES DE LA GUERRE DU GOLFE

PARTIE DE L'ARSENAL MILITAIRE IRAKIEN.

LE MATERIEL DE L'ARMEE IRAKIENNE Source: MILITARY RESEARCH & ANALYSES (MR&A). Copyright DAPS S.A. Genève, Suisse, 1991

Désignation	Origine	Quantité
Missiles Sol-Sol Longue Portée		
Al-Faw 1 (Dévelop.)	IRAK	
Al-Abed (Dévelop.)	IRAK	
Tammuz 1 (Dévelop.)	IRAK	
Missiles Sol-Sol Moyenne Portée		
Al-Abbas	IRAK	30
Al-Fahd MR (Dévelop.)	IRAK	
Al-Fahd SR (Dévelop.)	IRAK	
Al-Hussein (Beaucoup plus?)	IRAK	+50
Badr 2000 (Dévelop.)	EGYP	
Condor 2 (Dévelop.)	ARG	
SS 12 MOD 1 Scaleboard	URSS	26(?)
SS 1B C/D Scud A/B/C	URSS	510
(20 Lanceurs. Utilise une version modifiée. Provenance Corée du Nord)		
Missiles Sol-Sol Très Courte Portée		
Baraq (Dévelop.)	IRAK	
Frog 7A (34 Lanceurs)	URSS	90
Kassir (Dévelop.)	IRAK	
Laith 90 (Copie Frog 7A)	IRAK	
Nissan (Dévelop.)	IRAK	
SS 21 Scarab (12 Lanceurs)	URSS	22
Faw 150 (Déf. Côt.)	IRAK	
Faw 200 (Déf. Côt.)	IRAK	
Faw 70 (Déf. Côt.)	IRAK	
HY 2 Hai Ying (Déf. Côt.)	RPC	30
Missiles Anti-Aériens		
MIM 104A Patriot (ex-Koweït)	USA	1 Syst.
MIM 23B I Hawk (ex-Koweït)	USA	150
Roland 1 (13 Lanceurs en Shelter et 14 Lanceurs sur AMX 30)	FRA	150
Roland 2 (78 Lanceurs sur MAN 8x8)	FRA	1000
SA 13 Gopher	URSS	60
SA 2 Guideline	URSS	120
SA 3 Goa	URSS	216
SA 6 Gainful	URSS	400
SA 7A MOD O Grail (2000 Lanceurs)	URSS	4000
Sakr Eye	EGYP	
SA 8 Gecko (Certains ex-Koweït)	URSS	200
SA 9 Gaskin	URSS	50
FIM 43A Redeye (ex-Jord.)	USA	
HN 5A Hong Nan	RPC	
SA 14 Gremlin	URSS	
SA 16	URS	
Canons Anti-Aériens		
KS 12 85mm	URSS	100
KS 19 100mm	URSS	50
KS 30 130mm	URSS	300
M 1939 37mm	URSS	284
M 53 Twin 30mm	TCHE	300
M 55A2 20/3 20mm	YOUG	250
S 60 57mm	URSS	400
ZPU 1 14,5mm	URSS	
ZPU 2 14,5mm	URSS	
ZPU 4 14,5mm	URSS	
ZU 23mm	URSS	
ZU 23mm/2	URSS	90
ZSU 23/4V 23mm (Automouvant)	URSS	125
ZSU 57/2 57mm	URSS	65
Lance-Roquettes		
Ababil 100 262mm	IRAK	
Ababil 50 262mm	IRAK	
BM 11 122mm	CORN	
BM 14-16 140mm	URSS	150
BM 14-17 140mm	URSS	150
BM 21 122mm	URSS	350
BM 24T 240mm	URSS	20
M 51 130mm	TCHE	48
M 87 Orkan 262mm	YOUG	
Sakr 30 122mm	EGYP	300
SS 06 108mm	BRES	12
SS 30 127mm	BRES	58
SS 40 180mm	BRES	20
SS 60 300mm	BRES	26
Canons Automouvants		
Al Fao 210mm	IRAK	
AMX 13/155F3 155mm	FRA	(?)
AMX 30/155 GCT 155mm	FRA	85
ISU 122/M 1944 122mm	URSS	110
ISU 152/M 1943 152mm	URSS	65
Koksan 175mm (ex-Iran)	CORN	
M 109A1 155mm (ex-Jord.)	USA	50
M 109A2 155mm (ex-Jord.)	USA	50
M 1973 2S3 152mm	URSS	50
M 1974 2S1 122mm	URSS	50
M 1978 180mm (ex-Iran)	CORN	
Majnoon 155mm	IRAK	
Canons Tractés		
D-30 2A19 122mm	URSS	250
D-44 85mm	URSS	
D-74 122mm	URSS	
G 5 155mm	Af.S	100
GHN 45 155mm (ex-Jordanie)	AUTR	200
M 101 105mm	USA	
M 102 105mm	USA	20
M 114A1 155mm (ex-Jordanie)	USA	30
M 1937/ML-20 152mm	URSS	131
M 1938/M-30 122mm	URSS	400
M 1943/D-1/M-10 152mm	URSS	
M 1976 2A36 152mm	URSS	
M 46 130mm	URSS	600
M 46 155mm	IRAK	200
M 56 105mm	ITA	70
S-23 180mm	URSS	
TYP 59-1 130mm (Certains ex-Iran)	PRC	700
TYP 66/D-20 152mm	PRC	
TYP 83/D-30 122mm	PRC	
Missiles Anti-Char		
AS/SS 11	FRA	1000
AS/SS 12	FRA	600
AT 1 Snapper	URSS	200
AT 3 Sagger	URSS	3000
AT 4 Spigot	URSS	
AT 5 Spandrel	URSS	
BGM 71A TOW (ex-Iran/Jordan)	USA	
HOT (200 Lanceurs et 66 Lanceurs sur SA 342)	FRA	7000
Milan (200 Lanceurs)	FRA	5500
Swingfire (ex-Iran/Jordan)	G-B	
Canons/Véhicules Anti-Char		
Al-Nassira 82mm	IRAK	
Apilas 112mm	FRA	
B 11 107mm	URSS	
BMP 2 AT 5 Spandrel	URSS	
BRDM 1 AT 3 Sagger	URSS	
BRDM 2 AT 3 Sagger	URSS	150
BRDM 2 AT 5 Spandrel	URSS	
M 40A1 106mm (Sur Jeep)	USA	300
RPG 7 82mm (Poss. 1000)	URSS	3000
T 12 100mm	URSS	70
VCR TH UTM 800	FRA	92
Véhicules Blindés		
AML 60	FRA	102
AML 90	FRA	70
BMR 600 VTT	ESP	250
BRDM 2 (Canon 23mm)	URSS	200
BTR 152	URSS	300
BTR 40	URSS	50
BTR 60	URSS	500
EE 11 Mk 1 Urutu	BRES	400
EE 3 Jararaca	BRES	250
EE 9 Cascavel	BRES	900
ERC 90 Sagaie	FRA	250
Ferret (ex-Koweït)	G-B	
OT 64 Skot	TCHE	180
Panhard M 3 VTT	FRA	100
PSZH-IV	HONG	200
Roland 4x4	CH	100
Saracen	G-B	50
Walid	EGYP	
AMX 10P	FRA	90
BMP 1	URSS	420
BTR 50P	URSS	550
M 113 (ex-Iran)	USA	
M 113A1 (ex-Jordanie)	USA	100
M 113A2 (ex-Jordanie)	USA	70
MT-LB	URSS	700
OT 62 Topas	TCHE	150
PTS	URSS	
TYP YW531	RPC	550
Chars de Combat		
Centurion Mk 7	G-B	40
Chieftain (ex-Koweït/Iran)	G-B	190
Khalid (ex-Jordanie)	G-B	50
PT 76	URSS	200
SU 100 (Réserve)	URSS	50
T 34/85 (Réserve)	URSS	50
T 54 (1600?)	URSS	350
T 55 (2000?)	URSS	400
T 62	URSS	1200
T 72B	URSS	350
T 72G	URSS	240
T 72M1	URSS	500
T 74M	URSS	100
T 80 (?)	URSS	
TYP 59	RPC	400
TYP 69	RPC	300
TYP 69-1 (2000?)	RPC	1000
TYP 69-2	RPC	150
Vickers Mk 1 (ex-Koweït)	G-B	70
Véhicules Blindés de Dépannage et Génie		
AMX 10ECH ARV	FRA	20
AMX 30D ARV	FRA	8
Chieftain ARV (ex-Iran)	G-B	25
EE 11 Mk 1 Urutu ARV	BRES	
Panhard M3 VAT	FRA	5
T54 ARV/AVLB (Pont)	URSS	
T 55 M 1977 ARV	URSS	
BLG 60 (Pont)	D	24
KMM (Pont)	URSS	65
MGB (Pont)	G-B	
Missiles Air-Air		
AA 10 Alamo A	URSS	400(?)
AA 11 Archer	URSS	
AA 2 Atoll	URSS	200
AA 6 Acrid	URSS	
AA 7A Apex	URSS	
AIM 7E Sparrows	USA	
Piranha	BRES	
R 530	FRA	350
R 530F Super	FRA	100
R 530K Super	FRA	
R 550 Magic 1	FRA	1900
Missiles Air-Sol		
AGM 65B Maverick (ex-Jordanie)	USA	
Armat	FRA	500
AS 10 Karen	URSS	
AS 14 Kedge	URSS	40
AS 20	FRA	20
AS 30	FRA	35
AS 30L	FRA	250
AS 37 Martel	FRA	100
AS 4A Kitchen	URSS	10
AS 9 Kyle	URSS	
X 29L (Projet 716)	IRAK	
Missiles Air-Surface		
Ababil	IRAK	
AM 39 Exocet	FRA	500
AM 40 Exocet	FRA	
AS 15TT	FRA	
AS 5 Kelt	URSS	
AS 6 Kingfish	URSS	20
C 601 ALCM	RPC	
HY 4 Hai Ying	RPC	
Missiles Surface-Air		
Aspide/Albatros Mk 1	ITA	
Missiles Surface-Surface		
MM 40 Exocet (?)	FRA	
Otomat Mk 1	ITA	120
Otomat Mk 2 (?)	ITA	
SS N 2A/C Styx	URSS	60
Hélicoptères		
Mil Mi-24 Hind D	URSS	45
Mil Mi-4	URSS	20
Mil Mi-8 Hip A	URSS	50
Mil Mi-25 Hind F	URSS	15
Mil Mi-2 Hoplite	URSS	18
Mil Mi-17 Hip H	URSS	90
AS 321 Super Frelon	FRA	7
AS 316 Alouette 3	FR	14
AS 342 Gazelle (45?)	FRA	66
AS 332 Super Puma (ex-Jordanie)	FRA	6
AS 319 Alouette 3	FRA	27
AH 1J/AH 1T Cobra (ex-Jordanie)	USA	10
OH 6A Cayuse	USA	55
Sikorsky S 61	USA	6
TH 55A Osage	USA	25

EXTRAITS DU RAPPORT CONFIDENTIEL DU QUAI D'ORSAY SUR LA LIVRAISON PAR LA FRANCE D'UNE CENTRALE NUCLÉAIRE À L'IRAK (PROJET OSIRAK).

MINISTÈRE
DES
AFFAIRES ÉTRANGÈRES

SITUATION AU PROCHE-ORIENT

I. ACCORD DE COOPERATION POUR L'UTILISATION DE L'ENERGIE NUCLEAIRE A DES FINS PACIFIQUES

Le Gouvernement irakien a envoyé du 22 au 31 octobre 1974 à Paris une mission auprès du Commissariat à l'Energie Atomique pour s'enquérir des possibilités d'achat que pourrait présenter la France.

Cette mission précédait d'un mois la visite du Premier Ministre à Bagdad, conclue le 3 décembre 1974 par un relevé de conclusions prévoyant notamment l'établissement d'un accord de coopération pour l'utilisation de l'énergie nucléaire à des fins pacifiques. De leur côté les Irakiens précisaient qu'ils désiraient acquérir une centrale à uranium naturel, graphite-gaz.

Lors de la visite à Paris du Vice-Président du gouvernement irakien, le 3 mars 1975, M. d'Ornano lui soumit un projet d'accord de coopération gouvernementale, assorti d'une esquisse de programme de réalisation : l'entente ne put être alors réalisée, les Irakiens renouvelant leur demande de centrale graphite-gaz, que nous ne pouvions accepter. En effet, une telle vente aurait soulevé de graves difficultés politiques car elle aurait permis aux Irakiens de produire, sans possibilité

.../..

de contrôle très efficace du plutonium utilisable militairement. Bien entendu cet argument ne fut pas mentionné, mais il fut aisé de leur expliquer que la France avait définitivement abandonné en 1969 la construction de ce type de centrales pour des raisons économiques, et que sa reprise n'était pas à envisager. Nous proposions en contre-partie une centrale de même puissance du type à eau naturel, uranium légèrement enrichi (PWR), construite actuellement par Framatome.

Chacun restant sur ses positions lorsqu'en mai 1975, le Gouvernement de Bagdad fit savoir à M. Segard qu'il offrait de nous acheter, à l'exclusion de tout autre, un surrégénérateur à neutrons rapides du type PHENIX, qui n'est pas encore commercialisé , et présente d'ailleurs des problèmes politique assez comparables à ceux d'une centrale uranium naturel, graphite-gaz. L'Irak était le premier pays "sensible" à nous faire une telle demande, rendue d'autant plus embarassante, qu'après l'échec des négociations nucléaires irako-canadiennes, nous risquions de nous mettre dans une position fort délicate dans le domaine de la non-prolifération.

Une réunion interministérielle, organisée le 2 juillet 1975 au Service des Affaires Scientifiques décida, sous réserve de l'acceptation du Groupe interministériel restreint que le Gouvernement proposerait aux Irakiens de signer un accord-cadre de coopération nucléaire, en lui indiquant que nous n'avions pas d'objections de principe à la fourniture ultérieure d'un surrégénérateur, la fourniture actuelle n'étant pas possible pour des raisons industrielles, mais que nous proposions dans l'immédiat la fourniture d'une centrale PWR, assortie d'un projet d'accord trilatéral avec l'A.I.E.A., et assurerions le retraitement des combustibles en France.

.../...

- 3 -

Le Groupe interministériel restreint étudia la proposition le 21 juillet et la jugea acceptable, sauf le représentant du Ministre de la Défense qui s'y opposa, en faisant valoir que les surrégénérateurs fournissaient pratiquement directement du plutonium de qualité militaire. Le Groupe décida donc de soumettre l'affaire à l'arbitrage du Premier Ministre.

L'arbitrage fut rendu le 28 août à Matignon en faveur de la proposition émanant de la majorité des membres du Groupe restreint, ci-dessus mentionnée.

En conséquence un projet d'accord-cadre fut soumis aux Irakiens, complété par un échange de lettres secret, signé le 10 septembre 1975 entre MM. d'Ornano et El Hamdani, et établissant le programme de coopération suivant à mettre en application après la signature de l'Accord gouvernemental. Ce programme prévoyant deux phases :

<u>1ère PHASE</u>

1. Formation en France des techniciens irakiens d'une centrale électrique du type PWR ;

2. Mission d'experts français au Centre de Recherche nucléaire de Bagdad pour l'installation d'un réacteur de recherche, dérivé du modèle Osiris, avec garantie de fourniture de combustible durant quinze ans ;

3. Construction d'une centrale électrique à eau légère pressurisée, d'une puissance de 600 à 900 MWe, du type construit en France par Framatome, et qui devrait être opérable au plus tard en 1983 ;

4. Fourniture de la première charge de combustible, et des recharges jusqu'en 1990 pour cette centrale ;

.../...

5. Retraitement des combustibles irradiés par la centrale dans des installations françaises, le plutonium devant être stocké en France et utilisé à des fins pacifiques, sur un programme à fixer en commun par les deux Gouvernements ;

6. Durant cette première phase, les mesures nécessaires seront prises pour préparer la seconde phase, y compris l'initiation à la technologie des Surrégénérateurs.

<u>2ème PHASE</u>

Réalisation d'une centrale à neutrons rapides, dont les caractéristiques seront définies en commun - le programme de cette seconde phase sera établi en prenant en considération les quantités de matières fissiles disponibles et l'expérience acquise par les techniciens irakiens au cours de la première phase. Les conditions de fourniture et de retraitement du combustible du réacteur seront alors établis en commun.

L'engagement conditionnel envisagé à la seconde phase de ce programme avait été pour les Irakiens la condition sine qua non de leur acceptation d'achat de la centrale PWR.

X

X X

Le projet d'accord-cadre, entériné le 2 octobre 1975 par la Commission de l'Euratom, fut signé le 18 novembre 1975 à Bagdad par MM. d'Ornano et El Hamdani.

Nous avions toutefois prévu qu'il devrait être complété par un accord trilatéral de contrôle avec l'A.I.E.A. Le Irakiens n'ont pas partagé ce point de vue, arguant qu'étant

.../...

partie du TNP, ils avaient signé, le 29 février 1972, un accord plaçant tout leur cycle nucléaire sous le contrôle de l'Agence de Vienne. Ils nous proposaient dans ces conditions de procéder avec nous à un échange de lettres, selon lequel ils s'engageraient à conclure avec nous et l'A.I.E.A. un accord trilatéral au cas où le T.N.P. cesserait d'être applicable (notamment en cas de dénonciation de leur part).

Finalement, après de nombreuses péripéties, dûes essentiellement aux difficultés de la mise en forme des contrats prévus en application de l'Accord, un échange de lettres reprenant la formule irakienne fut signé le 11 septembre 1975 complèté à la même date par un échange de lettres sur les mesures de protection physique des installations et du combustible.

II. NEGOCIATION DES CONTRATS D'APPLICATION DE L'ACCORD-CADRE

1. Osirak

Le point 2 de l'échange de lettres secret du 10 septembre 1975 prévoyant l'installation en Irak d'un réacteur de recherche du type Osiris par des techniciens français, la né ciation de cette affaire fut confiée à Technicatome, filiale à 90% du C.E.A. Cette firme avait indiqué aux Irakiens, en novembre 1975 qu'un réacteur Osiris coutait environ 250 MF, auxquels il fallait ajouter quelques 500 MF pour les installations annexes et les travaux.

De leur côté, les Irakiens formulaient sans cesse nouvelles demandes, adjonction d'un second réacteur, et de divers laboratoire, qui faisaient du complexe finalement envisagé par eux un véritable centre de recherche de la plus haute technicité, et qui sera désormais désigné sous le nom d'Osirak.

.../...

Avec la fourniture du combustible, déjà garantie par Technicatome en décembre 1975 (première charge des deux réacteurs et deux ans de recharge pour Osiris, Isis étant un réacteur passif et donc sans consommation notable), l'estimation du coût faite pour Osirak était au début de l'année de 780 MF mais les frais d'installation, la dégradation des monnaies sur une période d'installation estimée à 5 ans, amena à envisager d'une façon plus réaliste une enveloppe de 1.200 à 1.300 MF.

Les Irakiens répondaient qu'ils avaient prévu une enveloppe de 400 MF pour la fourniture des matériels, et seraient au maximum disposés à doubler cette mise pour une installation remise clé en main à prix définitif. Ils ajoutaient qu'ils étaient décider à ne céder sur aucune des installations de leur choix, et que les chiffres avancés par Technicatome n'entraient pas dans leurs possibilités financières

Pour essayer de sortir de ce marchandage, Technicatome reconstitua au mois d'avril 1976 un consortium avec les autres industriels intéressés pour examiner avec les Irakiens le détail des frais réels de l'opération. Après de nombreuses discussions techniques, le consortium proposa le 28 juin un prix "actualisé" de 1.588 MF, justifié par l'augmentation des fournitures complémentaires demandées par les Irakiens et la hausse générale des prix du nucléaire depuis le début de l'année. Le même jour M. El Hashimi déclarait inacceptable le dernier prix proposé par le consortium, à qui il écrivait le 20 juillet que son pays abandonnerait définitivement le projet auquel son pays attachait tant de prix pour son développement nucléaire, si dans les quinze jours le consortium n'acceptait pas un montant global de 1.200 MF (tout en reconnaissant une possibilité de réajustement qui ne saurait atteindre 1.300 MF

.../...

A partir de la date de l'ultimatum adressé par M. El Hashimi au Président de Technicatome, le Service des Affaires Scientifiques fut dessaisi du dossier qui fut traité directement entre Matignon, le Ministre du Commerce extérieur l'Administrateur général du C.E.A., le Cabinet du Ministre et le représentant du Ministre de l'Industrie.

M. Barre proposait le 23 juillet que l' écart entre les 1.588 MF demandés par Technicatome et les 1.200 MF propos par les Irakiens soit comblé par :

a) une réduction de la franchise de 12,5 à 9,5% (40 MF)

b) un effort supplémentaire des Irakiens ;

c) la prise en charge par le C.E.A. du solde de l'écart qui restait à combler.

M. Giraud s'opposait formellement à l'idée d'une contribution du C.E.A., contraire à ses statuts et incompatible avec le budget de cet établissement.

M. Boidevaix conclut en estimant que la lettre de M. El Hashimi devait être prise au sérieux, mais contenait une part de pression difficilement admissible.

Il fut finalement décidé vers la fin du mois de juillet, puisque "il paraît indispensable de chercher à éviter certaines conséquences politiques de l'échec éventuel de cette négociation" (1), qu'une mission du consortium se rendrait à

.../...

(1) Note communiquée au Service des Affaires Scientifiques par le Cabinet le 27 juillet.

Bagdad un contrat pour la fourniture d'Osirak, pour le prix, clé en main, de 1588 MF, que Technicatome avait pu faire prévaloir.

x

x x

Au cours d'une réunion tenue le 2 avril 1976 au Secrétariat Général du Gouvernement, le Président de Technicatome avait indiqué que le contrat commercial d'Osirak prévoyait la fourniture, en une seule fois des charges nécessaires pour faire fonctionner le réacteur durant deux ans, ce qui correspond à environ 70 kg d'uranium enrichi à 93%. Le Service des Affaires Scientifiques conscient du danger de mettre entre les mains des Irakiens une pareille quantité d'uranium pouvant servir à des usages militaires, adressa le 22 avril une Note au C.E.A., disant qu'il lui apparaissait que :

1. Il est inopportun de mettre à la disposition des Irakiens en une seule fois une quantité aussi importante d'uranium très enrichi ;

2. Les livraisons ne devraient commencer que lorsque le réacteur serait en état de les recevoir ;

3. Les livraisons devront être fractionnées de sorte que les Irakiens ne puissent disposer que des recharges nécessaires au fonctionnement normal du réacteur ;

4. En tout état de cause le contrat ne pourra être mis en application avant que le Gouvernement irakien ait procédé à un échange de lettres avec le Gouvernement français, assurant que le matériel et les matières fournis par nous restera sous le contrôle permanent de l'A.I.E.A.

.../..

Le C.E.A. répondait le 24 mai que Technicatome étant soucieux de faire fabriquer le combustible le plus rapidement possible pour éviter de subir les conséquences de l'inflation, (le prix à payer par le client irakien pour l'ensemble de l'ouvrage était ferme et non révisable) avait pris les engagements suivants :

- une première livraison doit être faite pour le coeur d'Isis (14 Kg d'uranium) ;
- une deuxième livraison pour le coeur d'Osiris (14 Kg d'uranium), et les recharges nécessaires pour deux ans de fonctionnement (48 Kg d'uranium).

Chacune de ces livraisons sera faite environ deux mois avant la divergence du réacteur correspondant.

S'il apparait nécessaire, pour des raisons politiques de prévoir un calendrier différant que celui auquel Technicatome s'est engagé, concluait le C.E.A., cette révision ne pourrait être justifiée par des arguments techniques, économiques ou commerciaux.

Cette réponse parut peu satisfaisante au Service des Affaires Scientifiques qui saisit de l'affaire le Groupe interministériel restreint. Ce dernier à sa réunion du 8 juillet reprit entièrement à son compte les conditions proposées par le Service des Affaires Scientifiques. Le C.E.A. aurait dû en être directement informé par son ministère de tutelle, et plus précisément la Direction Générale de l'Industrie, qui revendique la transmission des décisions du Groupe aux industriels concernés.

Or ces dispositions n'ayant pas été respectées, le C.E.A. déclara plus tard pour se justifier qu'il n'avait pas reçu de réponse à la Note du 22 mai. Cela est d'autant moins plausible que le Groupe restreint tint une réunion spécialement consacrée à l'Irak le 25 août, et reprit les mêmes conclusions sur le combustible ; décisions qui furent communiquées immédiatement à tous les intéressés y compris le C.E.A. et Technicatome qui terminait la négociation du cortrat à Bagdad le C.E.A. et Technicatome avaient d'ailleurs été convoqués, le 24 août à une réunion préparatoire organisée par la Délégation générale à l'Energie qui examina en détail toutes les pièces du dossier .

Au cours d'une réunion organisée au Cabinet du Ministre le 10 octobre 1976, le Président de Technicatome se justifia ainsi :

- la totalité des fournitures d'Osirak doit être effectuée en 56 mois, au 45e mois : livraison de 14 Kg d'uranium enrichi pour Isis

au 55e mois : livraison de 14 Kg d'uranium enrichi pour Osiris

du 44e au 55e mois les recharges (soit 38 Kg en tout) seront envoyées par quarts

au 56e mois le reliquat en stock sera de 38 Kg.

Il n'y a aucune condition technique prévue pour la livraison du combustible - mais il devrait y avoir toujours de 40 à 48 Kg d'uranium livré, sinon les Irakiens peuvent invoquer une clause de forfaiture; Technicatom n'a cru pouvoir remettre les engagements pris vis à vis des Irakiens en avril.

.../...

Vers le 45e mois de la construction, au plus tard il faudra négocier la poursuite de fourniture du combustible les contrats à venir sont de la responsabilité du C.E.A./CO M. Andrieu a souligné que c'était d'ailleurs cet organisme traitait du problème du combustible, et qu'il n'avait pas mandat pour en parler (1).

Le 12 octobre 1976, le Premier Ministre, après avoir pris connaissance des conclusions du Groupe restreint sur Osirak donnait par écrit son accord au Ministre pour l'opération en rappelant que les fournitures devraient être échelonnées selon le schéma adopté par le Groupe restreint ; il ajoutait que pour l'approvisionnement ultérieur du réacteur, il y avait lieu de prévoir des clauses permettant d'ajuster les livraisons d'uranium très enrichi à la consommation effective du réacteur et en limitant les possibilités de stockage du combustible en Irak.

Le Service des Affaires Scientifiques a communiqué à tous les départements ministériels intéressés ainsi qu'au C.E.A. et à Technicatome les instructions du Premier Ministre sur lesquelles le Ministre avait noté : -"Ces conditions me paraissent le minimum à exiger, et sont peut-être le maximum exigible, la (dernière) devra être suivie très attentivemennt."

Il est à noter qu'il n'a été en aucun moment fait allusion au retraitement des combustibles irradiés par Osirak ni à leur destination après usage, alors que des dispositions très claires ont été prises pour les combustibles de la centrale PWR ainsi que pour celles d'un éventuel surrégénérateur.

..

---

(1) Le Président de Technicatome m'a indiqué à titre personnel que si l'on prenait la précaution d'essayer les combustibles dans le réacteur à leur livraison, on pourrait les rendre suffisamment irradiés pour leur faire perdre leur qualité originelle, mais que néanmoins Osirak demeurait un outil dangereux.

- 12 -

2. Centrale PWR

Si le Gouvernement irakien a manifesté un constant intérêt pour la réalisation du contrat Osirak, qui, rappelons-le vient s'adjoindre à un centre de recherche nucléaire fort bien équipé par les Soviétiques, et pour le réacteur auquel Moscou fournit depuis 1968 le combustible, il semble avoir marqué un moindre intérêt pour la centrale électrique nucléaire prévue au 3ème point du programme secret.

Pourtant Framatome n'a cessé de chercher à faire avancer cette affaire depuis décembre 1975, la société française a soumis dans le courant de l'été aux Irakiens un projet en contrat avec une indication de prix. Si le dossier est agréé un contrat d'études devrait être établi dans les 18 mois suivants. Il proposerait un site, une élaboration d'offre technique et une évaluation financière détaillées.

Lors de la dernière réunion de Londres sur la non-prolifération le Directeur des Affaires internationales du Ministère fédéral allemand de la Recherche et de la Technologie a indiqué au Chef de Service des Affaires Scientifiques que les Irakiens avaient demandé à des firmes allemandes (KWU) et américaines (Westinghouse) de présenter concurremment avec Framatome des offres pour une centrale électrique nucléaire de 600 MWe.

Bien que nous ne puissions prétendre à l'exclusivité de la construction de centrales de ce type en Irak (bien qu'il n'ait encore jamais été question que d'une centrale), il n'en demeure pas vrai que les Irakiens se sont engagés à en commander une à notre industrie, et que le délai d'achèvement des travaux a même été fixé. Si la concurrence américaine ne se pas devoir être très dangereuse dans la conjoncture actuelle il n'en va pas de même de celle de la société KWU - qui a, on s'en souvient obtenu de l'Iran en 1975 une commande ferme de centrales, alors que le programme de coopération franco-irakien signé en novembre 1974 nous paraissait devoir nous assurer une position privilégiée dans ce domaine.

Dans le cas irakien nous jouissons d'un atout supplémentaire par rapport aux Allemands : en effet nous possédons effectivement une usine de retraitement, ce qui n'est pas leur cas, et nous avons pu garantir aux Irakiens la reprise des combustibles irradiés et leur retraitement en France pour un usage à des fins pacifiques à débattre en commun. Nous serions en droit, conformément aux Directives de Londres de demander aux Allemands d'exiger des Irakiens que le retraitement des combustibles irradiés à leur éventuelle centrale soit effectué hors d'Irak, dans une installation agréée d'un commun accord entre Bonn et Bagdad, formule moins attrayante que celle dont nous sommes convenus avec les Irakiens ./.

EN 1989, LES SERVICES SECRETS DU PENTAGONE AVAIENT PRÉVU DES REVENDICATIONS TERRITORIALES DE L'IRAK SUR LE KOWEÏT. CI-JOINT, UN DOCUMENT DE L'AMIRAL THOMAS A. BROOKS.

Confidential

NOT FOR PUBLICATION UNTIL
RELEASED BY THE HOUSE ARMED
SERVICES COMMITTEE

STATEMENT OF

REAR ADMIRAL THOMAS A. BROOKS, U.S. NAVY

DIRECTOR OF NAVAL INTELLIGENCE

BEFORE THE

SEAPOWER, STRATEGIC, AND CRITICAL MATERIALS SUBCOMMITTEE

OF THE

HOUSE ARMED SERVICES COMMITTEE

ON

INTELLIGENCE ISSUES

22 FEBRUARY 1989

NOT FOR PUBLICATION UNTIL
RELEASED BY THE HOUSE ARMED
SERVICES COMMITTEE

Confidential

-- Outright diversion of restricted [illegible] technologies for profit -- often involving violations of COCOM controls -- with the complicity of Western companies frequently playing a key role; and

-- Industrial espionage, conducted by both "hostile intelligence services" and aggressive business enterprises worldwide.

<u>GLOBAL AREAS OF CONCERN/INSTABILITY</u>

Unstable political situations, regional insurgencies, political-military crises, and drug-related and terrorist activities throughout the Third World will continue to conflict with U.S. national interests and threaten the safety of Americans. On several recent occasions the U.S. Navy has been called on to protect national interests and execute U.S. security policy in the face of these challenges. Activity in the Persian Gulf and off Libya and Navy participation in counter-narcotics efforts are principal examples. While other areas continue to be of major concern -- the Lebanese crisis/hostage situation; Libyan meddling/support for terrorism; Panama; Nicaragua; possible evacuation from Burma -- the following are areas where there have been significant changes over the past year that deserve highlighting.

<u>Persian Gulf</u>. Despite the ceasefire in the Iran-Iraq war, none of the critical outstanding issues -- responsibility for

starting the war; amount and payment of reparations; boundary disputes -- has been actively discussed, much less settled. Initial steps such as exchange of prisoners of war have not been fully carried out. Also, both former belligerents are using the respite to improve their defenses. For example:

-- In the southern Gulf, Iran is continuing construction of SILKWORM sites which expand Iran's coverage of the western Strait and puts much of the United Arab Emirates within weapons range;

-- Iraq is reconstructing SILKWORM bases.

Confidential

Iraq charges that Iran has no intention of reaching a comprehensive settlement, but is using the cease-fire situation to rearm. Iran's internal situation -- with its economy and military a shambles -- remains unstable; the so-called "moderate" or "pragmatic" leaders who induced Khomeini to accept UNSCR 598 must outmaneuver, co-opt or otherwise overcome the "radicals" -- Revolutionary Guards, militant clergy, and others who remain very much in the picture.

For its part, Iraq faces massive reconstruction, enormous debt, and a restive, war-weary population. Baghdad is still preoccupied with its Kurdish problem. Complicating important regional ties, Iraq has made it abundantly clear that it still covets control -- if not sovereignty -- over Kuwait's strategic

Confidential

Bubiyan and Warbah islands and will continue to press this issue, although Kuwait provided Iraq with lavish economic aid and logistical support throughout the war. Moreover, Iraq has a powerful new Italian-built navy -- 4 FFGs, 6 PGGs -- which could markedly change the Gulf naval balance. An eleventh ship -- a replenishment tanker -- is in port at Alexandria, Egypt. Although the Italian Government lifted the embargo on these ships in late January 1989, Baghdad probably will not receive any of them soon. There are outstanding questions over payment, all the ships require refurbishment, crews need training, and Tehran has appealed to Italy not to release them until Iraq withdraws from Iranian territory. The movement of even one of these combatants through the Strait of Hormuz could, however, provoke a naval confrontation between an Iran resolved to uphold its right to detain war materiel bound for Iraq and an Iraq insisting on freedom of navigation.

The U.S. commitment to support its friends in the Gulf and the U.S. Navy's performance in particular over the past several years won the unanimous praise of the Gulf Cooperation Council (GCC) states. Overall, the GCC states are eager for a return to the status quo ante bellum in the region, but they do not want the U.S. to make changes precipitously, or without consulting them.

Among the more important results of the Navy's recent role inthe Gulf are the precedents that have been set. Not only is the U.S. now regarded as a reliable, trustworthy partner, but the U.S.

EXTRAIT D'UN RAPPORT DE MISSION EN IRAK DE REPRÉSENTANTS DE L'INDUSTRIE MILITAIRE FRANÇAISE. LES IRAKIENS ÉTAIENT INTÉRESSÉS PAR NOTRE CHASSEUR BOMBARDIER JAGUAR QUI, PENDANT LA GUERRE DU GOLFE, PILONNERA LA GARDE RÉPUBLICAINE DE SADDAM HUSSEIN.

5.5. - Autres informations recueillies

- L'Air Force semble très satisfaite du MIG 21 pour l'interception et elle s'intéresse plutôt à un avion d'attaque au sol. L'armement du F1, et en particulier les missiles MATRA, ont beaucoup intéressé. Le JAGUAR a été, ou sera, également évalué.

PROJET ALLEMAND DE LIVRAISON DE SUBSTANCES POUR L'INDUSTRIE CHIMIQUE EN IRAK.

Ref: Diyala Laboratory Project/Iraq
Project No: 4340 - 9083/LI/B
Your job number: --
Contract No. 4340 0004

excellent chance to be [illegible]ed for the implementation o[illegible] projects. For this reason, you are requested to do your [illegible] with regards to a smooth and successful execution, as we[illegible] giving us your full support in order to satisfy our cust[illegible] the State Constructional Contracting Company.

A complete priced spare parts list is to be prepared an[illegible] submitted to us as soon as possible.

Sincerely yours,
THYSSEN RHEINSTAHL TECHNIK GMBH

BON DE LIVRAISON D'UNE ENTREPRISE ALLEMANDE POUR L'USINE CHIMIQUE DE RABTA EN LIBYE. L'INTERMÉDIAIRE EST UN IRAKIEN QUI DIRIGEAIT EN EUROPE LE RÉSEAU DE BAGDAD POUR SE PROCURER DES ARMES CHIMIQUES.

J.G.TRADING
Groenenborgerlaan 104/1
B/2610 WILRIJK

Imhico
Tahlecker 42
CH-8001 ZÜRICH

17/02/1986.

We debit you for delivery of following goods:

1° container : Salt Tablets 717504

3° container :

1 pallet Calcium Chlorid 712096

1 X 20 X 25 K° netto : 500 K° netto

1 X 520 K° bruto : 520 K° bruto

500 kg X 1,28 DM DM 640,-

packing : incl. sacs on pallets

4° container : Phosphor Acid Techn. 80% 724937

20 X 50 K° netto : 1.000 K° netto

20 X 51,5 K° bruto : 1.030 K° bruto

1.000 kg X 1787 DM DM 1 870,-

Free of V.A.T. - Export

Art. 39 par. 1

SANEXOMAR N.V
Van Schoonbekeplein 6
2000 ANTWERPEN

EXTRAIT D'UN FAX D'UNE ENTREPRISE ANGLAISE AVEC UN CLIENT IRAKIEN POUR LA LIVRAISON DE MATÉRIELS DESTINÉS AUX MISSILES IRAKIENS.

TDG Technology & Develop[...]nent Group Ltd

2 Stratfor[...] Place, London W1N 9AE

TEL: 01 499-6090 FAX: 01 629-456

TLX: 25661 IMGLTD

FACSIMILE TRANSMISSION COVER

[T]o: INWAKO

[F]rom:

Company:

[O]ur Ref: 413 RG

Attn: Mr Haimer

Sender: RON GOLDING

Fax No: 010 4712284 6 8813

Date: 8/9/89

Total No. of Pages: 1.

SUB: PROPYLENE OXIDE (QTY 20 TONS).

YOU ARE KINDLY REQUESTED TO QUOTE YOUR BE[ST] PRICE FOR THE ABOVE MENTIONED SUBJECT. YOUR OFFER SHOULD INCLUDE THE FOLLOWING:

(1) C & F BASRA
(2) DELIVERY PERIOD
(3) TERMS OF PAYMENT
(4) OFFER VALIDITY.

BEST REGARDS

Ron Golding

DOCUMENT DU PENTAGONE SUR LE MISSILE SOVIÉTIQUE SCUD VENDU À L'IRAK. ON CRAIGNAIT, AVANT LA GUERRE DU GOLFE, QUE LES MISSILES SOIENT ÉQUIPÉS DE TÊTES CHIMIQUES.

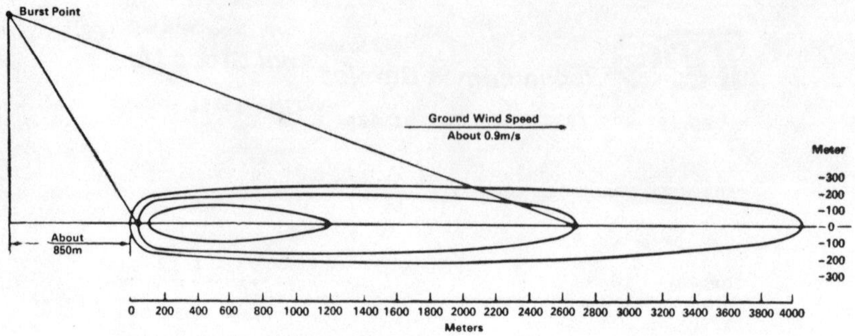

Typical ground contamination pattern created by a chemical warfare agent delivered by the SCUD missile. All unprotected personnel in the area will be casualties.

PLAN DE L'USINE CHIMIQUE DE SAAD 16 EN IRAK

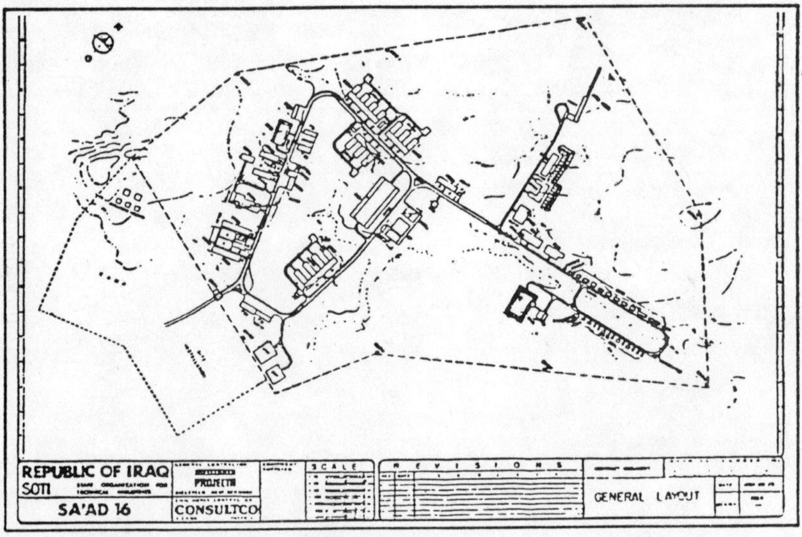

Saad 16, where Iraq makes chemical weapons.

DOCUMENT DE LA DEFENSE INTELLIGENCE AGENCY (SERVICE DE RENSEIGNEMENT DU PENTAGONE) METTANT EN GARDE CONTRE LES RISQUES DE PROLIFÉRATION D'ARMES BIOLOGIQUES DANS LE TIERS MONDE ET AU MOYEN-ORIENT.

Defense Intelligence Agency **DST-1610F-057-86**

Soviet Biological Warfare Threat

FOREWORD

It is the purpose of this booklet to provide a better understanding of the nature of biological weapons and the impact of evolving technologies on the development of biological warfare (BW). The nature of disease research, wherein research for peaceful or military purposes is virtually indistinguishable, makes it extremely difficult to identify non-compliance with the Biological and Toxin Weapons Convention of 1972. For example — virulence, infective dose, aerosol behavior, immunizing characteristics and production economy studies that are done for medical, biological and public health research are also relevant to developing a disease agent for warfare purposes.

Some infectious disease and toxin research and development can always give rise to ambiguities and suspicions. However, the major accident that occurred in the Soviet Union in the city of Sverdlovsk in April 1979 raised concerns that anthrax agent was under investigation at a level beyond what is allowed by the Biological and Toxin Weapons Convention. Indeed, Soviet BW-related activities since World War II lead us to conclude that they have developed and produced biological and toxin agents and the associated hardware for use as BW weapons.

In recent years, we have become increasingly concerned that this genre of weaponry will be developed by some nations including those of the Third World. We are gravely concerned that we will see BW programs underway in some countries within five years and limited production within a decade.

We have also provided a number of appendices for background information. These include the peaceful and weapons implications of biotechnology, the complete texts and listings of signatory nations for the Biological and Toxin Weapons Convention of 1972 and the Geneva Protocol of 1925, and descriptions of how BW agents and munitions can be safely destroyed.

LEONARD H. PERROOTS
Lieutenant General, USAF
Director

COUVERTURE DU GUIDE DE « LA FOIRE AUX ARMEMENTS DE BAGDAD », AVRIL-MAI 1989.

REPUBLIC OF IRAQ
MINISTRY OF INDUSTRY
MILITARY PRODUCTION
AUTHORITY

BAGHDAD INTERNATIONAL
EXHIBITION FOR MILITARY PRODUCTION
(EXHIBITION GUIDE)
28 April - 2 May 1989

PAGE DE COUVERTURE DE L'OUVRAGE MILITAIRE SOVIÉTIQUE AYANT INSPIRÉ LES TACTIQUES DÉFENSIVES DE L'ARMÉE IRAKIENNE.

Д. А. ИВАНОВ
В. П. САВЕЛЬЕВ
П. В. ШЕМАНСКИЙ

ОСНОВЫ УПРАВЛЕНИЯ
ВОЙСКАМИ В БОЮ

(ИЗДАНИЕ ВТОРОЕ,
ПЕРЕРАБОТАННОЕ И ДОПОЛНЕННОЕ)

Ордена Трудового Красного Знамени
ВОЕННОЕ ИЗДАТЕЛЬСТВО
МИНИСТЕРСТВА ОБОРОНЫ СССР
МОСКВА—1977

NOTE DU MINISTÈRE DE LA DÉFENSE FAISANT LE POINT SUR LE CONTRÔLE MARITIME DE L'EMBARGO CONTRE L'IRAK EN FÉVRIER 1991.

CONTROLE DE L'EMBARGO MARITIME

MISE A JOUR AU 26 FEVRIER

1.- FRANCE

	RECONNAISSANCES	VISITES	DEROUTEMENTS	TIRS DE SEMONCE
DETROIT DE TIRAN	825	129	4	/
DETROIT D'ORMUZ	2321	4	/	/
DETROIT DE BAB EL MANDEB	4212	21	/	1
TOTAL	7353	154	4	1

2.- UEO HORS FRANCE (Grande Bretagne - Belgique - Italie - Espagne - Pays-Bas)

Reconnaissances : 11339
Visites : 177
Déroutements : 5
Tirs de semonce : 2

3.- TOTAL UEO

Reconnaissances : 18697
Visites : 331
Déroutements : 9
Tirs de semonce : 3

4.- TOTAL GENERAL (UEO - Etats-Unis - Grèce - Australie - Canada - Danemark - Norvège).

Reconnaissances : 26177 (dont Etats Unis : 7380)
Visites : 982 (dont Etats Unis : 538)
Déroutements : 56 (dont Etats Unis : 45)
Tirs de semonce : 14 (dont Etats Unis : 10)

5.- QUELQUES POURCENTAGES

Reconnaissances : France/UEO : 39 %
UEO/Total Général : 70 %

Visites : France/UEO : 47 %
UEO/Total Général : 34 %

FAUX DOCUMENT RÉALISÉ PAR LES SERVICES SECRETS IRAKIENS CONCERNANT « UNE CORRESPONDANCE SECRÈTE » ENTRE LES SERVICES DE SÉCURITÉ KOWEÏTIENS ET LA CIA AVANT LA CRISE DU GOLFE.

Direction générale de la sécurité d'État, top secret et personnel, à Son Excellence le cheikh Salem Sabah al-Salem al-Sabah, ministre de l'Intérieur.

Conformément aux instructions de Votre Altesse données au cours de notre réunion du 22 octobre 1989, nous avons effectué en compagnie du colonel Ishaq Abdelhadi Cheddad, directeur des services de renseignements du gouvernorat d'Al-Ahmadi, une visite au siège de la Central Intelligence Agency (CIA). La partie américaine a tenu à ce que l'entrevue se déroule dans le plus total secret de manière à éviter la susceptibilité de l'Iran, de l'Irak, comme celle de tous nos frères au sein du Conseil de coopération du Golfe arabe (CCG), pendant la période du 12 au 18 novembre 1989.

Je porte à la connaissance de Votre Altesse les décisions les plus importantes arrêtées avec le juge William Webster, directeur général de la CIA, au cours de notre réunion en tête à tête du mardi 14 novembre 1989.

1) La partie américaine perfectionne la formation des éléments que nous avons choisis pour assurer la sécurité de Son Altesse l'Émir du Koweït et de S.A. le cheikh Saad al-Abdellah al-Salem al-Sabah (que Dieu le préserve). Cette formation se déroulera au siège même de la CIA. Cent vingt huit (128) personnes en profiteront, dont certaines seront sélectionnées pour des missions auprès de la famille princière comme l'a décidé S.A. le Prince héritier. À ce sujet, la partie américaine nous a dit qu'elle n'était pas satisfaite de la manière dont les Forces de la Garde princière se sont acquittées de leur mission lorsque Son Altesse l'Émir du Koweït a été l'objet d'un lâche attentat.

2) Nous sommes convenus d'échanger entre la direction de la sécurité d'État et la CIA les renseignements à tous les niveaux, les analyses sur l'Iran et l'Irak en matière d'armement ainsi que dans les domaines social et politique.

3) Nous avons décidé de faire appel à des experts de la CIA qui contribueront à la restructuration de la direction générale de la sécurité d'État à laquelle Son Altesse l'Émir avait ordonné d'accorder un intérêt particulier au cours des entretiens avec nos partenaires. Nous mettrons également à profit le savoir-faire de ces experts, d'une part pour élaborer une nouvelle stratégie d'action, adaptée aussi bien aux changements intervenus dans le Golfe, qu'à la situation intérieure du

pays, d'autre part, pour développer et intensifier l'informatisation des services de la direction générale de la sécurité d'État.

4) La partie américaine a manifesté son entière disponibilité à satisfaire nos demandes dans le domaine de l'échange de renseignements concernant les activités des groupes extrémistes chiites au Koweït et dans certains pays du Conseil de coopération. M. William Webster a vivement apprécié les mesures que nous avons prises dans la lutte contre les milieux soutenus par l'Iran et a précisé que l'agence était disposée à agir de concert avec nous pour mettre fin aux foyers de tension dans le Golfe.

5) Nous sommes convenus avec la partie américaine qu'il était important de mettre à profit la détérioration de la situation économique en Irak pour faire pression sur son gouvernement et obtenir la délimitation officielle de nos frontières. La CIA nous a fait part de ses idées sur les moyens de pression dans ce domaine. Une large coopération entre nous est possible à condition toutefois que nous coordonnions nos efforts à un haut niveau.

6) La partie américaine considère qu'il convient de planifier nos relations avec l'Iran à la fois pour le ménager et pour faire, autant que possible, économiquement, pression sur lui. De plus, nous devons soutenir efficacement l'alliance iranienne avec la Syrie. Le Koweït devrait éviter de parler négativement de l'Iran dans la presse et contenir les pressions sur ce pays dans les réunions arabes.

7) Nous sommes convenus d'accorder toute l'importance qu'elle mérite à la lutte contre la drogue. Les experts de la CIA nous ont, en effet, informés que les capitaux koweïtiens étaient utilisés à une large échelle dans le commerce des stupéfiants, aussi bien au Pakistan qu'en Iran, et estiment que le développement de ce commerce aura des répercussions néfastes sur l'avenir du Koweït.

8) La partie américaine a mis à notre disposition une ligne téléphonique spéciale afin d'échanger rapidement analyses et renseignements qui n'exigent pas la communication écrite. Il s'agit du numéro de téléphone de M. William Webster : 202.651.52.42.

En attendant les directives de Votre Altesse,

Le directeur général de la direction générale de la sécurité d'État
COLONEL FAHD AHMED AL-FAHD.

EXTRAIT DU DÉMENTI OFFICIEL AMÉRICAIN SUR LES CORRESPONDANCES ENTRE LA CIA ET LE KOWEÏT AVANT LA GUERRE. UN DÉMENTI RÉDIGÉ PAR TOLD LEVENTAL POUR LE COMPTE DE L'USIA (AGENCE D'INFORMATION GOUVERNEMENTALE AMÉRICAINE).

On October 30, 1990, CIA spokesman Peter Earnest released an official statement saying: "Neither Brigadier Al-Fahd, Director General of Kuwaiti State Security, nor Colonel Shadad, called on Judge Webster, the director of central intelligence, as stated in the document reportedly sent by the Iraqi Foreign Minister to the U.N. Secretary General....Those statements in the document, purported to be from the United States side or Kuwaiti State Security, are total fabrications and without foundation."

On October 27, Kuwaiti Foreign Minister Sabah al-Ahmad Al-Jaber Al-Sabah sent a letter to U.N. Secretary General Perez de Cuellar in which he denounced the purported document as containing "falsehoods and groundless lies." He also pointed out that "besides linguistic expressions which have never been used in Kuwait...its style differs from that used between Kuwaiti officials."

UN ORDRE DE MISSION DU GROUPE TERRORISTE PRO-IRAKIEN D'ABOUL ABBAS (FRONT DE LIBÉRATION DE LA PALESTINE).

إن وسائل القمع والإرهاب التي تمارسونها
ضد جماهيرنا في الأرض المحتلة لن تزيدنا إلا
إصراراً على مواجهتكم.
فها نحن مقاتلي جبهة التحرير الفلسطينية
من قوات الشهيد القائد فؤاد زيدان - أبو العز -
أتينا بكل العزم والتصميم على مجابهتكم لمقاتلتكم
فوق ترابنا الوطني الذي تدنسونه باحتلالكم ولنزيل
الغبن عن معاناة أهلنا الصامدين الصابرين بوجهكم.
ولنؤكد لكم مرة أخرى أن قدرة المقاتل الفلسطيني
قادرة على الوصول إلى عقر داركم. ومهما استعملتم
من وسائل علمية مانعة لوصولنا إلى أرضنا المحتلة
فإرادتنا وعزيمتنا أقوى من هذه الموانع.
فيا جنود إسرائيل
حقنا في فلسطين هو حق تاريخي تقره
كل المواثيق والأعراف فارحلوا عنا وإلا ستجدونها
دائماً مشتعلة تحت أقدامكم.

DOCUMENT INTERNE DU GROUPE ABOU NIDAL METTANT EN CAUSE LES TRAÎTRES QUI TRAVAILLENT CONTRE LA CAUSE PALESTINIENNE. CETTE NOTE FAIT PARTIE DE DOCUMENTS MENAÇANT ABOU IYAD, LE NUMÉRO 2 DE L'OLP.

حركة التحرير الوطني الفلسطيني
"فتح"
القيادة العامة لقوات العاصفة
المجلس الثوري

الرقم ....
التاريخ ....

(٣)

والفلسطيني ـ اللبناني والاقتتال الداخلي بين القوى الوطنية اللبنانية ذاتها .

وهذه الممارسات وجهت ضد تنظيم حركتنا وخطه لانه يشكل تهديدا للملهج الصهيوني وللادوات المحلية المرتبطة التى تعيش حالة من الفزع والهلع بحكم دور التنظيم والخط الموضوعي الذي انتهجه فى فهم الثورة ومعطياتها ، وما حققه التنظيم فى مختلف علاقاته مع القوى عموما وما اثبته من مصداقية وانضباط والتزام اخلاقيين .

وقد لاقت دعوتنا الى الوحدة بين العروبيين والاسلاميين والى وحدة القوميين والثوريين والوطنيين استجابة ملموسه لدى عموم القوى المعنية ، بالاضافة لاستجابتها لمقاومة خط الخيانة والغدر .

وفى سياق المعركة التى يخوضها التنظيم ضد الاجهزة العدوه على الصعيد الخارجي نوءكد انه ليس من العيب ان تتمكن بعض الاجهزة من شراء عضو باع نفسه وخان التنظيم ولكن العيب ان نسمح له بالاستمرار فى موءسساتنا الداخلية . وليس مهما اين يبدأ الفرد بالنضال وانما اين ينتهي ، والموقع التنظيمي لايوفر الحصانه لمن يقرر خيانة التنظيم ولايحمل ذرة وفاء للرفاق وللتنظيم الذي وضعه فى هذا الموقع .

والاجهزة التى عملت على شراءه لم تتعلم بعد انها لا تستطيع ان تشكل مركز قوة عبره ، اذ لا مراكز قوى ونفوذ داخل التنظيم ، التنظيم هو الذي يضع المكانه للفرد وينهيها عندما يقرر ذلك ايضا .

ان المرض الذي اصابه وجعله يعتقد انه يمتلك التنظيم حول اوهامه الى اوهام مضاعفه لدي الاجهزة التى قبل ان يكون سلعة بيدها . وكافة محاولات التدخل والوساطات للشفاعه له يرفضها التنظيم لان شأننا الداخلي ليس موضع نقاش او حوار لاننا لا نتدخل فى شوءون الاخرين ، ولم تصل العلاقات بين القوى المعنية الى مستوى من التحالف والتوحد يسمح لنا او لهم بحق التدخل وسيمثل امام محكمة عسكرية تحاسبه على جرائمه .

ان المعركة التى فرضت علينا سنخوضها بشرف وامانه مهما غلت التضحيات وسنبقى الحراس الامناء على كل العلاقات التى نوءتمن عليها وسنسهر على منهجيتها رغم كل التشويهات والافتراءات ونعلم ان طريق الثورة صعب وشاق .

ونرفق فى هذا البيان نبذه عن العملاء الذين تم تنفيذ حكم اللجان الشعبية، حكم الموت بحقهم استنادا الى الاعلان الذي صدر فى بيان الحركة الصادر فى ١٩٨٧/٨/٢٤ اثر استشهاد الرفيق المناضل نعمان رأفت .

وثورة حتى النصر

بيروت : ١٩٨٧/٧/٤

اللجنة المركزية
لحركة التحرير الوطني الفلسطيني
فتح
المجلس الثوري

LES CARTES SECRÈTES DE LA GUERRE DU GOLFE

POSITION D'ABOU IYAD DANS LA *REVUE D'ÉTUDES PALESTINIENNES* OÙ IL CONDAMNE L'INVASION DU KOWEÏT PAR L'IRAK.

LA CRISE DU GOLFE

Abou Iyad

La position palestinienne

Revue d'études palestiniennes. — *Des informations contradictoires ont circulé concernant la position palestinienne face aux événements du Golfe. Qu'en est-il en réalité ?*

Abou Iyad. — Je commencerai par affirmer une série de principes dont l'OLP ne peut en aucune façon s'écarter. Tout d'abord, nous sommes opposés à toute conquête du territoire d'autrui par la force, quelles que puissent être les raisons ou les causes invoquées. Aussi étions-nous, dès les premières heures de la crise, opposés à l'occupation du Koweït, opposés à son annexion et notre position était claire même si certains organes d'information ont tenté de la dénaturer. Il est vrai néanmoins que nous ne l'avons pas pour autant condamnée. Nous étions soucieux de ne pas contribuer à légitimer une intervention des forces étrangères en leur donnant une sorte de blanc-seing. Nous voulions pousser les choses en direction d'une solution politique, diplomatique, loin de la logique et des tambours de la guerre. Aucune partie ne peut prétendre à un tel rôle si elle a déjà condamné le pays auprès duquel elle entend intercéder. L'absence de condamnation est liée à notre volonté de médiation, à notre désir d'aboutir à une solution politique.

Par ailleurs, le peuple palestinien et l'OLP ne peuvent s'opposer au droit à l'autodétermination d'un peuple, quel qu'il soit. C'est là notre revendication principale en ce qui nous concerne nous-mêmes. Comment peut-on prétendre que nous puissions appuyer une agression contre un pays et accepter que le peuple concerné soit privé de son droit à l'autodétermination ? Voici les principes qui guident notre action.

PREMIER PORTRAIT-ROBOT DU TUEUR D'ABOU IYAD, LE NUMÉRO 2 DE L'OLP ABATTU À TUNIS PAR LE GROUPE ABOU NIDAL EN JANVIER 1991.

'91-02-04 14:44 P.03

EXTRAIT D'UN DOCUMENT DU SECRÉTARIAT GÉNÉRAL DE LA DÉFENSE NATIONALE MONTRANT QU'AVANT L'ENTRÉE EN VIGUEUR DU PLAN VIGIPIRATE ON SE PRÉOCCUPAIT DÉJÀ DES RISQUES DU TERRORISME NUCLÉAIRE, CHIMIQUE OU BIOLOGIQUE.

— 54 —

ANNEXE II

PROGRAMME CIVIL DE DÉFENSE. CRÉDITS AFFECTÉS A LA PROTECTION DES POPULATIONS

(En millions de francs.)

Actions par ministère ou organisme	Imputation budgétaire	Autorisations de programme			
		1982	1983	1984	1985
1. *Premier ministre (S.G.D.N.)* :	Premier ministre chapitre 57-02				
— Application de l'étude du C.N.E.T. sur la protection des télécommunications contre l'I.E.M. (1)		0,600	0,700	»	»
— Etudes relatives à la protection contre les dangers B et C (2)		0,500	»	»	»
— Projet « Syracuse » (liaisons gouvernementales par satellite)		»	7,000	7,200	3,500
— Réseau gouvernemental d'alerte aux explosions nucléaires (extension et durcissement)		1,000	5,500	4,000	17,000
— Haut comité de la défense civile		»	»		0,500
Total « Premier ministre » (S.G.D.N.)		2,100	13,200	11,200	21,000
2. *Ministère de l'Intérieur et de la Décentralisation* :	Intérieur chapitre 57-30				
— *Alerte* : achat et mise en place de matériel d'alerte et de contrôle de la radioactivité ; étude d'un prototype de sirène autonome durcie à l'I.E.M. (3)		16,000	23,250	11,450	4,560
— *Secours* : infrastructures et équipement des 2 U.I.S.C. de Brignoles et de Nogent-le-Rotrou ; équipement des colonnes de secours et des unités d'hébergement ; achat de masques		12,250	10,284	11,850	11,000
— Mise à l'abri des populations (fichiers, recensement et contrôle sur le terrain)	Intérieur chapitre 31-98 chapitre 33-90 chapitre 34-90	0,750	6,300	6,450	21,815
— Lutte contre le terrorisme N.B.C. (études et achat de matériel)		»	3,000	2,400	1,200
Total « Intérieur et Décentralisation »		29,000	42,834	32,150	38,575

(1) La poursuite des études sur le durcissement à l'I.E.M. est financée en 1984 et 1985 au titre de la « continuité de l'action gouvernementale ».

(2) Ces études doivent être poursuivies, par la suite, par le ministère de l'Intérieur et de la Décentralisation, sur les crédits mis à sa disposition à cette fin.

(3) L'évolution des crédits inscrits aux différents budgets s'explique par le financement sur une seule année d'opérations particulières.

ORDRE DE COMMANDEMENT SECRET DE LA SYRIE POUR LAISSER LES AVIONS ALLIÉS SURVOLER LE TERRITOIRE SYRIEN PENDANT LE TRANSPORT DES TROUPES EN ARABIE SAOUDITE.

الجمهورية العربية السورية
القيادة العامة للجيش والقوات المسلحة
قيادة القوى الجوية والدفاع الجوي
الرقم ١١١/ط م ....
التاريخ ١٩٩٠/٨/٦ ......

إلى: الكتيبة ٦٦

تنفيذ أمر القيادة العامة للجيش والقوات المسلحة رقم/٣٢٦/ط تاريخ ١٩٩٠/٨/٦.

- اعتبارا من صباح تاريخ ١٩٩٠/٨/٨ ستعبر المجال الجوي للجمهورية العربية السورية أهداف جوية منطلقة من النقطة (ب) المحددة ... فوق جزيرة قبرص إلى النقطة (جـ) المحددة في المجال الجوي العراقي عبر الكوريدور الجوي: حافيتا - تدمر - دير الزور (ذهابا) والكوريدور المحاذي للحدود التركية - السورية (إيابا).
- يطلب التعامل معها على أنها أهداف صديقة.
- نرفق معها (كود) التعارف.

في ١٩٩٠/٨/٦

قائد القوى الجوية والدفاع الجوي

صورة عن أمر القيادة

TEXTE COMPLET DE LA LETTRE ADRESSÉE PAR GEORGE BUSH À SADDAM HUSSEIN LE 9 JANVIER 1991.

Monsieur le Président,

Nous nous trouvons aujourd'hui au bord d'une guerre entre l'Irak et le monde. Cette guerre a commencé avec votre invasion du Koweït ; cette guerre ne peut prendre fin qu'avec l'acceptation par l'Irak, dans sa totalité et sans condition, de la résolution 678 du Conseil de sécurité des Nations unies.

Je m'adresse à vous maintenant, directement, car ce qui est en jeu exige qu'aucune occasion ne soit perdue pour éviter ce qui serait une calamité certaine pour le peuple d'Irak. Je vous écris aussi parce que certains disent que vous ne vous rendez pas compte à quel point l'Irak est isolé ni du résultat auquel il s'expose. Je ne suis pas en position de juger si cette impression est correcte ; ce que je peux faire, cependant, c'est de m'efforcer par cette lettre de réaffirmer ce que le secrétaire Baker a exposé à votre ministre des Affaires étrangères et de lever toute incertitude ou ambiguïté qui pourraient demeurer dans votre esprit quant à notre position et à ce que nous sommes préparés à faire.

La communauté internationale est unie dans son appel à l'évacuation de la totalité du Koweït sans condition et sans délai. Ceci n'est pas la politique des seuls États-Unis ; c'est la position de la communauté internationale telle qu'elle est exprimée en pas moins de douze résolutions du Conseil de sécurité. Nous préférons une issue pacifique. Seule une application totale de la résolution 678 du Conseil de sécurité de l'ONU et des précédentes sera acceptable. Il ne peut y avoir de prime à l'agression. Ni négociations. Il ne peut y avoir de compromis sur des principes. En se conformant aux résolutions, l'Irak aura l'opportunité de rejoindre la communauté internationale. Plus directement, la hiérarchie militaire irakienne échappera à la destruction. Mais si vous ne vous retirez pas du Koweït totalement et sans condition, vous perdrez bien plus que le Koweït. Ce qui est en question n'est pas l'avenir du Koweït — il sera libéré, son gouvernement sera rétabli —, mais plutôt l'avenir de l'Irak. Ce choix est le vôtre.

Les États-Unis n'agiront pas séparés de leurs partenaires de coalition. Douze résolutions du Conseil de sécurité, vingt-huit pays ayant fourni des unités militaires pour les mettre en œuvre, plus une centaine de gouvernements appliquant les sanctions — toutes ces réalités soulignent le fait qu'il ne s'agit pas de l'Irak contre les États-Unis mais de l'Irak contre le monde. Le fait que la plupart des pays arabes et musulmans sont rassemblés contre vous devrait appuyer ce que je dis. L'Irak ne peut et ne pourra garder le contrôle du Koweït ou exiger un prix pour son départ. Vous pourriez être tenté de trouver une consolation dans la diversité d'opinions qui constitue la démocratie américaine. Vous devriez résister à une telle tentation. La diversité ne doit pas non plus sous-estimer, comme certains l'ont fait avant vous, la volonté de l'Amérique.

L'Irak ressent déjà les effets des sanctions mandatées par les Nations unies. Si la guerre devait survenir, ce serait une grande tragédie pour vous et votre pays. Laissez-moi préciser aussi que les États-Unis ne toléreront pas le recours à des armes chimiques ou biologiques, le soutien à toutes sortes d'actes terroristes ou la destruction des champs de pétrole du Koweït et de leurs infrastructures. De plus, vous serez tenu pour responsable de toute action contre une nation membre de la coalition. Le peuple américain exigera la réponse la plus ferme qui soit. Vous et votre pays paierez un prix terrible si vous lancez des actions de ce genre.

J'écris cette lettre non pour menacer mais pour informer. Mais je le fais sans sentiment de satisfaction, car le peuple des États-Unis n'a pas de contentieux avec le peuple d'Irak. Monsieur le Président, la résolution 678 du Conseil de sécurité de l'ONU a décrété une « pause de bonne volonté » jusqu'au 15 janvier de cette année afin que la crise puisse prendre fin sans autre violence. Que cette période soit utilisée pour ce à quoi elle était destinée, ou qu'elle devienne le prélude à de nouvelles violences, tout cela se trouve uniquement entre vos mains. J'espère que la prudence et la sagesse guideront votre choix, car beaucoup en dépendra.

EXTRAIT DU PROCÈS-VERBAL DIPLOMATIQUE DU SECRÉTARIAT GÉNÉRAL DE L'ONU RETRAÇANT LA DERNIÈRE ENTREVUE SADDAM HUSSEIN-PEREZ DE CUELLAR, LE 13 JANVIER À BAGDAD, QUATRE JOURS AVANT LA GUERRE.

JAVIER PEREZ DE CUELLAR : Je suis heureux de vous rencontrer à nouveau. C'est la troisième fois, Monsieur le Président, que nous nous voyons dans des circonstances similaires. J'espère revenir un jour en Irak pour jouir, en touriste, de votre hospitalité et pour découvrir le patrimoine culturel de votre pays.

SADDAM HUSSEIN : Il y a eu des moments sans tensions, mais vous n'êtes pas venu.

JAVIER PEREZ DE CUELLAR : Mon vœu est de revenir comme touriste et grâce à mon ami, M. Tarek Aziz, je pourrai visiter les sites historiques de l'Irak. Car tout le monde civilisé sait que votre pays est le berceau de la civilisation.

SADDAM HUSSEIN : Sauf Bush !

JAVIER PEREZ DE CUELLAR : Quoi qu'il en soit, Monsieur le Président, je tiens à préciser que je suis ici en Irak sans aucun mandat. Je ne suis chargé d'aucune mission, ni par le Conseil de sécurité, ni par l'Assemblée générale des Nations unies. Mais ma visite a reçu l'encouragement, non seulement des chefs d'État et de gouvernement, mais aussi du pape ainsi que de simples citoyens. Du fait de ma position particulière et de sa dimension morale, tous m'ont demandé d'œuvrer à l'instauration de la paix dans la région. Peut-être serez-vous étonné, Monsieur le Président, mais parmi ceux qui ont souhaité le succès de ma mission figure le président des États-Unis d'Amérique, que j'ai rencontré et avec lequel j'ai discuté à quatre reprises depuis le 5 janvier.

« Je tiens cependant encore une fois à vous assurer que je ne suis porteur d'aucun message et que je ne suis mandaté par personne. Je ne représente que moi-même. J'ai eu l'honneur de vous rencontrer déjà à deux reprises et je suppose que vous, Monsieur le Président, vous vous souvenez de ma démarche neutre et impartiale dans ma médiation entre vous et l'Iran. Aujourd'hui je vous revois avec le même état d'esprit.

« Sachez que je voudrais quitter l'Irak cette nuit pour être en Europe demain matin, parce que, même si je ne suis pas mandaté par le Conseil de sécurité, mon devoir est de m'y trouver, et vous-même, Monsieur le Président, vous savez, en tant que soldat, ce que signifient les exigences du devoir.

SADDAM HUSSEIN : Pour l'information du secrétaire général de l'ONU, je tiens à rappeler que je n'ai pas étudié un seul jour dans une académie militaire... Je suis juriste de formation, spécialisé dans le droit ancien.

JAVIER PEREZ DE CUELLAR : Moi, je suis un homme âgé. Dans quelques jours je serai un secrétaire général de 71 ans. Je souhaiterais exploiter l'indépendance que cela me confère pour la mettre au service de la paix.

« Mon collègue Tarek Aziz m'a expliqué très clairement la position de votre gouvernement. Je la respecte, et je suis d'accord avec lui dans beaucoup de domaines, mais sur ce sujet, je ne vais pas entamer une discussion avec vous, Monsieur le Président, je voudrais seulement savoir comment arriver raisonnablement à instaurer la paix.

« Avant de venir en Irak, j'ai vu le président Bush, il y a une semaine. Je lui ai fait part de ma décision de vous rencontrer. J'ai voulu l'entendre pour savoir quelle solution pacifique il voit comme dénouement de la crise. Je n'ai pas d'assurance sur ses intentions, mais je peux vous dire qu'il ne désespère pas d'aboutir à une issue pacifique.

« Il m'en a fait part avant la rencontre de Genève entre votre ministre des Affaires étrangères et M. Baker. Après Genève, le président Bush m'a appelé par sa ligne directe pour dire qu'il retenait tout ce qui était positif dans nos premiers entretiens et dans les discussions entre les deux ministres. Lors de notre conversation téléphonique à la veille de mon départ pour Bagdad, je lui ai dit : “ Je vais rencontrer le président Saddam Hussein, puis-je lui faire part de votre volonté d'aboutir à une solution pacifique ? ” Il m'a répondu : “ En dépit de ce que disent les médias, et en tant que garant de la paix dans le monde, je préfère une solution pacifique à la crise. ”

UNE PARTIE DES PLANS D'ARCHITECTE DU BUNKER DE SADDAM HUSSEIN À BAGDAD.

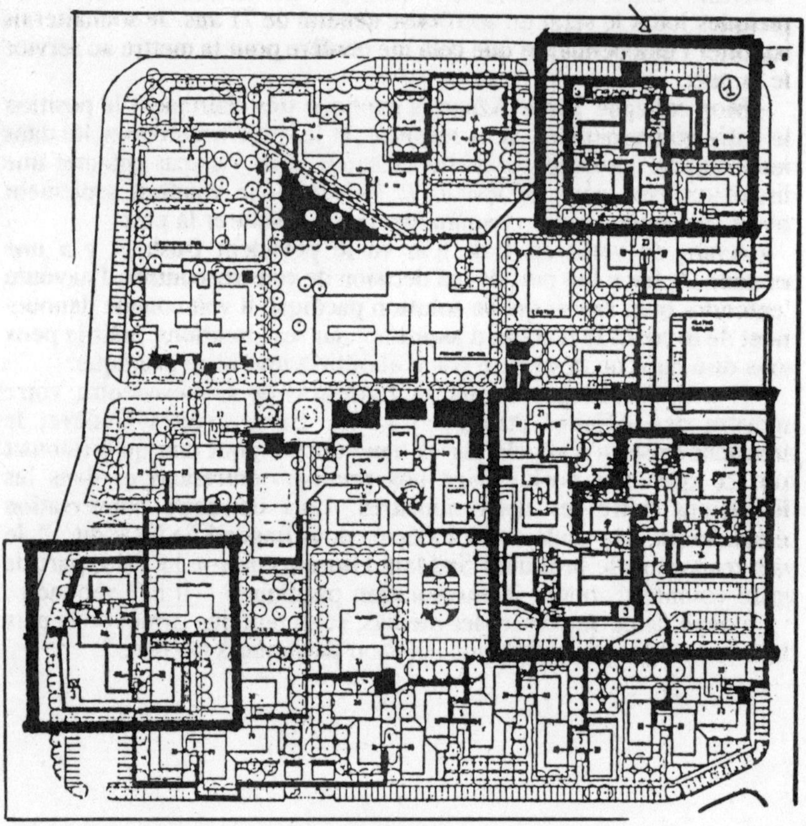

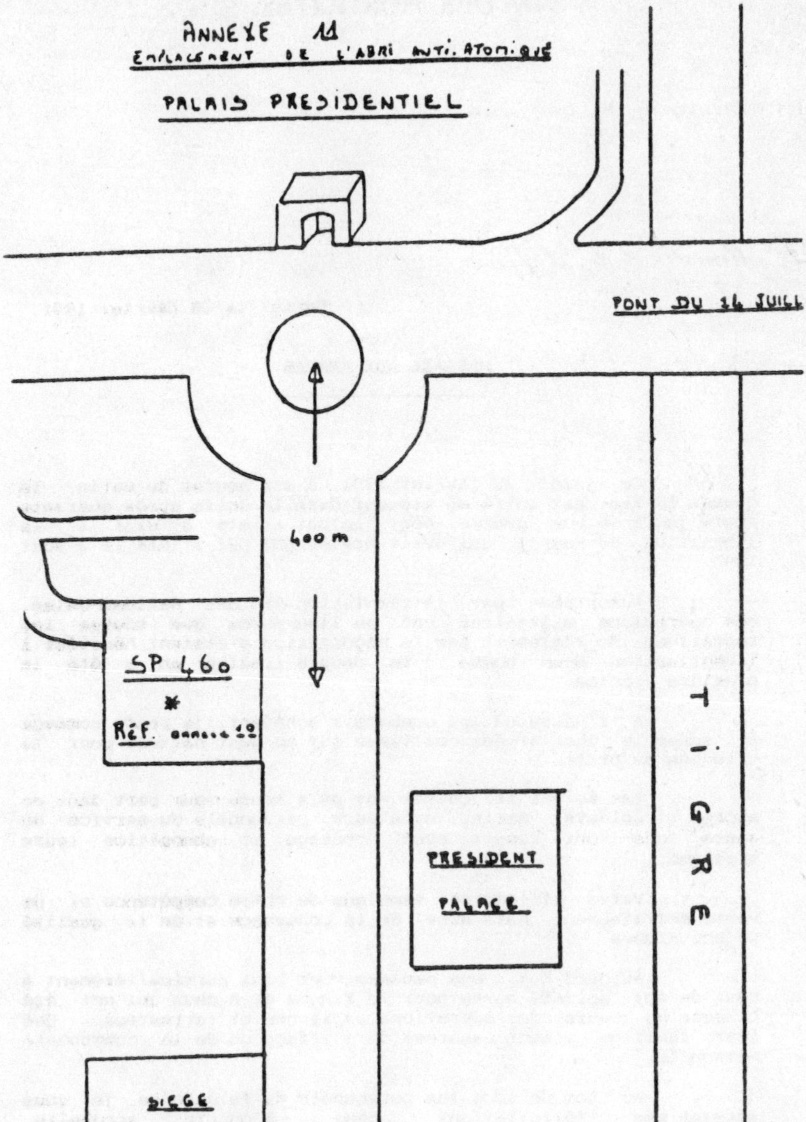
ANNEXE 11
EMPLACEMENT DE L'ABRI ANTI.ATOMIQUE
PALAIS PRESIDENTIEL
PONT DU 14 JUILL
400 m
SP 460
RÉF.
PRESIDENT
PALACE
SIEGE
DU PARTI BAAS
TIGRE

MESSAGE DE PIERRE JOXE AUX ARMÉES APRÈS LA FIN DES HOSTILITÉS.

RÉPUBLIQUE FRANÇAISE

Le Ministre de la Défense

Paris, le 28 février 1991.

MESSAGE AUX ARMEES

Ce jeudi 28 février 1991, à six heures du matin, le cessez le feu est entré en vigueur dans le Golfe après quarante trois jours d'une guerre dont le but a été atteint : la libération du Koweit, qui avait été envahi par l'IRAK le 2 août 1990.

Autorisées par la résolution 678 des Nations-Unies, ces opérations militaires ont eu lieu parce que toutes les tentatives de règlement par la négociation s'étaient heurtées à l'obstination d'un homme. Le peuple irakien en a été la première victime.

A l'heure où les combats s'achèvent, je rends hommage à l'ensemble des armées coalisées qui se sont battues pour le triomphe du Droit.

Les forces françaises ont pris toute leur part dans ce succès : soldats, marins, aviateurs, personnels du service de santé, tous ont rempli avec courage et abnégation leurs missions.

Votre efficacité témoigne de votre compétence et de votre entraînement mais aussi de la cohérence et de la qualité de nos Armées.

Aujourd'hui, nos pensées vont plus particulièrement à ceux de nos soldats morts pour la France et à ceux qui ont été blessés au cours des opérations aériennes et terrestres. Que leurs familles soient assurées de l'affection de la communauté nationale.

Au nom de tous les personnels de la défense, je vous adresse mes félicitations pour l'oeuvre accomplie. Félicitations qui, je le sais, sont partagées par la Nation tout entière.

Pierre JOXE

DOCUMENT DE TRAVAIL DE L'AMBASSADE D'ISRAËL SUR L'APRÈS-GUERRE DU GOLFE.

AMBASSADE D'ISRAËL שגרירות ישראל

Document

L'APRES-CRISE

LE PROCESSUS DE PAIX

Les Principes

* Quel que soit le dénouement de la crise du Golfe, Israël compte encourager l'aspiration de la communauté internationale à un nouvel ordre dans le monde.

* Le modèle de l'entente actuelle entre les pays de l'OTAN et le Pacte de Varsovie - à savoir que dorénavant tous les conflits doivent être réglés par des moyens pacifiques - ce modèle doit s'appliquer également au Proche-Orient.

* Il est temps d'arrêter l'afflux des armes vers le Proche-Orient, il faut mettre fin à la situation absurde où la diminution des tensions dans les autres parties du globe, entraîne un afflux massif d'armes vers le Proche-Orient.

* Le temps est révolu où les grandes puissances décident pour les petits Etats. C'est donc par des négociations directes que doit s'ouvrir le processus de paix. Si les parties en conflit ne sont pas capables de dialoguer entre elles et de coexister pacifiquement, les grandes puissances ne peuvent pas le faire à leur place. L'idée d'une conférence internationale n'est pas réaliste et le fait de s'y accrocher risque de faire perdre un temps précieux pour la paix.

Les 5 points de M. David LEVY, ministre des Affaires Etrangères israelien:

Israël aspire à la paix et propose - sur la base des principes cités plus haut - les 5 points suivants:

1. Fin de l'état de bélligérence entre les Etats arabes et Israël.
2. Contrôle de la course aux armements au Proche-Orient.
3. Négociations directes pour une paix globale entre Israël et les Etats arabes.
4. Négociations parallèles pour la résolution du problème palestinien.
5. Développement de projets régionaux dans les domaines de l'eau, l'électricité, l'agriculture et la médecine, avec un financement international.

Il n'y a pas dans la présentation de ces 5 points l'obligation d'un lien chronologique entre les différents points, mais il est préférable que les négociations directes viennent après une déclaration de fin d'état de bélligérance. En effet, la déclaration des Etats arabes et d'Israël sur la fin de l'état de guerre et l'acceptation du principe du contrôle des armements contribueront sans doute à créer des conditions de confiance et une atmosphère encourageante pour les négociations.

3, RUE RABELAIS - 75008 PARIS - TÉL. 42.56.47.47

DOCUMENT DE LA COMMISSION MISE EN PLACE AUX ÉTATS-UNIS EN 1988 SUR LA STRATÉGIE AMÉRICAINE DANS LES CONFLITS FUTURS. ON Y PARLAIT DES RISQUES DE PROLIFÉRATION D'ARMES BALISTIQUES ET DE MISSILES DANS LE GOLFE PERSIQUE.

COMMISSION ON INTEGRATED LONG-TERM STRATEGY

January 11, 1988

MEMORANDUM FOR:

THE SECRETARY OF DEFENSE
THE ASSISTANT TO THE PRESIDENT FOR NATIONAL SECURITY AFFAIRS

We are pleased to present this final report of our Commission. Pursuant to your initial mandate, the report proposes adjustments to U.S. military strategy in view of a changing security environment in the decades ahead.

Over the last fifteen months the Commission has received valuable counsel from members of Congress, the Chairman of the Joint Chiefs of Staff and the Service Chiefs, and the President's Science Advisor. Members of the National Security Council Staff, numerous professionals in the Department of Defense and the Central Intelligence Agency, and a broad range of specialists outside the government provided unstinting support. We are also indebted to the Commission's hardworking staff.

The Commission was supported generously by several specialized study groups that closely analyzed a number of issues, among them: the security environment for the next twenty years, the role of advanced technology in military systems, interactions between offensive and defensive systems on the periphery of the Soviet Union, and the U.S. posture in regional conflicts around the world. Within the next few months, these study groups will publish detailed findings of their own.

The Commission's charter lapses next October. Until that time, Commission members will remain on call to deliberate further on aspects of this report and related issues. All the members endorse the conclusions of this report and stand ready to assist in implementing them.

Fred C. Iklé

Anne L. Armstrong

James L. Holloway III

Joshua Lederberg

William Clark

W. Graham Claytor Jr

PLANS DE MACHINES-OUTILS POUR FABRIQUER DES PIÈCES DE HAUTE PRÉCISION POUR MISSILES ET OBUS. LES IRAKIENS AVAIENT RACHETÉ EN SOUS-MAIN UNE SOCIÉTÉ BRITANNIQUE POUR ACQUÉRIR CETTE TECHNOLOGIE À APPLICATION MILITAIRE (POUR LES MISSILES ET LE SUPERCANON).

Advanced Technology in Action

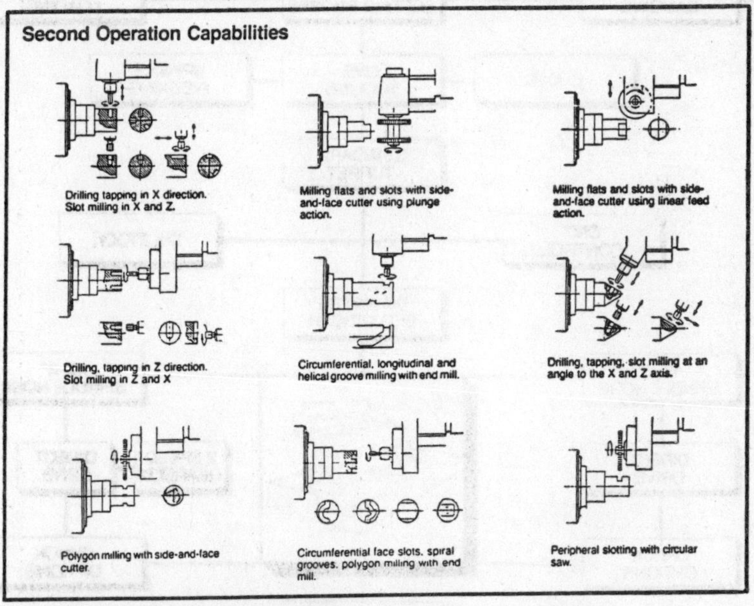

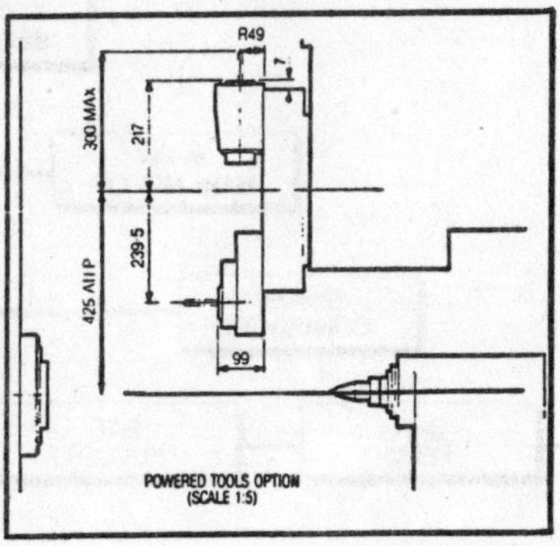

CHURCHILL THREE SERIES

Modular Design Concept

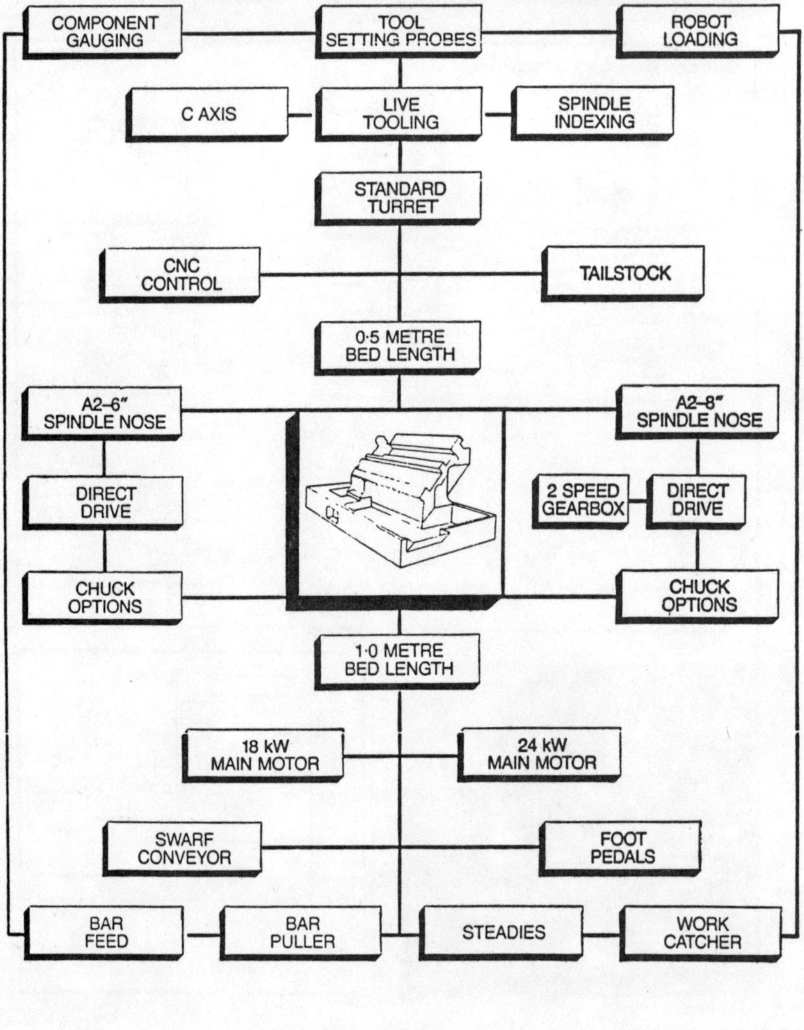

NASSER
★ ★ ★
THREE SERIES

مفهوم التصميم التركيبي

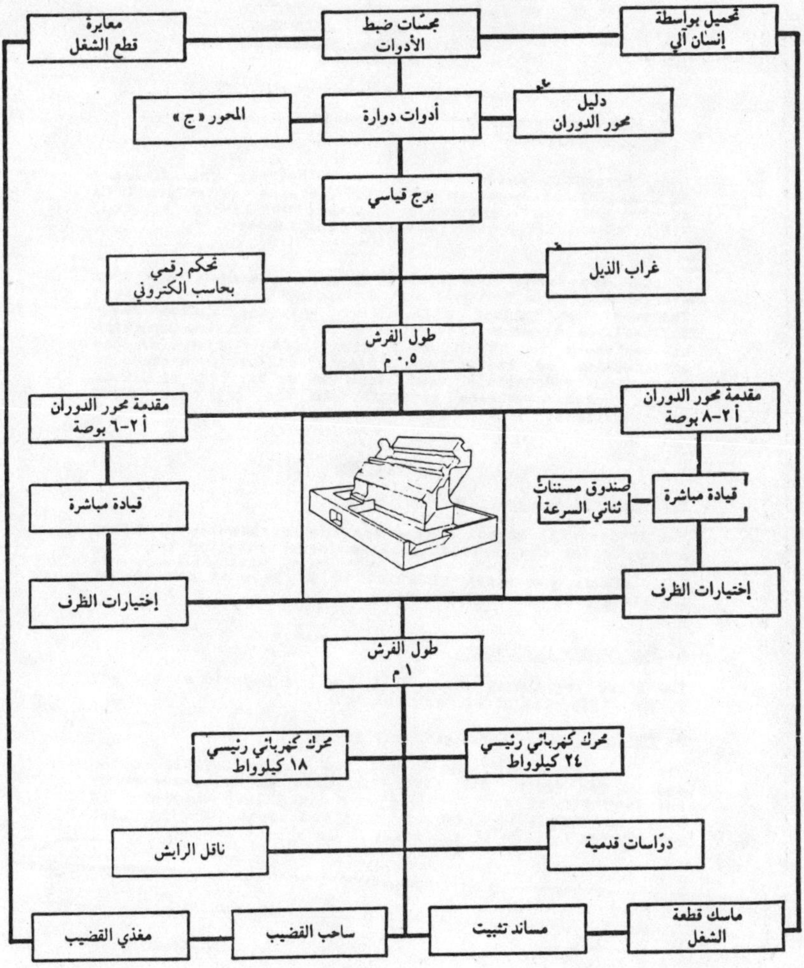

PROTOCOLE D'ACCORD ENTRE LE MINISTÈRE DE L'INDUSTRIE IRAKIEN ET LA BANCA NAZIONALE DEL LAVORO. LES DEUX BANQUIERS QUI ONT SIGNÉ CET ACCORD SONT EN FAIT LES FINANCIERS PERSONNELS DE SADDAM HUSSEIN ET DE SON GENDRE HUSSEIN KAMEL. L'AUTRE SIGNATAIRE EST CHRISTOPHER DROGOUL, LE P-DG DE LA BANQUE. (PREMIÈRE ET DERNIÈRE PAGES.)

CONFIDENTIAL
MEDIUM TERM LOAN
AGREEMENT BETWEEN THE MINISTRY
OF INDUSTRY OF THE REPUBLIC OF
IRAQ AND BANCA NAZIONALE DEL
LAVORO ATLANTA. GEORGIA
U.S.A.

Loan Agreement dated   between the Ministry of Industry of Republic of Iraq (hereinafter referred to as "the borrower") and Banca Nazionale Del Lavoro, Atlanta, U.S.A. (hereinafter referred to as "the lender")

Whereas the lender has agreed to make a medium term loan available to the borrower not exceeding 1,155,000,000 (One Thousand One Hundred Fifty Five Million, United State Dollors) to finance 100% of the foreign currency portion of contracts to be signed during 1989 - 1990 for the construction of industrial projects and/or purchases of plants and/or materials, equipments and/or services of U.S.A. and/or other countries according to the following terms and conditions:

Article One

Duration and Repayment of the Loan:-

The lender will extend a loan for the borrower as specified hereabove for the duration of five years excluding two years grace period to be repaid in three equal consecutive annual instalments, the first of which to be made at the end of the fifth year and as follows:-

A. For Supply Contracts:

The first instalment shall fall due and payable at the end of the fifth year after last shipment.

B. For Projects and Services Contracts:

The first instalment shall fall due and be payable at the end of the fifth year after the date of thd issuance of the last FAC of each project and after last shipment, in case of supply contracts, and the date of the last certificate in case of services.

Page 1.

Article Forteen

Payment in Dollars

This is an international Credit Agreement in which the specification of U.S. Dollars and payment in Atlanta is of the essence, and U.S. Dollars shall be the currency of account in all events.

Article Fifteen

Notice, etc.

All notices and demands hereunder shall be given to or made upon (I) the borrower at its address set forth above or (II) Banca Nazionale Del Lovoro at 235. Peachtree Street NE, Suite 2000, Atlanta, Georgia, 30303 U.S.A., or such other address as such party shall have notified to the other party hereto, and each such notice shall be sent, in the case of a telex, to such party at any telex number which is published as belonging to such party at such address.

Article Sixteen

Amendments

This Agreement may not be amended, changed, waived, discharges or terminated except by an instrument in writing signed by the party against whom enforcement of the amendment, change waiver, discharge or termination is sought.

Article Seventeen

Effectiveness of Agreement

This Agreement will come into effect upon its Signature by represenatives of the lender and of the borrower and the guarantor.

Agreed among all parties:

Minster of Industry
the Republic of Iraq

Rasa H. Ali
8/4/1989

By:

Banca Nazionale Del Lavoro
Atlanta/ Georgia

By:

Christopher Drogoul
First Vice President + Manager
8 April 1989

Central Bank of Iraq
(Guarantor)

By:

Page 8.

DOCUMENT DU MINISTÈRE AMÉRICAIN DE LA JUSTICE ANNONÇANT LA FIN DE L'ENQUÊTE SUR LA BANCA NAZIONALE DEL LAVORO QUI A FINANCÉ (POUR PLUS DE 4 MILLIONS DE DOLLARS) LES MISSILES, ARMES CHIMIQUES ET SUPERCANON IRAKIENS... (PREMIÈRE ET DERNIÈRE PAGES.)

Department of Justice

FOR IMMEDIATE RELEASE — CRM
THURSDAY, FEBRUARY 28, 1991 — 202-514-2007
(TDD) 202-514-1888

OFFICERS OF ITALIAN BANK IN ATLANTA CHARGED WITH MAKING FRAUDULENT LOANS TO IRAQ TOTALING MORE THAN $4 BILLION

WASHINGTON, D.C. -- The Department of Justice today announced that ten defendants, including two former officers and an employee of an Italian government-owned bank in Atlanta, Georgia, Banca Nazionale del Lavoro (BNL), have been charged in a 347-count indictment with conspiracy, mail fraud, and wire fraud. The charges relate to more than $4 billion in loans and credit extensions issued by BNL-Atlanta for the benefit of the government of Iraq.

Also charged in the indictment are a Turkish-owned corporation operating in New York and its manager, an Iraqi government-owned bank, and four Iraqi officials.

Attorney General Dick Thornburgh characterized today's indictment as exposing "an international white-collar scam with dire global consequences. The 18-month investigation of this crime has, so far, unraveled a paper-trail spanning three continents.

"By utilizing modern technology such as computers, fax machines and instant communications, these defendants were able

(MORE)

the MTL agreements or related loans were recorded or entered in BNL's books and records, or reported to BNL in its required periodic reports, or reported to the Federal Reserve System or the Treasury Department.

Drogoul enlisted Barden and Decarolis to operate and conceal the high volume of resulting transactions, in part by designing and maintaining a secret set of "grey books" apart from the official records of the bank.

Money was raised through a "money desk" within BNL's Atlanta offices using BNL's own triple-A credit rating.

The indictment also charges that Drogoul and others at BNL-Atlanta maintained their secret, set of "grey books" on separate computers, word processors, and disks. Written records were allegedly kept as "floating files" stored in bankers boxes in their car trunks and homes, out of reach of auditors and examiners. The concealment of records, according to the indictment, continued from late 1985 until August 4, 1989.

The indictment is the is the result of an 18-month investigation conducted by the U.S. Attorney's Office for the Northern District of Georgia, the Office of Inspector General of the U.S. Department of Agriculture, the Federal Reserve Bank of Atlanta, the U.S. Customs Service, the Internal Revenue Service (IRS), and the Federal Bureau of Investigation (FBI).

91-85 ###

LETTRE DE CRÉDIT ENTRE LA BANCA NAZIONALE DEL LAVORO ET LE GROUPE FRANÇAIS POTAIN, FABRICANT DE GRUES. LE GROUPE, BIEN SÛR, NE SAVAIT PAS QUE LES IRAKIENS VOULAIENT UTILISER CE MATÉRIEL À DES FINS MILITAIRES.

BANCA NAZIONALE DEL LAVORO
ATLANTA BRANCH
PEACHTREE CENTER GAS LIGHT TOWER — SUITE 2000
235 PEACHTREE STREET, NE ATLANTA, GEORGIA 30303

HEAD OFFICE:
ROME, ITALY

PHONE: (404) 581-0143
TELEX: 54-2194
CABLE: LAVOROBANK ATL
TELEX: 4970333 BNL UI
TELEFAX: (404) 522-0970

Issuing Bank's Credit No. 89/3/106

ATLANTA April 18, 1989

Our Advice No. 11885

Beneficiary

Potain
18, Rue de Charbonnieres
B.P. 173
69132 ECUILY Cedex
France

Instructions Received From

Central Bank of Iraq
New Bank Street
Baghdad, Iraq

For Account Of

State Machinery Trading Company
Baghdad, Iraq

Gentlemen:

We are pleased to advise you that the above mentioned correspondent has amended the above mentioned Letter of Credit as follows:

1. Principal's name now to read as stated above.
2. Origin of goods now to read European origin instead of French origin.
3. Arrival of the goods now reads C & F Badush Dam instead of C & F Mousl.
4. Item #4 of the documentary requirements is now deleted and replaced by the following:

   "Your signed statement that the buyer's name and address and L/C No. 89/3/106 is shown on goods."

5. Shipment now to be effected from France to Badush Dam, Iraq via Turkey by truck or containers not later than 5 months from date of down payment.

All other terms and conditions remain unchanged.

Very truly yours,

Authorized Signature

10429 — 523

LA03C (9 84)

LETTRE DE MENACES REÇUE PAR PLUSIEURS ENTREPRISES TRAVAILLANT POUR L'INDUSTRIE MILITAIRE IRAKIENNE. CES MENACES (CONTRE CINQ SOCIÉTÉS FRANÇAISES) ÉMANAIENT D'UN COMITÉ POUR LA RÉVOLUTION ISLAMIQUE.

To the honorable chief editor,

We adress ourselves to you to request your cooperation on an issue which according to all opinions is a most serious danger to humanity.

The governments of Italy and France have taken a very dangerous course in taking a decision to arm the dictatorial and irresponsable regime of Irak with atomic bombs.

If these objectives of Irak are attained, a great danger, unknown yet in history will prevail over our nation and the nations of the Persian Gulf on which the oppressor regime and power hungry of Irak has not hidden its desire to conquer and oppress its peoples.

The goal of the Islamic Revolution is to put an end to the interference of imperialism in the internal affairs in Iran and free our people from slavery and make it possible to enjoy our own natural resources.

We have never expressed a desire to conquer and subjugate our neighbouring countries. All we wish is to live securely in peace with our families and children and not under the threat of the atomic bomb.

So, we consider of great importance your assistance to present fairly and correctly this issue to your readers. The people will know how to pressure corrupt politicians and stop them from filling their pockets and put an end to the commercialisation of death and destruction.

We have already proved to them irresponsible governments that we shall not sit and wait idle until the cruel and irresponsible Iraqi regime will have the bomb. We shall continue to act and defend our families and peoples and we shall use all the means necessary, wherever it may be to expose and abort this conspiracy against us.

We pray to Allah, almighty that with your help we can create an atmosphere and public opinion which will force these governments to stop arming Irak with atomic equipment without being forced to use violence.

Attached is a list of companies and people we know are cooperating with the dictators of Bagdad.

The Committe for Safeguarding the
Islamic Revolution

DOCUMENT DE TRAVAIL DE LA COMMISSION DE RECHERCHE SUR LA GUERRE NON CONVENTIONNELLE DIRIGÉE À WASHINGTON PAR LE REPRÉSENTANT DE LA FLORIDE BILL McCOLLUM. LE 21 FÉVRIER 1991, LES SOVIÉTIQUES AVAIENT MENACÉ DE METTRE LEURS DÉFENSES AÉRIENNES EN ALERTE.

BILL McCOLLUM, FLORIDA
CHAIRMAN

DANA ROHRABACHER, CALIFORNIA
CO-CHAIRMAN

MEMBERS
WILLIAM BROOMFIELD, MICHIGAN
BENJAMIN GILMAN, NEW YORK
ROBERT DORNAN, CALIFORNIA
DAVID O'B. MARTIN, NEW YORK
CHRISTOPHER COX, CALIFORNIA
PORTER GOSS, FLORIDA
JIM LIGHTFOOT, IOWA
BOB LIVINGSTON, LOUISIANA
JAMES F SENSENBRENNER, JR., WISCONSIN
OLYMPIA J. SNOWE, MAINE

TASK FORCE ON TERRORISM &
UNCONVENTIONAL WARFARE
HOUSE REPUBLICAN RESEARCH COMMITTEE
U.S. HOUSE OF REPRESENTATIVES
WASHINGTON, D.C. 20515

VAUGHN S. FORREST
CHIEF OF STAFF

YOSSEF BODANSKY
DIRECTOR

DONALD J. MORRISSEY
LEGISLATIVE DIRECTOR

JAMES E. GEOFFREY, II
EDITOR

1622 LONGWORTH BUILDING
202/225-0871

WAR AND AFTERMATH: THE SOVIET-IRAQI MANEUVER

February 25, 1991

On 22 February 1991, in discussing the Gorbachev peace plan and Soviet-Iraqi negotiations, Gorbachev's spokesman, Vitaly N. Ignatenko, emphasized that the Soviet Union's policy was being pursued in "real partnership" with the US.

On 21 February 1991, the Soviet Air Defence Forces (PVO) declared heightened readiness in order to cope with the possibility that fighting might penetrate the Soviet Caucasus from Iraq. "Any turn is possible in such a war," warned Gen.Col. Vladimir Litvinov of the PVO. The official statement that Gulf fighting, and especially the air war, could threaten Soviet territory and that concrete measures were being adopted to meet such a threat were reported by TASS.

Thus, with the US and its allies having aerial supremacy, the only force capable of "threatening" the USSR would be the US. In Moscow, a country that might threaten "the sacred borders of the Motherland" can only be a sworn enemy. Indeed, the USSR's recent military moves more accurately express Moscow's posture regarding the war in the Persian Gulf than do the reassuring statements of Gorbachev's spokesman.

Gorbachev's peace plan is essentially a critical and audacious move by the Soviet Union to consolidate and further the USSR's long term global strategy. In exploiting this time of crisis, Gorbachev strives not only to advance Soviet interests but also to reassure Moscow's allies in the Third World of enduring Soviet support. It is imperative for the USSR to demonstrate to its allies that it is living up to commitments made in treaties and secret agreements, and especially to confirm anew the enduring Soviet commitment to the Third World's liberation struggle. All of these global strategic principles are inherently anti-US.

In the specific context of the Gulf crisis, Gorbachev used his peace plan to warn Iraq of the impending ground war; shield Saddam Hussein's grand design; prevent the inevitable destruction of Iraq in case of an escalation, and to even attempt to sell Saddam Hussein's own plan to the West. In order to fully comprehend the significance of the Soviet move it must be

1

TABLE
DES MATIÈRES

TABLE DES ANNEXES

Cet ouvrage a été composé
par l'Imprimerie BUSSIÈRE
et imprimé sur presse CAMERON
dans les ateliers de la S.E.P.C.
à Saint-Amand-Montrond (Cher)
en mars 1991

ISBN : 2-863-91460-X

49-70-0713-01

N° d'édition : 2702. N° d'impression : 967-681.
Dépôt légal : avril 1991.

Imprimé en France

H 49-0713-5